Institut
für ausländisches und internationales Privatrecht

BEITRÄGE
zum
ausländischen und internationalen Privatrecht.

Herausgegeben in Gemeinschaft mit

E. Heymann, M. Pagenstecher, F. Schlegelberger, H. Titze, M. Wolff

von

E. Rabel
Direktor des Instituts für ausländisches
und internationales Privatrecht

Heft 6

Berlin und Leipzig 1932

Walter de Gruyter & Co.

vormals G. J. Göschen'sche Verlagshandlung — J. Guttentag, Verlagsbuchhandlung
Georg Reimer — Karl J. Trübner— Veit & Comp.

Die Fahrlässigkeit im nordamerikanischen Deliktsrecht

unter vergleichender Berücksichtigung des englischen und des deutschen Rechts

Von

Dr. Friedrich Keßler,
Privatdozent an der Handels-Hochschule Berlin
Referent am Institut für ausländisches und internationales Privatrecht

Berlin und Leipzig 1932

Walter de Gruyter & Co.

vormals G. J. Göschen'sche Verlagshandlung — J. Guttentag, Verlagsbuchhandlung
Georg Reimer — Karl J. Trübner — Veit & Comp.

Archiv-Nr. 620017.

Meinem Vater,
dem Oberlandesgerichtsrat Wilhelm Keßler
in Stuttgart.

Inhaltsverzeichnis.

Vorwort.

Der folgende Versuch einer Darstellung des Rechts der Fahrlässigkeit (negligence) im nordamerikanischen Recht gehört zu den Arbeiten des Instituts, die eine zusammenfassende rechtsvergleichende Darstellung des Obligationenrechts vorbereiten sollen.

Bei dem großen Umfang des Themas soll zunächst nur die Bedeutung der Fahrlässigkeit im Deliktsrecht dargestellt werden, also die Bedeutung der Fahrlässigkeit für diejenigen Unrechtshandlungen, welche als die Verletzung einer der Allgemeinheit oder einer beträchtlichen Zahl der Volksgenossen gegenüber bestehenden, nicht auf Vertrag beruhenden Pflicht, zu bewerten sind (Pollock [1]).

Vorbehalten sind demnach die Beziehung der Fahrlässigkeitslehre zum Kausalitätsproblem, mit dem die Fahrlässigkeitslehre die engste Berührung hat und sodann die Bedeutung der Fahrlässigkeit im Vertragsrecht einschließlich des sogenannten estoppel by negligence.

---

[1]) Law of Torts [13] 1 ff.; Winfield, the Province of the Law of Torts 32 kommt zu einem ähnlichen Ergebnis, indem er definiert: „Tortious liability arises from the breach of a duty primarily fixed by the law: such duty is towards persons generally and its breach is redressible by an action for unliquidated damages." Siehe auch Wertheim, Wörterbuch des Englischen Rechts 531.

An dieser Stelle sei noch darauf hingewiesen, daß die berühmte Streitfrage innerhalb der angelsächsischen Doktrin, ob es ein law of tort gibt, unsere Abgrenzung nicht berührt, denn diese Streitfrage hat es nur damit zu tun, ob, wie besonders Pollock 1 ff. und Winfield 33 ff. annehmen, im anglo-amerikanischen Deliktsrecht der Grundsatz gilt, daß alle Schädigungen eines anderen ersatzpflichtig machen, sofern nicht ein Entschuldigungsgrund besteht oder vielmehr, wie insbesondere Salmond (§ 2) annimmt, im Deliktsrecht noch heute das Aktionensystem gilt (darüber unten S. 59).

A. Das Eindringen der Negligence-Lehre in das anglo-amerikanische Deliktsrecht.[1]

Das englische Deliktsrecht, das den Hintergrund der geschichtlichen Entwicklung der Negligence-Lehre bildet, hat sich vornehmlich in der action of trespass (breve de transgressione) und der dieser nachgebildeten action of trespass on the case entwickelt. Während die erstere ursprünglich eine Schadensersatzklage wegen Verletzung des Königsfriedens vi et armis war und in der Folgezeit auf alle Schädigungen durch unmittelbare Einwirkungen (direct and immediate injury) auf den Körper des Klägers oder sein Eigentum[2]) ausgedehnt wurde, fand

---

[1]) Literatur: Grundlegend: Ames, The History of Assumpsit (1888), Harvard Law Rev. 2, 1 ff., 53 ff.; Street, The Foundations of Legal Liability 1, 1 ff. 182 ff.; Holmes, Common Law 77 ff.; Wigmore, Responsability for Tortious Acts (1894), Harvard Law Rev. 7, 315 ff., = Selected Essays on the Law of Torts (Harvard Essays) 18 ff.; Holdsworth, A History of English Law 3, 375 ff., 8, 446 ff.; Winfield, The History of Negligence in Torts, Law Quarterly Review (L. Q. R.) 42, 184 ff., and The Myth of Absolute Liability (1926) ibid 37 ff.; Jenks, Negligence and Deceit in the Law of Torts (1910) L. Q. R. 26, 159 ff.; Bohlen, The Basis of Affirmative Obligations in the Law of Tort (1905) Pennsylvania Law Rev. 53, 209 ff. = Studies in the Law of Torts 33 ff.; Beale, Gratuitous Undertakings (1891) Harvard Law Rev. 5, 222 ff.; Arterburn, The Origin and First Test of Public Callings (1926), Pennsylvania Law Rev. 75, 411 f.; Burdick, The Origin and First Test of Public Callings, Columbia Law Rev. 11, 411 ff.; Winfield, The Province of the Law of Torts (1931) ch. 2; neuestens Rheinstein, Die Struktur der vertraglichen Schuldverhältnisse im anglo-amerikanischen Recht, 23 ff. Beiträge zum ausländischen und internationalen Privatrecht. In diesen Arbeiten findet sich zahlreiches, sorgfältig ausgesuchtes Entscheidungsmaterial, das im nachfolgenden — soweit die Quellenstellen wiedergegeben werden, ist die Fundstelle angegeben — benutzt wurde.

[2]) Heymann, Überblick über das englische Privatrecht (Holtzendorf-Kohler, Enzyklopädie der Rechtswissenschaft[7] 2, 281 ff.) 337; Salmond, Torts 229; Le Blanc J. in Leane v. Bray (1803) 2 East. 602; Wigmore, Harvard Law Rev. 7, 443; über die Geschichte des trespass siehe vor allem Woodbine, The Origin of the Action of Trespass (1923, 1924) Yale Law Journal 33, 799 ff.; 34, 343 ff.; Winfield, The Province of the Law of Torts, 11.

die letztere in den zahlreichen Fällen einer Vermögensschädigung Anwendung, in denen die eng gezogenen Voraussetzungen[1]) der trespass-Klage nicht gegeben waren. So bei schlechter Ausführung einer gewerblichen Arbeit,[2]) bei Geltendmachung des mittelbaren Schadens, bei Schädigung durch Hilfspersonen. Neben der action of trespass stand als besonderer Klagetyp schon frühzeitig die action of trespass quare clausum fregit wegen unbefugten Betretens eines fremden Grundstücks. Ebenso erscheint schon früh die action for slander wegen Ehrverletzung (defamation), for libel (Pasquill) und for false and malicious prosecution.[3]) [4]) Endlich gab es noch die action of deceit (fraud) und die action of nuisance.[5])

Wenn wir nunmehr zur Schilderung der Entwicklung der Negligence-Lehre übergehen, so ist zunächst die auffallende Tatsache festzustellen, daß in den berühmten Digests von Rolle (1668), Sheppard und Bacon (1736) sich noch kein Kapitel über negligence (Street 1, 182, Winfield L.Q.R. 42, 194) findet. Erst Comyns Digest (1762—1767) enthält ein Kapitel: Action upon the Case for Negligence; aber auch die beiden vorausgehenden Kapitel „Action upon the Case for Disturbance“ und „Action upon the Case for Misfeasance“ bringen einschlägige Entscheidungen. Deshalb wird vielfach das Recht der Negligence als „mainly of very modern growth“ bezeichnet, so von Street 1, 182. Auch E. R. Thayer betont: that law is very modern — so modern that even the great judges who sat in Rylands v. Fletcher[6]) can have but an imperfect sense of its

---

[1]) Wie eng gezogen der Anwendungsbereich der Trespassklage war, wird aus der Darstellung der Entwicklung der trespass on the case deutlich.

[2]) Daß in diesem Falle die Trespassklage nicht gegeben war, erklärt sich wohl daraus, daß dem einfachen Denken der damaligen Zeit es zunächst nahe lag, bei der schadenstiftenden Tätigkeit eines Fremden, der nicht zur Vornahme einer Verrichtung aufgefordert war, ein Delikt anzunehmen, und daß nur zögernd vermittels der action on the case in der schlechten Ausführung einer aufgetragenen Verrichtung ein Delikt gesehen wurde. Entsprach es doch in einem solchen Falle eher den damaligen Vorstellungen, daß das Risiko der schlechten Ausführung der Besteller trug, sofern nicht der Unternehmer das Risiko ausdrücklich übernahm (Ames 131 ff.; neuestens unter Berufung auf ihn Rheinstein 24 ff.).

[3]) Die Darstellung schließt sich an Heymann 337 an.

[4]) Darüber unten S. 70.

[5]) Über den Tatbestand der nuisance siehe unten S. 35, 57.

[6]) Über Rylands v. Flecher siehe unten S. 55.

reach and power ... The law of negligence in its present development is a very modern affair, rendering obsolete much that went before it" (Liability without fault, Harvard Law Rev. 29, 805, 814).

Aber dennoch darf nicht angenommen werden, daß den englischen Juristen vor Comyns die Vorstellung der negligence ganz fremd war: Vielmehr sind die Anfänge der negligence, ja sogar die Ansätze zu dem Fundamentalsatz des Deliktsrechts, daß eine deliktische Haftung Verschulden, also mindestens negligence voraussetzt, im Recht des Trespass lange Zeit schon vor Comyns Digest, wenn auch oft nur in obiter dictis, deutlich sichtbar. Vor allem wurden aber im Recht des trespass on the case, der actio utilis des trespass-Rechts schon frühzeitig Gedanken entwickelt, die der Sache nach eine Haftung für negligence bedeuten, sodaß schon gesagt worden ist, die Geschichte der negligence sei die Geschichte der action on the case (Winfield 185).

Die Entwicklungen der negligence-Lehre im Recht des trespass und des trespass on the case haben sich dann, was trotz der verschiedenen Klageschemata unausbleiblich war, wechselseitig beeinflußt. So wurde, soweit personal injuries in Frage kommen, die Erfolgshaftung des Mittelalters überwunden und grundsätzlich, d. h. vorbehaltlich der Fälle der Gefährdungshaftung, durch die Verschuldenshaftung abgelöst (Heymann 337) Ebenso hat sich das Verschuldensprinzip bei den injuries to land and to goods weitgehend durchgesetzt.

I. Trespass on the Case[1].

1. In der Tat zeigen Fälle aus dem Bereich der action on the case die Statuierung einer Sorgfaltspflicht und den Grundsatz, daß die Verletzung einer Sorgfaltspflicht ersatzpflichtig macht, besonders deutlich, wenn nicht überhaupt zuerst.[2]) Und zwar waren es Klagen gegen Gewerbetreibende — das sind in der Sprache der damaligen Zeit Personen, die ein sog. common

---

1) Über die geschichtliche Entwicklung, insbesondere die Bedeutung des Statute of Westminister II, 13 Edward I, c. 24 (1285), neuestens Winfield, The Province of the Law of Torts 12 ff. und nunmehr Rheinstein 13, N 12. Siehe auch Wertheim, Wb. 541 und die glänzende Darstellung von Ehrlich, Soziologie des Rechts 222.

2) Holdsworth, 8, 451; Salmond 67, neuestens Rheinstein 24 ff.

calling ausübten[1]) — wegen Verletzung der ihnen obliegenden Pflicht zur sorgsamen und anständigen Ausübung ihres Gewerbes (Holdsworth 8, 451 ff.; Winfield L.Q.R. 42, 185 ff.; Pollock 542; Salmond 67).[2]) Von jener Berufsgruppe wurden nämlich dem Standard ihres Gewerbes entsprechende Fähigkeiten verlangt. Erreichten sie diesen Standard nicht, und fügten sie dadurch einem anderen Schaden zu, so hafteten sie, wie es in den Yearbooks so häufig heißt, gemäß dem „common custom of the realm". Es machte keinen Unterschied ob ihre Nachlässigkeit in einem positiven Tun (active misfeasance) oder in einer Unterlassung (omission, nonfeasance) bestand (Winfield, L.Q.R. 42, 188). Ihre Sorgfaltspflicht erschien also der damaligen Zeit nicht als eine Vertragspflicht und die Nachlässigkeit nicht als Vertragsbruch, vielmehr als ein Verstoß gegen die public policy (Holdsworth 3, 386), die sich mit dem berühmten Satz: „it is the duty of every artificer to exercise his art rightly and truly as he ought" wiedergeben läßt. Dieser Satz wurde zwar erst zu Beginn des 16. Jahrhunderts geprägt (F.N.B. 94 D)[3]), aber die Regel, die er ausspricht, galt schon zur Zeit der Yearbooks in Bezug auf Personen, die ein common calling ausübten (Winfield 186).

Als die Gewerbetreibenden, deren Haftung wohl am frühesten bejaht wurde, werden stets der common carrier und der common innkeeper genannt (Winfield L.Q.R. 42, 186; Holmes 81).

Gastwirt und Fuhrherr hafteten für abhanden gekommene Sachen pro defectu custodiae, ihre Haftung war jedoch besonders streng: so haftete der innkeeper, gleichgültig, ob die Sachen ohne sein Wissen von Dieben gestohlen wurden, oder durch Schuld des Gesindes abhanden kamen. Ja, der Wirt haftete selbst dann, wenn der Gast mit dem Schlüssel nachlässig umging

---

[1]) Common calling bedeutet wahrscheinlich in diesem Zusammenhang nur den Gegensatz zu nichtgewerbsmäßig (Arterburn 418 ff.). Dagegen sollen nicht bestimmte Gewerbetreibende als common = public callings hervorgehoben werden. Doch ist dies angesichts der Wendungen mancher Urteile nicht unzweifelhaft.

[2]) Zu der nicht unwahrscheinlichen Annahme von Arterburn 416, daß es sich in diesen Fällen um die action of deceit on the case wegen betrügerischem holding out, die in ihrem Gewerbe übliche Geschicklichkeit zu besitzen, auf Seiten des Gewerbetreibenden gehandelt habe, soll in diesem Zusammenhang nicht Stellung genommen werden.

[3]) Fitzherberts, Natura Brevium (1514); zitiert von Williams J. in Marshall v. York and Newcastle Ry. 11 C. B. 655, 664 (1851).

(Winfield 186, YBPasch. 42 Edw. III f. 11). Doch scheint sich der Gastwirt nicht nur mit höherer Gewalt haben entlasten zu können, sondern auch damit, daß er sich der Verletzung seiner Sorgfaltspflicht nicht schuldig gemacht habe; das zeigt die Abweisung einer Klage mit der Begründung, daß der Gast das Wirtshaus drei Tage verlassen habe (Gelley v. Clerk [1610] Cro. Jac. 188).[1]) Ebenso streng war die Haftung des common carrier, wie der Ausspruch zeigt: „If a carrier be robbed by a hundred men, he is never the more excused" (Morse v. Slue [23 & 24 Car. II] 1 Vent. 190).

Diese strenge Haftung von inkeeper und common carrier wird von Lord Holt darauf zurückgeführt, daß ihre Stellung in den damaligen Zeitläuften eine besondere Vertrauensstellung war, die sie nur zu oft mißbrauchten, um mit Räubern und Dieben gemeinsame Sache zu machen (Lord Holt in Lane v. Cotton, 1 Salk. 143 2 Ld. Raym. 918). Die strenge Haftung wurde häufig als unbillig bezeichnet, als die Verhältnisse geordneter wurden und im sonstigen Recht des bailment[2]) der Gedanke Eingang fand, daß der bailee nur für eine Vernachlässigung der ihm obliegenden Sorgfaltspflicht einzustehen habe, also frei war, wenn die ihm anvertraute Sache ohne sein Verschulden abhanden kam. Aber die Rechtsprechung war so gefestigt, daß die Haftungsgrenze der negligence nicht eingeführt wurde (Holdsworth 8, 452). So hat sich bis heute die absolute Haftung des innkeeper und common carrier, die „common law duty of insurance" (so Lord Mansfield in Forward v. Pittard 1 T.R. 33) erhalten.[3]) Daß die strenge Haftung des innkeeper, die auch im

[1]) Ebenso haftet der Wirt dann nicht, wenn das Gasthaus überfüllt ist und der Wirt dem Gast nur unter der Bedingung Aufnahme gewährt hat, daß dieser für sich selbst sorgt (Comyns, Digest Action upon the Case for Negligence 132).

[2]) Über das bailment siehe Heymann 334 und Rheinstein 94 ff.

[3]) Ein Ausschluß der absoluten Haftung durch einen fair contract war zulässig (New Jersey St. Nav. Co. v. Merchants Bank, 6 How. 334 (1844), weitere Nachweise bei Burdick, Torts, 107 N 17. Dagegen verstößt ein vertraglicher Ausschluß der Haftung für eigene oder Nachlässigkeit der Angestellten nach der Rechtsprechung des United States Supreme Court (Railroad Co. v. Lockwood, 17 Wall. 357, 1873) und der meisten anderen Staaten (siehe die Nachweise bei Burdick 108) gegen die public policy und ist daher unwirksam, da die Tätigkeit des carrier der Öffentlichkeit dient und die Vertragsschließenden nicht „on the same footing" stehen. Die Haftung des innkeeper ist in England durch den

BGB. § 701 gilt, und des common carrier, die durch das HGB. allerdings nur für Eisenbahnen aufrecht erhalten ist (HGB. §§ 456, 429, 606), sich erhalten hat, dürfte sich wohl schwerlich aus der Tendenz, an Präjudizien festzuhalten, allein erklären lassen, vielmehr aus der Natur des Verhältnisses sich ergeben: Sind doch Gast und Befrachter gar nicht imstande, sich richtig gegen Verlust und Beschädigung zu sichern, während Gastwirt und common carrier dazu vielmehr in der Lage sind. Die soziologische Erklärung der unbegrenzten Haftung durch Lord Holt, die auch meist für die Haftung der römischen nautae und caupones gebracht wird, ist also nicht ganz ausreichend.

Eine Pflicht zur sorgfältigen Ausübung des Gewerbes wurde nun aber nicht nur beim innkeeper und common carrier bejaht:[1]) Es haftete der Fährmann, der nachlässig seine Fähre überlud, so daß diese unterging und die seiner Obhut anvertrauten Pferde ertranken, für den Verlust der Pferde (Y.B. 22 Ass. 94 pl. 41 [1347]); der Wundarzt, der durch seine Ungeschicklichkeit den Arm des Patienten verstümmelte (Y.B. 48 Edw. III 6 pl. 11 (1371); der Hufschmied, der ein Pferd so ungeschickt beschlug, daß es lahmte (Y.B. 46 Edw. III 19 pl. 19); der Barbier „for barbing negligenter et inartificialiter" (Ras, Ent. 261, Street 1, 187, Winfield L. Q. R. 42, 188). Ebenso hafteten Gewerbetreibende wie Gastwirte, Metzger und Weinhändler, gleichgültig, ob sie über die Qualität der Waren Zusicherungen gemacht hatten oder nicht: Si jeo vien en une taberne a manger, et il don ou vend a moy bier ou chair corrupt, pur le quel jeo suis mis en grand infirmite, j'aurai action envers luy sur mon cas clerement, et uncore il ne fist garrante a moy (Y.B. 9 Hy. VI Mich. pl. 37).[2])

Das Bestehen einer Pflicht zur sorgfältigen Ausführung einer Verrichtung (eines undertaking) wurde aber zunächst nur bei den Personen, die ein public oder common calling ausübten, anerkannt (Winfield L.Q.R. 32, 18). So bestand sie ursprünglich nur für den common hostler: Comment que un homme que

---

Innkeepers Act von 1863 (26 & 27 Vict. ch. 41) dem Höchstbetrag nach begrenzt worden, in den Vereinigten Staaten dagegen ist wohl überall die common law-Haftung statutarisch in eine Haftung für negligence abgeschwächt worden (vgl. die Übersicht in Michigan State Bar Journal 9, 346, 1930).

[1]) Vgl. Ames, History of Assumpsit (1888), Harv Law Rev. 2, 2 ff.

[2]) Zitiert nach Holdsworth 3, 386 N. 2.

n'est my commen hostler moy herberge en son hostel, il ne respondra pas de mes biens, quod fuit concessum (Y.B. 11 Hy. IV Hil. pl. 18).[1]) Deshalb haftet auch nicht der Geselle des Hufschmiedes, der das Pferd schlecht beschlagen hatte, vielmehr nur der Meister.[2])

Nur zögernd wurde die Ersatzpflicht für Nachlässigkeit bei Personen anerkannt, die kein common calling ausübten, und zwar ursprünglich nur dann, wenn ein ausdrückliches Versprechen auf gute Ausführung der Verrichtung vorlag (express assumpsit).[3]) Dies erklärt sich wohl aus der schon oben hervorgehobenen Tatsache, daß es dem einfachen Denken der damaligen Zeit entsprach, nur bei der schadenstiftenden Tätigkeit eines Fremden, der nicht zur Vornahme einer Verrichtung aufgefordert war, ein Delikt anzunehmen. Nur zögernd wurde vermittels der action on the case der Deliktsbegriff auf die schlechte Ausführung einer aufgetragenen Verrichtung ausgedehnt. Denn in einem solchen Falle entsprach es den damaligen Vorstellungen, daß das Risiko der Besteller trug, sofern nicht der Unternehmer das Risiko ausdrücklich übernahm.[4]) Dies galt insbesondere dann, wenn die Tätigkeit mit einem großen Risiko verbunden war, wie z. B. beim Arzt. So wurde noch im Jahre 1440 mangels einer solchen Abrede die Schadensersatzklage gegen einen Arzt, der ein Pferd so nachlässig behandelte, daß es starb, abgewiesen: Vous n'avez mettre que il est un common mareschal a curer tiel cheval; en quel cas, mesque il tua votre cheval per ses medecines, uncor vous n'aurez accion vers luy sans assumption (Y.B. 19 Hy. VI Hil. pl. 5).[5]) Hier zeigt sich das geringe Vertrauen, das die damalige Zeit der ärztlichen

---

[1]) Zitiert nach Holdsworth 3, 386 N. 1.

[2]) Bohlen, Basis of affirmative obligations, Studies 33, 45. Blackstone 1, 431: If a smith's servant lames a horse which he is shoeing him, an action lies against the master, but not against the servant. Heute haftet natürlich der servant deliktisch, und seine Haftung ist Voraussetzung der Haftung des Meisters (darüber unten S. 44 ff.).

[3]) Bohlen, Studies 39; Ames 6; Arterburn 416; Jenks 159, 162. Auch die Klage wegen eines Sachmangels setzte, sofern nicht der ordre public wie beim Gastwirt eingriff, ein express assumpsit voraus, wie noch Chandelor v. Lopus Cro. Jac. 4 (1606) deutlich zeigt (Ames 9; Williston, Sales 1 § 195).

[4]) Ames 3 und die Ausführungen von Newton C. J. S. 18 N. 1.

[5]) Zitiert nach Holdsworth 3, 386 N. 1; siehe dazu auch Ames 3.

Wissenschaft entgegenbrachte, deutlich,[1]) besonders wenn man berücksichtigt, daß ein Hufschmied oder ein Gastwirt ohne assumpsit damals schon hafteten (Ames 3).

Lag aber ein assumpsit vor, so wurde gehaftet, gleichgültig, ob die Dienstleistung entgeltlich oder unentgeltlich geschah (Ames 5; Beale 775).

Ebenso war es längere Zeit zweifelhaft, ob, selbst im Falle eines assumpsit, Personen, die kein public calling ausübten, für einen act of nonfeasance ebenso hafteten, wie für einen act of misfeasance (Winfield, L.Q.R. 42, 188; Bohlen, Studies I, 39 ff.)[2]).

An diesem Punkt nun setzt die Entwicklung, d. h. die Lösung des Vertragsrechts aus dem Deliktsrecht ein, die hier nur mit wenigen Worten verfolgt werden kann.[3]) Es muß der Hinweis genügen, daß die im Falle eines assumpsit zugelassene action of assumpsit allmählich „by a bold and illogical step“ [4]) von Fällen der misfeasance, d. h. der Schlechterfüllung, auf Fälle der nonfeasance, d. h. der Nichterfüllung — und was das Wichtige ist — eines formlosen Leistungsversprechens, sofern eine Gegenleistung gegeben war, ausgedehnt wurde. Damit kam das angelsächsische Recht, indem es aus der action on the case die action of assumpsit heraushob und als Vertragsklage anerkannte, dazu, neben dem Delikt den Vertrag als Entstehungsgrund der Obligation anzuerkennen [5]) (Heymann 329; Win-

---

[1]) Ungemein aufschlußreich sind die nachfolgenden in der Übertragung von Ames wiedergegebenen Ausführungen von Newton, C. J.: „Perhaps he applied his medicines de son bon gré, you shall not have an action . . . My horse is ill, and I come to a horse-doctor for advise, and he tells me that one of his horses had a similar trouble, and that he applied a certain medicine, and that he will do the same for my horse, and does so, and the horse dies; shall the plaintiff have an action? I say, No.“ „If I have a sore on my hand, and he applies a medicine to my heel, by which negligence my hand is maimed, still I shall not have an action unless he undertook to cure me.“

[2]) Es ist wahrscheinlich, daß diese Entwicklung durch die nach der Pest (1348) von zahlreichen Gesetzen geschaffene duty to serve, welche die Gewerbetreibenden an der Ausnutzung ihrer Monopolstellung hindern sollte, inauguriert wurde (über diese Gesetze s. Arterburn 421 ff.).

[3]) Über die Entwicklung der action of assumpsit s. Holmes 274 ff.; Ames 1 ff.; Bohlen, Studies 33 ff.

[4]) Pollock 554; siehe auch Williston, Contracts 1 § 99

[5]) Der deliktische Ursprung der action of assumpsit „hat entscheidend dazu beigetragen, daß im englischen Recht bis in die neueste Zeit aus Verträgen nur auf Schadensersatz und nicht auf Realerfüllung ge-

klagt werden konnte" (Heymann 329; Rheinstein 15 ff., 33 ff.; über die Entwicklung des Vertragsrechts aus dem Deliktsrecht vgl. auch Max Weber, Rechtssoziologie in Wirtschaft und Gesellschaft 2, 390, 392, 418). Daß die Loslösung der Vertragshaftung (Klage aus assumpsit) von der Deliktshaftung (action upon the case) nur sehr langsam geschah, wird noch in späteren Entscheidungen deutlich sichtbar; so entschied noch im Jahre 1844 das House of Lords in Brown v. Boorman (11. Cl. & Fin. 1 durch Lord Campbell), daß bei der Verletzung der aus einem Arbeitsvertrag geschuldeten Sorgfaltspflicht nach Wahl des Gläubigers eine Vertrags- oder eine Deliktsklage (action on the case) gegeben sei. (Über die Bedeutung dieses Urteils siehe jedoch Winfield, The Province of the Law of Torts 65). Erst seit Stuart v. Wilkins 3 Doug. 18 (1778) wird die Klage wegen eines Sachmangels als Vertragsklage und nicht mehr als Tortklage aufgefaßt (Ames 8; Williston, Sales 1, § 195). Ebenso hat sich lange Zeit der Gedanke erhalten, daß die Haftung des common carrier wegen Verstoßes gegen den custom of the realm der Sache nach eine Klage aus Vertrag sei (Buddle v. Wilson (1795) 6 T R. 369; Powell v. Layton (1806) 2 Bos. & P. N. R. 9 R. R. 690).

Daß dieser Prozeß auch jetzt noch nicht abgeschlossen ist, wird aus der unten S. 62 mitgeteilten Rechtsprechung deutlich, welche für Klagen aus Sachmängeln und anderen Vertragsverletzungen die action upon the case Platz greifen läßt und damit diese Ansprüche nicht als vertragliche, sondern als deliktische charakterisiert. (Allerdings wird aus dieser systematischen Einordnung nicht die Konsequenz gezogen, daß eine Haftung ein Verschulden voraussetzt, vielmehr greift die absolute liability des Vertragsrechts ein [S. aber Williston, Sales § 237 mit reichen Nachweisen; Bogert and Fink, Business Practice Regarding Warranties in the Sale of Goods, Illinois L. R. 25, 400, 412 [1930].) Endlich ist darauf hinzuweisen, daß die Haftung für die schlechte Ausführung (misfeasance) eines gratuitous undertaking noch heute als Torthaftung aufgefaßt wird, sofern sich nicht eine consideration, also ein detriment des Bestellers konstruieren läßt (Williston, Contracts 1 § 138; Beale, Gratuitous Undertakings, Harvard Law Rev. 5, 222; Harvard Law Rev. 1931, 121, Carr v. Maine Cent. R. Co., 78 N. H. 502, Atl. 532 (1917); London v. Exton-Hall Brokerage & Vessel Agency, 142 N. Y. S. 548 (1913) und dazu die kurze Note in Harward Law Rev. 27, 167 ff. (1913) mit weiteren Nachweisen. Im Falle der nonfeasance wird seit altersher der Auslagenersatz als Vertrauensschaden zugesprochen (Ames 15). Wenn also mit Recht gelehrt wird, der simple contract erfordere außer dem Konsens die consideration (Heymann 329), so darf daraus nicht geschlossen werden, daß die schlechte Ausführung eines gratuitous undertaking nicht zum Ersatz verpflichtet. Es besteht nur keine Vertragshaftung, dagegen wohl eine deliktische Ersatzpflicht. Die Grenze zwischen Vertrag und Delikt verläuft eben anders als bei uns (siehe hierüber auch unten S. 62 ff.) und hierdurch wird die Bedeutung der ohnehin schon durch die Vergeistigung des consideration-Begriffs abgeschwächten consideration-Lehre (Siegel v. Spear & Co., 138 N.E. 414, N.Y. (1923), Harvard Law Rev. 167, 168; Kirby v. Brown, Wheelock, Harris, Vought & Co. 241 N.Y. 255 (1930) nicht unerheblich herab-

field 188; Pollock 522). Lag dagegen ein act of misfeasance vor [1]), so wurde, wie die nachfolgende Darstellung der Entwicklung des Deliktsrechts zeigen soll, der Nachweis eines assumpsit auch in den Fällen, in denen der Nachlässige kein common calling ausübte, entbehrlich.

Eine Beschränkung der Sorgfaltspflicht innerhalb des Anwendungsbereiches der action upon the case auf die Fälle, in denen der Nachlässige ein common calling ausübte, oder wenigstens ein assumpsit vorlag [2]), war naturgemäß nicht aufrecht zu erhalten. Vielmehr mußte die Entwicklung dahin gehen — um Streets auch von Holdsworth 8, 453 gebrachte Worte wiederzugeben — „to make one liable in an action on the case for damage flowing from the negligent performance of his own projects and untertakings, unconnected, with the duty arising from statute, public calling, bailment or prescription" (Street 1, 189). Diese Entwicklung, welche eine ungemeine Erweiterung der Haftung für Nachlässigkeit bedeutete, lag so sehr in der Natur der Sache, daß sie gar nicht auffiel (Street 1, 189).

Es läßt sich zwar nicht mit Sicherheit sagen, wann die Entwicklung so weit war; daß sie gegen 1700 vollendet war, wird durch das bekannte Urteil aus dem Jahre 1686 Mitchel v. Alestree, 1 Vent. 295, wahrscheinlich. Hier wurde einer Schadensersatzklage stattgegeben gegen einen Beklagten, dessen unruhiges Pferd, das er auf dem Felde vor Lincolns Inn ritt, durchging und den Kläger verletzte. „It was the defendants fault to bring a wild horse in such a place, where mischief might probably be done, by reason of the concourse of people, Lately in this court an action was brought against a butcher who had made an ox run from his stall and gored the plaintiff; and this was alleged in the declaration to be in default of penning him."

Ebenso wurde in Tenant v. Goldwin (1704) 1 Salk. 360 der

---

gesetzt (vgl. die kurze Note in Harvard Law. Rev. 45, 164 ff). Die Bedeutung der Tatsache, daß eine Deliktshaftung besteht und keine Vertragshaftung wird darin gesehen, daß wegen der deliktischen Ersatzgrundlage nur eine duty bestehe, „to perform non negligently", dagegen keine duty to perform absolutely (Harvard Law. Rev. 44, 121). Aus dieser Gegenüberstellung wird, wenn auch in überspitzter Form, die verschiedene Bedeutung der negligence im Vertrags- und im Deliktsrecht deutlich.

[1]) Über die deliktische nonfeasance siehe unten 98 ff., 83 ff.

[2]) Ebenso machte die nachlässige Verletzung einer „by prescription" bestehenden Pflicht seit altersher ersatzpflichtig (Holdsworth 8, 452 unter Berufung auf ein Urteil aus 1674).

Beklagte zum Ersatz des Schadens verurteilt, der dem Kläger daraus entstanden war, daß in seinen Keller Abwässer vom Grundstücke des Beklagten gedrungen waren, da, wie Lord Holt ausführte: every man ought to keep and use his own so as not do demnify his neighbour."

Aber noch im Jahre 1837 wurde in der berühmten Entscheidung Vaughan v. Menlove, 3 Bing. N.C. 468 (1837) geltend gemacht, daß eine Sorgfaltspflicht einen Vertrag voraussetze. Der Beklagte hatte trotz wiederholter Warnung seiner Nachbarn vor der Brandgefahr auf dem Teil seines Grundstückes, das an des Klägers Haus grenzte, einen Heuschober errichtet, der dann auch, wie ihm vorausgesagt wurde, in Flammen aufging und so das Wohnhaus des Klägers vernichtete. „There was no duty imposed on the defendant as their is on carriers or other bailees, under an implied contract, to be responsible for the exercise of any given degree of prudence." Weiter wandte sich der Beklagte dagegen, daß der Erste Richter die Jury dahin instruiert hatte, daß sie untersuchen müsse, ob dem Beklagten gross negligence zur Last falle und hinzugefügt hatte, daß der Beklagte diejenige Sorgfalt aufwenden müsse, die ein reasonable man unter den gegebenen Umständen aufgewandt habe. Der Beklagte verlangte, da es sich um einen „case primae impressionis" handle, eine Instruktion der Jury dahin, daß er to the best of his judgment gehandelt habe und nicht auf ein so vages Kriterium wie das des Ersten Richters abgestellt werde. Mit diesem Vorbringen setzt sich Chief Justice Tindal in seinen oft zitierten Ausführungen auseinander: „I agree that this is a case primae impressionis; but I feel no difficulty in applying to it the principles of law as laid down in other cases of a similar kind. Undoubtedly this is not a case of contract, such as a bailment or the like where the bailee is responsible in consequence of the remuneration he is to receive: but there is a rule of law which says you must so enjoy your own property as not to injure that of another; and according to that rule the Defendant is liable for the consequence of his own neglect: and though the Defendant did not himself light the fire, yet mediately, he is as much the cause of it as if he had himself put a candle to the rick; for it is well known that hay will ferment and take fire if it be not carefully stacked. It has been decided that if an occupier burns weeds so near the boundary of his own land that damage ensues to the property of his neighbour, he is liable to an action for the amount of injury done, unless the accident were occasioned by a sudden blast which he could not foresee; Turbervill v. Stamp (1 Salk. 13). But put the case of a chemist making experiments with ingredients, singly innocent, but when combined, liable to ignite; if he leaves them together, and injury is thereby occasioned to the property of his neighbour, can anyone doubt that an action on the case would lie?"

Es wird also deutlich ausgesprochen, daß eine Sorgfaltspflicht nicht das Bestehen eines Vertragsverhältnisses voraussetzt, sondern, daß eine „rule of law" besteht, die sagt: „You must enjoy your own property as not to injure another person." Weiter bringt das Urteil zum Ausdruck, daß der Maßstab der Sorgfalt objektiv ist (darüber unten S. 125).

Ebenso wurde in den beiden Entscheidungen Pippin v. Sheppard (11 Prin. 400, 1822) und Gladwell v. Steggall (5 Bing. N.C. 734, 1839) der Arzt, der wegen fahrlässiger Falschbehandlung von einer Ehefrau, bezw. einem Kind verklagt war, nicht mit dem Einwand gehört, er stehe zu den Klägern in keiner vertraglichen Beziehung, schulde ihnen also keine Sorgfalt. Denn der Beklagte schulde auch, wenn keine Vertragsbeziehung ihn mit dem Patienten verbinde, diesem sorgfältige Behandlung und sei daher bei Verletzung dieser Sorgfaltspflicht dem Patienten nach Deliktsrecht ersatzpflichtig [1]).

Die Schilderung dieses Teils der Entwicklung der negligence ist damit abzuschließen, daß nunmehr als allgemeiner Grundsatz des negligence-Rechts der Satz von Lord Blackburn gilt: „Those who go personally or bring property where they know that they or it may come into collision with the persons or property of others have by law a duty cast upon them to use reasonable care and skill to avoid such a collision" (Dublin, Wicklow, and Wexford Railway Co., v. Slattery) (3 A.C. 1206, 1878); oder um Sir Frederic Pollocks Worte wiederzugeben: „Every one is bound to exercise due care towards his neighbours in his act and conduct" (451)[2]). So heißt es auch in den einlei-

[1]) Daß die Urteile die Haftung des Arztes deliktisch konstruieren, erklärt sich daraus, daß das englische Recht „grundsätzlich, von einigen Ausnahmen abgesehen, keine Verträge zugunsten Dritter kennt" (Heymann, 327). In den beiden Fällen wird aber praktisch dieser Grundsatz durch Anerkennung einer deliktischen Haftung durchbrochen. (Über die Ausnahmen s. Corbin, Contracts for the Benefit of Third Persons, L.Q.R. 46, 12 ff.)

[2]) Vgl. auch Tully v. Philadelphia etc. Ry. Co., 2 Pen. (Del.) 537,

tenden Ausführungen des Negligence Kapitels in Ruling Case Law ganz allgemein: „Every person in the conduct of his affairs is under a legal duty to act with care and forethought; and if injury results to another from his failure to do so, he may be held accountable in an action at law."

Immer wieder aber wird, so auch von Pollock 453, betont, daß mangelnde Sorgfalt eine duty to take care voraussetze, er hebt aber hervor: „The situations in which we are not under such duty appear at this day not as normal, but as exceptional" (21)[1]).

II. Trespass.

Auch im eigentlichen Trespassrecht, also wenn es sich um eine Klage wegen eines direct and immediate injury[2]) handelt, läßt sich die Entwicklung der negligence aufzeigen. Hier allerdings ist der Zeitpunkt, in dem sich die negligence als Haftungsvoraussetzung durchgesetzt hat, nicht sicher feststellbar, da die Tragweite der Entscheidungen bis ins 19. Jahrhundert hinein häufig nicht ganz sicher ist.

Im eigentlichen Trespassrecht hat nach der herrschenden Ansicht im mittelalterlichen Recht die Erfolgshaftung oder, wie meist gesagt wird, der Grundsatz gegolten: „a man acts at his own peril." [3]). Das soll heißen: erfüllte jemand den äußeren Tatbestand des trespass, so haftete er, ganz gleichgültig, ob die Verletzung absichtlich, fahrlässig oder infolge eines unglücklichen Zufalls geschah (Holdsworth 8, 446). Ja, nach einer verbreiteten Ansicht, die sich auf zahlreiche Entscheidungen, oft allerdings nur auf obiter dicta, die bis ins 19. Jahrh. hineinreichen, stützt, hat die Erfolgshaftung[4]) noch viel länger bestanden.

---

47 Atl. 1019 (1900); weitere Nachweise in Ruling Case Law 20, 7 N. 6 s. v. negligence; ebenso auch Bohlen, Studies.

[1]) Dieses durchaus mehrdeutige Erfordernis wird uns unter S. 45 noch eingehend beschäftigen.

[2]) Oben S. 11.

[3]) Heymann 337, Ames, Law and Morals, Harvard, Law Rev. 22, 99 = Harvard, Essays 3, Holdsworth 8, 446, Isaacs, Fault and Liability, Harvard, Law Rev. 31, 954 = Harvard, Essays 235 (1917), Whittier, Mistake in the Law of Torts, Harvard, Law Rev. 15, 335 (1901).

[4]) Holdsworth, 8, 446. Holmes deutet die von den Anhängern der Theorie der Erfolgshaftung herangezogenen Entscheidungen anders.

Berühmt und in der Folgezeit oft zitiert zum Beweise dafür, daß der Grundsatz gelte: „a man acts at his own peril", sind die Ausführungen von Brian in einem aus dem Jahre 1466 berichteten Falle, der uns noch später beschäftigen wird (Y.B. 6 Edw. IV 7 pl. 18)[1]): When one does a thing, he is bound to do it in such a way, that by this act no prejudice or damage shall be done to &c. As if I am building a house, and when the timber is being put up a piece of timber falls on my neighbour's house and breaks his house, he shall have a good action, &c., and yet the raising of the house was lawful, and the timber fell, me invito, &c. And so, if one assaults me, and I cannot escape, and I in self-defence lift up my stick to strike him, and in lifting it hit a man who is behind me, in this case he shall have an action against me, yet my raising the stick was lawful in self-defence, and I hit him, me invito, &c. Diese Ausführungen Brians wurden in Lambert v. Bessey, Th. Raym, 422 (1601) beifällig zitiert und hervorgehoben: „In all civil acts the law doth not so much regard the intent of the actor as the loss and

---

Er nimmt an, daß sich aus den Urteilen nicht die Geltung einer absoluten Haftung herleiten lasse, betont vielmehr, die Gerichte hätten in den Urteilen, auf die sich die herrschende Meinung stützt, den Beklagten stets den Vorwurf gemacht, daß sie nicht vorsichtiger gehandelt hätten. Der Standard, dem der Einzelne entsprechen mußte, um dem Schuldvorwurf zu entgehen, sei, abweichend von der vorangegangenen Periode des early law, der external standard eines fair average member of the community gewesen. (So auch Isaacs, Fault and Liability, Harvard, Law Rev. 31, 954 = Harvard Essays 235.) Die Hauptfälle, auf welche die Gegenansicht sich stütze, seien Unfälle durch Schießen auf öffentlichen Plätzen, und da Schießen eine überaus gefährliche Tätigkeit sei, beweise es nichts für die herrschende Meinung, daß in solchen Fällen ein Handeln auf eigene Gefahr angenommen worden sei. In den übrigen Fällen handle es sich entweder um die dissenting opinions oder um dicta (Common Law 80 ff., 101 ff.). Wigmore nimmt an, daß seit etwa 1500 kein Fall der Verletzung einer Person nachweisbar sei, in dem es dem Beklagten nicht gestattet worden sei, „to appeal to some standard of blame or fault in addition to and beyond the mere question of his act having been voluntarily . . . the standard being more indefinite, and perhaps not as liberal as to—day but not different in kind" (Responsibility for Tortious Acts, Harvard Law Rev. 7, 315, 441 = Harvard Essays 66). Auch Pollock (143) ist der Meinung, daß bei sorgfältiger Prüfung der Entscheidungen „no actual decision goes the length of the dicta which embody this opinion".

Zu dieser schwierigen Frage soll im Rahmen der vorliegenden Arbeit nicht Stellung genommen werden, vielmehr die Untersuchung der Urteile einer besonderen Arbeit vorbehalten werden.

[1]) Zitiert nach Holmes 86.

damage of the party suffering... And the reason of all these cases is, because he that is damaged ought to be recompensed But otherwise it is in criminal cases, for the actus non facit reum nisi mens sit rea“ [1]).

Ebenso wurde Brians dictum zitiert und gebilligt von Blackstone in Scott v. Shepherd (1773) 2 W.Bl. 896; weiter wurde 1682 in dem Urteil in Sachen Dickenson v. Watson (T. Jones 205) der Einwand des Beklagten, daß er seine Pistolen auf einem freien Platz nemine in opposito visu existente abgefeuert und der verwundete Kläger zufällig in die Schußlinie gekommen sei, nicht beachtet, „for in trespass the defendant shall not be excused without unavoidable necessity, which is not shown here“.

Aber damit nicht genug: Noch im Jahre 1803 sprach Grose J. in einem dictum in Leane v. Bray, 3 East 600, ohne allerdings eine einzige Entscheidung außer der von ihm erwähnten als Beleg anzuführen, den Grundsatz als geltendes Recht aus: „Looking into all the cases from the Year Book in the 21 H. VII. 289 down to the latest decisions on the subject I find the principle to be that if the injury be done by the act of the party himself at the time or he to be the immediate cause of it, though it happen accidentally or by misfortune yet he is answerable in trespass.“

Ja, sogar in der berühmten Entscheidung Rylands v. Fletcher (1868) L.R. 3 H.L. 330 [2]), die uns unten noch beschäftigen wird, teilte Lord Cranworth diese Auffassung.

Aber auf der anderen Seite darf nicht übersehen werden, daß der Beklagte sich gegenüber einer Trespassklage auf folgende Weise verteidigen konnte: der Verletzte habe selbst den Schaden herbeigeführt [3]), seine (des Beklagten) Handlung sei im öffentlichen Interesse gelegen oder zur notwendigen Verteidigung seiner Person oder seiner Habe erforderlich gewesen [4]), es habe ein act of God, also höhere Gewalt [5]) vorgelegen; ja er

[1]) Über dieses Urteil siehe nunmehr Oppikofer, Zur Gefährdungshaftung im englischen Recht, Beiträge zum Wirtschaftsrecht, 2, 1031.

[2]) Der vielbeachtete Fall Weaver v. Ward (1617) Hob. 134 ist nicht beweiskräftig, weil der Beklagte sich nicht damit verteidigt, daß der Schaden unvermeidlich gewesen sei.

[3]) Winfield L.Q.R. 42, 45 No. 5.

[4]) I cannot be bound to wait until he has given me a blow, for perhaps then I shall wait too long (Br. Abr. Trespass, 71 (2 Hen. IV, 8).

[5]) Pollock 498 Note a, Salmond 350 Note s.

konnte sogar einwenden, daß ein inevitable accident (unavoidable necessity) vorgelegen habe, daß er nicht anders habe handeln können.

Eine anschauliche Illustration der Bedeutung dieses Vorbringens findet sich schon in dem berühmten Dornstrauchfall in den Year Books (6 Ed. IV 7 pl. 18 [1466]). Der Beklagte, der seine an des Klägers Grundstück angrenzende Dornenhecke gestutzt und dessen Grundstück betreten hatte, um die darauf fallenden Zweige zu sammeln, wandte gegenüber der Klage aus trespass quare clausum fregit ein, die Zweige seien ipso invito auf das Nachbargrundstück gefallen. Mit diesem Vorbringen wurde er nicht gehört, da er diesen Erfolg hätte voraussehen und verhindern können: „As to what was said about their falling in, ipso invito, that is no plea, but he ought to show that he would not do it in any other way or that he did all in his power to keep out“ [1]).

Das Vorliegen eines inevitable accident wird also vom Gericht deshalb verneint, weil der Beklagte sich nicht genügend vorgesehen hatte.

Das Verteidigungsmittel des inevitable accident hat dann in der Folgezeit die Bedeutung gewonnen, daß der aus trespass Verklagte die Möglichkeit hatte einzuwenden, es falle ihm keine negligence zur Last. So hat also unter dem Mantel des inevitable accident der Gedanke der negligence im Trespassrecht Eingang gefunden (Wigmore 66, Holdsworth 8, 455) [2]). Bereits in Weaver v. Ward (1617) Hob 134 wird dies deutlich. Es handelte sich um eine Trespassklage for assault und battery. Der Beklagte wandte ein, daß er und der Kläger Mitglieder eines militärischen Haufens gewesen seien, und daß während eines Geplänkels der Beklagte casualiter et per infortionium et contra voluntatem suam den Kläger durch einen Flintenschuß verletzt

---

1) Zitiert nach Holmes 87.

2) Noch in Entscheidungen aus dem 19. Jahrh. werden inevitable accident und absence of negligence gleichwertig behandelt. Ein anschauliches Beispiel ist Dygert v. Bradley, 8 Wend. 470 (1832): „when we speak of an unavoidable accident, in legal phraseology, ... all that is meant is that was not occasioned in any degree, either remotely or directly, by the want of such care or skill as the law holds every man bound to exercise.“ Vgl. auch Chief Justice Nelson's Ausspruch in Harvey v. Dunlop, Hill & Den. 10 (Lalor) 193: from inevitable accident, or which in law or reason is the same thing, from an act that ordinary human care and foresight are unable to guard against.

habe. Das Gericht entschied, daß der Beklagte obgesiegt hätte, wenn der Kläger dem Beklagten in die Schußlinie gelaufen wäre oder der Beklagte „had set forth the case with the circumstances, so as it has appeared to the court that it had been inevitable, and that the defendant had committed no negligence to give occasion to the hurt“.

In welchem Zeitpunkt die Gerichte sich unzweideutig dazu bekannten, daß im Trespassrecht negligence Haftungsvoraussetzung ist, dürfte sich nicht sicher sagen lassen. Ein so ausgezeichneter Sachkenner wie Wigmore[1]) (66) nimmt an, daß etwa seit 1500 kein Fall der Verletzung einer Person[2]) nachweisbar sei, in dem es dem Beklagten nicht gestattet worden sei „to appeal to some standard of blame or fault in addition to and beyond the mere question of his act having been voluntarily“. Er gibt aber selbst zu, daß in der zweiten Hälfte des 18. Jahrhunderts in England der Rechtszustand zweifelhaft war (68). Erst gegen Ende des 19. Jahrhunderts ist in England der Unsicherheit des Rechtszustandes ein Ende gemacht worden durch die beiden Entscheidungen: Holmes v. Mather, 1875, L.R. 10 Ex. 267 und Stanley v. Powell, 1891, 1 Q.B. 86, die ausdrücklich feststellten, daß im Trespassrecht grundsätzlich (d. h. vorbehaltlich von Ausnahmen, in denen eine absolute liability anerkannt wird)[3]), der Beklagte sein mangelndes Verschulden mit Erfolg geltend machen könne. In Holmes v. Mather wurde die Klage eines Passanten, der von den durchgehenden Pferden des Beklagten verletzt worden war, abgewiesen, obwohl der Kutscher die Pferde, die auf einen Laden zustürmten, mit aller Kraft an dem Laden vorbei und damit auf den Kläger zugelenkt hatte, da den Beklagten kein Verschulden treffe. In Stanley v. Powell wurde die Schadensersatzklage eines auf einer Treibjagd beschädigten Arbeiters gegen einen Jagdgast, dessen Kugel von einer Eiche abgeprallt war, abgewiesen, da die Verletzung nicht durch Fahrlässigkeit des Täters, sondern infolge eines unglücklichen Zufalls erfolgt sei. Es ist von Interesse, daß Denman J. die Parteien bei der Rechtsbelehrung darauf aufmerksam machte, daß nach einigen alten Präjudizien negligence keine Voraussetzung einer Trespassklage sei[4]).

---

[1]) Oben S. 23 dort auch die Ansicht von Holmes.

[2]) Über den trespass to personality and realty siehe unten S. 32 ff.

[3]) Darüber siehe unten S. 32 ff.

[4]) Die Begründung wird von Beven 710, 711 einer scharfen Kritik unterzogen. Er nimmt an, daß das Urteil sich allenfalls halten lasse,

In den amerikanischen Entscheidungen ist der Gedanke früher zum Durchbruch gekommen, daß bei einem inevitable accident eine Ersatzpflicht nicht besteht: Grundlegend [1]) ist die Entscheidung des Supreme Court von Massachusetts in Sachen Brown v. Kendall, 6 Cush. 292 (1850), einer Klage aus trespass wegen assault and battery: Der Beklagte hatte bei dem Versuch, seinen und des Klägers raufenden Hund zu trennen, den hinter ihm stehenden Kläger, als er mit dem Stock ausholte, schwer verletzt. Das Gericht wies die Klage mit der nachfolgenden interessanten Begründung ab: Die Handlung des Beklagten sei „a lawful and proper act which he might do by proper and safe means" ... „in doing this act, using due care and all proper precautions necessary to the exigencies of the case to avoid hurt to others, in raising his stick for that purpose, he accidentally hit the plaintiff in the eye and wounded him, this was the result of pure accident, or was involuntary and unavoidable, and therefore the action would not lie". Alles, was von dem Beklagten verlangt werden könnte, wäre „the exercise of due care adapted to the exigency of the case". Die allgemeine Regel wurde so ausgedrückt, „if, in the prosecution of a lawful act, a casualty purely accidental arises, no action can be supported for an injury arising therefrom."

Diese Ausführungen sind vom United States Supreme Court in dem bekannten Nitro-Glycerine Case beifällig zitiert worden. Die beklagte Firma, ein Transportunternehmen, erhielt in New York eine hölzerne Kiste, über deren Inhalt keine Angaben gemacht wurden, zur Beförderung nach California. Da bei der Ankunft in San Franzisko die Kiste ein Loch hatte, wurde sie zur Untersuchung in die Räume der beklagten Firma, welche von der Klägerin gemietet waren, gebracht, und bei dem Versuch eines Angestellten, mit Hammer und Meißel die Kiste zu öffnen, gab es eine große Explosion, die das Haus der Klägerin zerstörte.

Die Klage wurde abgewiesen, da die beklagte Firma weder

wenn man annehme, daß der Kläger freiwillig die Gefahr einer Verletzung auf sich genommen habe, einer Erwägung, auf der das Urteil indes nicht beruhe. Gehe man aber nicht von dieser Annahme aus, so sei der Beklagte haftbar, da er einen Akt vorgenommen habe „attended with possible danger to third persons".

[1]) Der in der Entscheidung ausgesprochene Grundsatz wurde angewandt z. B. in Morris v. Platt, 32 Gonn. 75, 4 (1864).

Kenntnis von dem gefährlichen Inhalt der Kiste hatte, noch ihre Unkenntnis auf negligence beruhte[1]).

2. Auch in den Delikten des trespass to land und des trespass to goods hat das Verschuldensprinzip Eingang gefunden, wie nicht nur der Dornstrauch-Fall, sondern auch der Nitroglycerin-Fall deutlich zeigen. Aber in diesem Teil des Trespassrechts hat sich die Entwicklung zum Verschuldensprinzip nicht völlig durchgesetzt. Dies erklärt sich durch die aus der historischen Entwicklung herrührende Funktion dieser Klagen im System des anglo-amerikanischen Rechts. Dem ganzen Problemkreis wird aber, um den Zusammenhang nicht zu zerstören, nicht schon hier, sondern erst bei der Darstellung der Fälle der Durchbrechung des Kulpaprinzips (unten S. 31 ff.) nachgegangen.

III. Der Einfluß der Lehre von der proximate cause.

Es bleibt noch eine wichtige Wurzel der Negligencelehre zu behandeln, die, soweit ersichtlich, meist der Beachtung entgangen ist[2]): es ist die Lehre von der proximate cause.

In den zahlreichen Fällen, in denen vom Geschädigten eine Trespassklage deshalb nicht erhoben werden konnte, weil der einzuklagende Schade kein immediate damage, vielmehr nur ein consequential damage war (Salmond 231; Holdsworth 8, 450), kam es darauf an, nachzuweisen, daß der Schade nicht als remote, sondern als proximate consequence anzusehen war, denn nur dann bestand eine Ersatzpflicht (Holdsworth 8, 450). Lange Zeit haben nun die Gerichte die erforderliche proximity of causation dann verneint, wenn ein ordinary prudent man den Schaden nicht voraussehen konnte (Holdsworth 8, 450; Green, Negligence and Proximate Cause [1922] Texas Law Rev. 1, 243 ff.). Die Funktion der negligence wurde also von der Kausalitätslehre ausgeübt.

Ein anschauliches Beispiel liefert die englische Entscheidung Sharp v. Powell (1872) L.R. 7, C.P. 253. In diesem Fall hatte der Beklagte einen Wagen auf der Straße gewaschen. Das Wasser lief nun nicht, wie der Beklagte erwarten konnte, durch

---

[1]) Der richtige Weg des Vorgehens wäre es gewesen, wenn die Klägerin den Absender verklagt hätte, da er nicht auf die Gefährlichkeit der Sendung aufmerksam gemacht hatte (Lyell v Ganga Dai (1875), Indian L.R. 1 911, 60).

[2]) Eine Ausnahme macht Holdsworth 8, 450.

ein Gitter ab, sondern über die Straße, da das Gitter zugefroren war. Das Wasser gefror und das Pferd des Klägers kam zu Schaden. Die Klage wurde mangels proximity of causation abgewiesen: „I think the act of the defendant was not the ordinary or proximate cause of the damage to the plaintiff's horse, or within the ordinary consequences which the defendant may be presumed to have comtemplated, or for which he is responsible.. The damage complained of was not proximately caused by the original wrongful act of the defendant." Solche Beispiele ließen sich beliebig vermehren (vgl. Green 259 ff.).

Holdsworth 8, 450 weist mit Recht darauf hin, daß sich für die Gerichte daraus, daß sie zur Ermittlung der proximity of causation das objektive Kriterium, ob ein reasonable prudent man den Schaden voraussehen konnte, gebrauchten, damit ein objektiver Maßstab für die Beurteilung der negligence ergab.

Erst neuerdings werden negligence und proximity of causation deutlich geschieden (siehe unten 79).

IV. Zusammenfassung.

Als Ergebnis ist festzustellen, daß auf dem Gebiet der personal injuries sich das Tatbestandsmerkmal des Verschuldens, also das Mindesterfordernis der negligence, durchgesetzt hat, von den Ausnahmen der Erfolgshaftung (unten S. 44 ff.) natürlich abgesehen [1]). Damit hatte die Verschiedenheit von trespass und case viel an Bedeutung verloren, sie waren fast [2]) fungibel geworden. Das zeigt sich darin, daß mit der Trespassklage nunmehr nicht nur der direkte Schaden eingeklagt werden konnte, sondern auch der indirekte Schaden als special damage (Scott v. Shephard (1772), 2 W.B. 1. 897). Daß man aber mit der Trespassklage auch den durch eine rechtswidrige Unterlassung zugefügten Schaden verfolgen konnte, steht m. E. nicht fest. Dagegen steht es seit Moreton v. Hardern (1825) 4 B. & C. 223) dem Verletzten bei negligence frei, ob er die action on the case oder

---

[1]) Der Ansicht von Oppikofer 1043, der nur eine Tendenz der Rechtsprechung feststellt, im Trespass-Recht eine Haftung ohne Verschulden, zum mindesten bei inevitable accident abzulehnen, kann nicht zugestimmt werden. Oppikofer unterschätzt einmal die Funktion des Begriffs „inevitable accident (darüber oben S. 26) und weiter wird durch die oben S. 27 ausgeführten Entscheidungen belegt, daß sich in den dargestellten Grenzen das Verschuldensprinzip durchgesetzt hat.

[2]) Über die verbleibenden Verschiedenheiten: Street 3, 223 ff., 255 ff., 265 ff.

die Trespassklage erheben will, wenn er durch die Nachlässigkeit des Beklagten verletzt wurde.

Daß die Ersatzpflicht noch heute verschieden beurteilt wird, jenachdem der Tatbestand des trespass oder der action upon the case gegeben ist, wird die Darstellung des Rechts des trespass to personality and reality zeigen (unten S. 32 ff.)

B. Die Bedeutung der negligence im heutigen Deliktsrecht.

Eine Untersuchung der Bedeutung der negligence im heutigen Deliktsrecht hat auf die nachfolgenden Fragen Antwort zu geben:

a) Inwieweit sich die negligence als Mindesterfordernis der deliktischen Haftung und damit die Verschuldenshaftung im Deliktsrecht durchgesetzt hat (hierüber unter I);

b) welche Rechtsgüter gegen Verletzung durch Nachlässigkeit geschützt sind (hierüber unter II);

c) welche Rolle der Vorsatz (intention) neben der negligence im Deliktrecht spielt (hierüber unter III).

I. Die Schilderung der Entwicklung der negligence hat damit geschlossen, daß im heutigen Recht ein personal injury nur dann vorliegt, wenn dem Täter Verschulden, also mindestens negligence, zur Last fällt.

Nunmehr sind die Fälle zu untersuchen, in denen das Kulpaprinzip sich nicht durchgesetzt hat.

1. Im Vordergrund des Interesses stehen die schon mehrfach erwähnten Delikte des trespass to land und des trespass to goods, deren Tatbestand bei jeder Beeinträchtigung (Störung oder Entziehung) des Besitzes [1]) (Pfeiffer 540) gegeben ist. Von

---

[1]) Als Schadensersatzberechtigter wird in erster Linie der Besitzer angesehen, da der trespass ein wrong to possession und nicht to ownership ist (Heymann 325, Pfeiffer „Besitz" im Rechtsvergleichenden Handwörterbuch 2, 540 ff., Raiser, Art. Eigentum im Rechtsvergleichenden Handwörterbuch 2, 776). Fallen Eigentümer und Besitzer nicht zusammen, ist der Eigentümer „out of possession", so steht die Trespassklage als action on the case dem Eigentümer, wenn er das Recht des Besitzers nicht jederzeit widerrufen kann, nur zu, wenn sein Rückgaberecht beeinträchtigt ist, was bejaht wird z. B. im Falle einer permanent injury, oder der Zerstörung der Sache (Salmond 340 ff., 400; Pfeiffer 541). Auch im Falle der Besitzentziehung steht die Trespass-(trover)-Klage dem Eigentümer, der nicht ein immediate right to possess hat, nicht zu (Raiser, 792). Dies dürfte doch wohl zeigen, daß ein vom Besitz unterschiedener Eigentumsbegriff im angelsächsischen Recht nicht so stark entwickelt ist wie im kontinentalen Recht (zur Verschiedenheit des Schutzes vgl. Pollock 355). Im nordamerikanischen Recht scheint die Rechtsprechung immer stärker den Schutz des Eigentums auszubauen, so gibt sie in allen Fällen einer Störung die negatoria als natural right (Tiffany, Real Property 1, 1117). Der Frage des dinglichen Schutzes soll jedoch nicht weiter nachgegangen werden. S. noch unten S. 37 N. 1a. Über den deliktischen Schutz siehe unten S. 36 ff.

diesen Delikten wird gelehrt, daß sie ein Verschulden nicht erfordern (Wigmore Harv. Law. Rev. 7, 445 = Harvard Essays 68; Pfeiffer 540).

a) Um die Bedeutung und die Tragweite dieser These erkennen zu können, sollen sowohl die Beispiele, in denen sich die absolute Trespasshaftung zeigt, als auch die Fälle, in denen sie verneint wird, aufgeführt werden. Das wird es ermöglichen, die zunächst auffallende Abweichung vom Recht des trespass to the person zu erklären.

Die Erfolgshaftung im Falle des trespass to land bedeutet praktisch, um die häufig gebrachten Beispiele zu wiederholen, daß jemand, der ein fremdes Grundstück im schuldlosen Irrtum, es sei sein eigenes, betritt, für den Schaden haftet, den er anrichtet. Ebenso macht sich eines trespass to personality (des Deliktes der conversion[1])) schuldig der Testamentsvollstrecker, der gutgläubig fremdes Gut zur Erbmasse zieht (re Raybold — 1900 — 1 Ch. 199[2])), der gutgläubige Verkäufer[3]) einer frem-

---

[1]) Über die Sonderentwicklung und Funktion der Conversion-(Trover-)Klage: Wertheim, W.B. 547; Ehrlich, Soziologie des Rechts 223; Schmitz-v. Schwartzkoppen, Personal Property in „Die Zivilgesetze der Gegenwart" (Zg. d. G.) II, 274 ff.; Salmond, 375 ff. Über das Verhältnis von trespass und conversion, die sich nicht immer decken: Pollock, 358 ff., 371; wohl zu weit gehend: Schmitz-v. Schwartzkoppen, 304.

[2]) Anders wurde zur Zeit der Yearbooks entschieden: „On ne peut prima facie avoir parfait conusance que des biens sont al testator, et que à l'estranger (Rede J. in Y. B. 22 Hen. VII Trin. pl. 5 zitiert nach Holdsworth 8, 465 Nr. 8). Eine andere Frage ist es, ob ein gutgläubiger Testamentsvollstrecker in einem solchen Falle Ansprüche gegen die Erbmasse auf Schadloshaltung hat. Dies ist zu bejahen (re Raybold). Über die Frage der Schadloshaltung außer der am Ende der Note mitgeteilten Literatur siehe noch Pennsylvania Law Rev. 79, 623).

Die Bedeutung von In re Raybold besteht weiter darin, daß sie die Haftung des trust estate für das tort des trustee anerkennt, und zwar insoweit, als der trustee seinerseits einen Anspruch auf Ersatz gegen die Treuhändermasse hat (über diese Frage vgl.: Stone, A theory of liability of Trust Estates for the Contracts and Torts of the Trustee (1922) Columbia Law. Rev. 22, 527 ff.; Scott, Liabilties Incurred in the Administration of Trusts (1914) Harvard Law Rev. 28, 725; Massey v. Paque, 155 S. E. 658, W. Va. 1930 und dazu Virginia Law Rev. 17, 395.

[3]) „In attempting to transfer the ownership he acted at his peril" (Burdick, Torts 4, 424) Hutchin v. King, 1 Wall. 53 (1863), weitere Nachweise bei Burdick 424 N. 58; siehe auch Hollins v. Fowler (1874) L.R. 7 QB. 639.

den Sache, ja sogar auch der gutgläubige Käufer [1]), natürlich vorausgesetzt, daß er nicht Eigentümer geworden ist [2]), endlich derjenige, der in der Annahme, es handle sich um seine eigene Sache, eine in Wahrheit fremde Sache absichtlich zerstört. Alle diese Personen haften, da sie sich ein ihnen nicht zustehendes Recht an einer fremden Sache anmaßen (Pfeiffer 540 ff., Burdik 425), dem wahren Berechtigten auf damages; ihr „non negligent mistake concerning title", d. h. ihr

---

[1]) Cooper v. Willomatt, 1 C.B. 672, 14 L.J.C.P. 219 50 E.C.L.R. 672 (1845); Scott v. Hadges 62 Ala 337 (1878); Gilmore v. Newton, 9 Allen (21 Mass) 171, (1864); Velzian v. Levis, 15 Or 539, 16 Pac 631 (1888).

In den meisten Jurisdictions macht sich der gutgläubige Käufer einer dem Verkäufer nicht gehörigen Sache schon durch die bloße Annahme der Sache einer conversion schuldig (zu vergleichen die oben angegebenen Fälle). In einigen Staaten liegt eine conversion nur dann vor, wenn der Eigentümer den Käufer zur Herausgabe aufgefordert und dieser sie abgelehnt hat. Das gilt z. B. in New York: „an innocent purchaser of personal property from a wrongdoer shall first be informed of the defect of his title and have an opportunity to deliver the property to the true owner, before he shall be liable as a tortfeaser for a wrongful conversion" (Gilet v. Roberts, 57 N.Y. 23, 34 — 1874 —).

[2]) Eigentum kann grundsätzlich nur der Eigentümer übertragen (Williston, Sales 1, 715, Heymann, 326). Doch ist dieser Grundsatz zu Gunsten eines Gutgläubigen durch verschiedene Regeln durchbrochen. So kann sich ein Eigentumserwerb vom Nichtberechtigten einmal aus dem Eingreifen des Estoppelrechts ergeben, das den Käufer im Vertrauen auf eine apparent ownership oder eine apparent authority zu verkaufen, schützt, wobei zu betonen ist, daß eine bloße Besitzüberlassung anders als BGB. § 935 nicht ausreicht, um ein estoppel zu begründen (Williston 1, 718, siehe jedoch neuerdings Imperial Finance Co. v. Fidelity Trust Co., nicht ganz scharf Friedmann, Bereicherungshaftung 135). Gesetzlich ist der Schutz des Gutgläubigen im Vertrauen auf die apparent authority des kaufmännischen Agenten und Kommissionärs in England und zahlreichen nordamerikanischen Staaten durch die Factors Acts festgelegt. Der Sales Act § 23 und der Uniform Sales Act § 24 enthalten weiter Schutzbestimmungen für den Fall des anfechtbaren aber noch nicht angefochtenen Titels des Verkäufers. Endlich sind nach englischem Recht (Sale of Goods Act § 22, nicht dagegen amerikanischem Recht, Williston 1, 825) selbst im Fall des Diebstahls der Kauf auf offenem Markt und nach beiden Rechten der gutgläubige Erwerb von Geld, Banknoten und Inhaberpapieren geschützt (Williston 1, 826 und zu allem Vorstehenden Heymann 326; Eckhardt-Jessen, Fahrniserwerb vom Nichtberechtigten, im Rechtsvgl. Hwb. 3, 311; Schmitz- v. Schwartzkoppen, 274 ff. Über den gutgläubigen Erwerb von equitable interests A. B. Schwarz, Equity, ibid. 124 ff.

entschuldbarer Irrtum über die Berechtigung ihres Verhaltens schützt sie nicht.

Dagegen liegt, — was allgemein angenommen zu werden scheint [1]) — ein trespass to goods nicht vor, wenn jemand eine fremde Sache unabsichtlich schuldlos zerstört, also im Falle des „accidental damage“ (Holdsworth 8, 466; Bohlen, Studies 353, Smith, Tort and Absolute Liability, Havard Law Rev. 30 = Havard Essays 102). So wäre, um ein von Holdsworth 8, 466 gebrachtes Beispiel zu gebrauchen: der Jagdgast in Stanley v. Powell (oben S. 27) auch nicht haftbar, wenn die abgeirrte Kugel statt den Treiber zu treffen, die Jagdtasche eines Gastes getroffen hätte. Das dürfte auch der richtige Kern sein des Ausspruches von Lord Aktin in Menlove v. Brocklebank (1923) 2 K.B. 229: „if Holmes v. Mather be correctly decided trespass to goods must be the result of an act either wilful or negligent“ [2]). In der amerikanischen Doktrin, vor allem von Smith 200, wird für den trespass to land die gleiche Einschränkung vertreten.

Sicher gilt dies für den Fall der accidental entry to land, wie das berühmte Urteil von Chief Justice Doe in Brown v. Collins, 53 N.H. 442 (1873), das allgemeinen Anklang gefunden hat, beweist [3]): In diesem Falle waren die Pferde des Beklagten, durch einen vorüberfahrenden Eisenbahnzug erschreckt, durchgegangen und hatten einen Laternenpfahl auf dem Grundstück des Klägers umgerissen. Die Trespassklage auf Schadenersatz wurde abgewiesen, da den Beklagten kein Verschulden träfe.

Dagegen dürfte die Ansicht von Smith, daß ganz allgemein jede Schädigung eines fremden Grundstückes durch einen trespass [4]) keine Ersatzpflicht begründe, wenn ein accident vorliegt,

---

[1]) Zweifelnd anscheinend Salmond (7), 14, wie die h.M. noch 6. Aufl. 222; zu weitgehend die der Ansicht von Smith entsprechende Annahme von Goldschmidt, 369.

[2]) Es handelt sich allerdings nur um ein obiter dictum, wie Salmond 7, 14, mit Recht hervorhebt.

[3]) Marshall v. Welwood, 38 N.J.L. 339 (1876); Whittier, Mistake in the Law of Torts, Harvard Law Rev. 15, 347, Smith, Harvard Essays 202.

[4]) Erfüllt die Schädigung den Tatbestand der continuing nuisance, wie es insbesondere bei Immissionen i. S. des deutschen Rechts der Fall ist, so kann sich der Störer nicht mit Schuldlosigkeit verteidigen (Salmond 256 ff., 266, Pfeiffer 541 ff, Bohlen, Studies 360 und unten S. 70. Über den Tatbestand der nuisance neuerdings Riezler, Haftung für Schädigung durch Sachen nach französischem und englischem Recht, Rabels Z. 5, 624.

noch nicht durchgedrungen sein. So scheint Bohlen Studies 360 anzunehmen, daß ein trespass to land im Sinne eines direct und immediate injury auch bei Schuldlosigkeit des Trespasser ersatzpflichtig macht.

Was das englische Recht anlangt, so kann mit Sicherheit nur gesagt werden, daß für den trespass to land sich eine Einschränkung der Haftung daraus ergibt, daß wenigstens nach einigen Entscheidungen ein voluntary act vorliegen muß (Pfeiffer 540; Holdsworth 8, 466). Dies wurde im Falle eines „involuntary and accidental entry verneint. Nach Salmond 14 ist jedoch eine „good authority for holding that involuntary accident is a defence to trepass quare clausum fregit“ nicht vorhanden.

b) Die aufgeführten Fälle führen der Erklärung der Regel näher:

aa) Darin, daß in den aufgeführten Fällen unterschiedslos eine Trespassklage auf damages ohne Rücksicht auf ein Verschulden gegeben wird, zeigt sich [1]), daß das angelsächsische Recht bisher nicht zu einer klar durchgeführten Unterscheidung von dinglichen und deliktischen und, wie wir hinzufügen müssen, Bereicherungsansprüchen nach Voraussetzungen und Wirkungen gekommen ist. Vielmehr hat die Trespassklage die Funktion, Eigentümer und Besitzer sowohl dinglichen als auch obligatorischen Schutz zu gewähren.

Daß die dinglichen Ansprüche durch Deliktsklagen geltend gemacht werden, hat seine Ursache, wie Pollock 11 ff. nachgewiesen hat, darin, daß in England schon frühzeitig das umständliche Prozeßverfahren zur Durchsetzung dinglicher Ansprüche verschwand und diese Ansprüche durch die Trespassklage oder ihre Abarten geltend gemacht wurden, die sich deshalb dafür eignete, weil ein Verschulden des trespasser nicht gefordert wurde.

Verfolgt man die sich hieraus ergebenden Verschiedenheiten des deutschen und anglo-amerikanischen Rechts im einzelnen, so ergibt sich folgendes: Wenn man berücksichtigt, daß die Unterscheidung des dinglichen vom deliktischen und Kondiktions-Anspruch noch nicht durchgeführt ist, wie bei uns, so ist es nicht mehr verwunderlich, daß das angelsächsische Recht dem Eigentümer gegen den unbefugten Weiterverkäufer seiner

---

[1]) Hierauf hat schon Pollock 11 ff. unter Zustimmung von Holdsworth 8. 467 hingewiesen.

Sache eine Klage auf damages gibt, d. h. hier auf Ersatz des vollen Wertes (Pollock 374 ff.) und nicht nur auf Herausgabe des Erlöses, wie im Falle des § 816 des deutschen BGB. Daß nach deutschem Recht der Verkäufer nur im Falle der Bösgläubigkeit (BGB. § 990 in Verbindung mit § 823) auf Schadensersatz haftet, zeigt deutlich, wie klar im deutschen Recht die Unterscheidung des Kondiktions- und des deliktischen Anspruchs durchgeführt ist.

Vor allem wird durch die Funktion der Konversion-Klage, die nicht voll entwickelte rei vindicatio zu ersetzen, der weitgehende Anwendungsbereich dieser Deliktsklage auch bei Schuldlosigkeit erklärt [1]).

Für den angelsächsischen Juristen ist es, um den Vergleich mit dem deutschen Recht weiterzuführen, auch kein Problem, ob der gutgläubige Verkäufer einer gestohlenen Sache sich des Delikts der conversion schuldig macht und den Wert der Sache ersetzen muß [2]). Dies gilt, obwohl er seinem Abkäufer wenigstens in der Regel kein Eigentum verschaffen kann, sodaß also der Eigentümer auch gegen den Erwerber Ansprüche aus conversion hat. Denn in der Verfügung des Nichtberechtigten liegt schon die Anmaßung des Titels (Pfeiffer 543). Im deutschen Recht kann dagegen der durch den Verkauf geschädigte Eigentümer vom gutgläubigen Verkäufer nur den Erlös herausverlangen (RGZ. 105, 84; 115, 31). Aber selbst für diesen Fall wird wegen der Verschiedenheit des dinglichen und des obligatorischen Anspruchs die vom Reichsgericht in RGZ. 105, 84 vertretene Ansicht, die Herausgabe des Erlöses folge aus § 281, heftig angefochten. So führt Franz Haymann, „Zuwendung aus fremdem Vermögen", Iherings Jahrbücher 77, 188, 289 aus, § 281 wolle nur den persönlichen Gläubiger schützen, weil nur dieser sich wegen seines persönlichen Forderungsrechts ausschließlich an den einen Schuldner halten könne, falls diesem die Leistung unmöglich geworden sei. Der Eigentümer aber bedürfe eines solchen Schutzes nicht, da im Falle des Besitzwechsels nach der absoluten Natur des dinglichen Rechts sofort ein neuer Herausgabe-

---

[1]) Daß seit altersher im angelsächsischen Recht in beschränktem Umfang der Eigentümer Sachherausgabe verlangen kann, soll hier nicht weiter verfolgt werden (siehe darüber Heymann, 324 ff., Salmond, 422 ff., Rheinstein, 141).

[2]) Dem Verletzten steht es allerdings frei, statt auf Wertersatz zu klagen, Herausgabe des Erlöses zu verlangen (Pfeiffer 541).

Schuldner gegeben sei [1]). Mit Recht wird jedoch, so neuerdings wieder von Dölle, Eigentumsanspruch und Ersatzherausgabe (die Reichsgerichtspraxis im deutschen Rechtsleben, 3, 22 ff.) und Martin Wolff, Sachenrecht § 84 diese Ansicht abgelehnt. Dölle macht allerdings die Einschränkung, daß die Herausgabe des Erlöses nur gegen Genehmigung der Verfügung verlangt werden könne.

Wenn man das Ergebnis der oben S. 35 wiedergegebenen Ansicht, daß jede Schädigung eines fremden Grundstückes ersatzpflichtig macht, mit der Regelung des deutschen Rechts in §§ 1004 und 862 auf der einen und § 823 auf der anderen Seite vergleicht, so dürfte auch hier die Verschiedenheit von dem angelsächsischen Recht evident sein. Nach geltendem [2]) deutschen Recht ist nämlich zwischen den Tatbeständen, die den Eigentumsfreiheitsanspruch aus § 1004, den Besitzstörungsanspruch aus § 862 und Tatbeständen, die einen Anspruch aus § 823 rechtfertigen, zu unterscheiden. Denn der Eigentümer und der Besitzer können, wenn nur der Tatbestand der Negatoria oder der Besitzstörung gegeben ist, nicht Schadensersatz, vielmehr nur Beseitigung der Besitzstörung verlangen. Zwar fällt nach der herrschenden Meinung eine Beschädigung oder Zerstörung der Sache unter den Tatbestand der Negatoria, so daß Eigentümer und Besitzer mit den sachenrechtlichen Klagen eine Ausbesserung der Beschädigung oder Wiedergutmachung der Zerstörung verlangen können (Rudolf Schmidt, Der negatorische Beseitigungsanspruch, 41 ff.; Martin Wolff § 87, N. 5 a). Dies

---

[1]) In RGZ. 115, 31 ff. hat denn auch das Reichsgericht, gestützt auf RGZ. 106, 44 es aufgegeben, die Pflicht zur Herausgabe des Erlöses auf § 281 zu stützen. Es sieht nunmehr in der Klage auf Herausgabe des Erlöses eine Genehmigung der Verfügung des Nichtberechtigten und einen Verzicht auf die Vindikation und kommt damit dazu, den Herausgabeanspruch auf § 816 zu stützen. Auch gegen diese Konstruktion wendet sich Haymann 276 ff., da durch die Verfügung des Nichtberechtigten in unserem Fall der Berechtigte keinen Rechtsverlust erleide, sich vielmehr durch die Genehmigung selbst verletze.

[2]) Abweichend vom älteren gemeinen Recht Puchta, Pandekten § 172, 191; Brinz, Pandekten 21, 670, dagegen schon Ihering, Das Schuldmoment im römischen Privatrecht 7, 26 ff., 50 ff.: die negatoria gehe nur auf Beseitigung des dem Recht des Klägers widerstreitenden Zustandes, ohne dem Kläger auch noch Ersatz etwa erlittenen Schadens zu geben. Nur wenn den Täter eine Schuld treffe, könne Schadensersatz verlangt werden, aber nicht mit der negatoria, sondern mit den dafür gegebenen Klagen, z. B. dem interdictum quod vi aut clam.

ist sehr bedenklich, denn dadurch wird der in § 823 ausgesprochene Grundsatz, daß Schadensersatz grundsätzlich nur bei Verschulden gegeben wird, praktisch weitgehend außer Kraft gesetzt [1]). Aber selbst nach der weitergehenden Meinung können Eigentümer und Besitzer nicht z. B. Ersatz des entgangenen Gewinns und Geldersatz verlangen (Schmidt 100 ff.). Nach angelsächsischem Recht hingegen dürfte die Trespassklage weitergehen, obwohl auch mit ihr der Eigentümer nicht vollen Schadensersatz verlangen kann. Diese Abweichung soll an einem Beispiel verdeutlicht werden: Nehmen wir an, daß — um den unten S. 55 zu behandelnden Fall Rylands v. Fletcher schon hier zu verwenden — aus einem undichten Wasserreservoir Wasser ohne Verschulden des Eigentümers in eine benachbarte Kohlenmine entweicht, diese unter Wasser setzt und Kohlenvorräte vernichtet. Dann kann der Geschädigte, der die Grube hat leerpumpen lassen, nach englischem Recht nicht nur, wie nach BGB. §§ 1004, 862, Ersatz der Kosten für das Leerpumpen der Grube verlangen [2]), sondern er kann darüber hinaus außerdem Ersatz der Vorräte, dagegen nicht den entgangenen Gewinn ersetzt verlangen [3]).

Daß die Trespassklage die Funktion des dinglichen Schutzes von Eigentümer und Besitzer hat, dürfte es vor allem erklären, daß die absolute Trespasshaftung noch besteht.

Daß sich aber die Ablösung der dinglichen Ansprüche aus dem Deliktsrecht vorbereitet, zeigt die (oben S. 35) erwähnte Rechtsprechung, die einen Schadensersatzanspruch im Falle einer unbeabsichtigten, schuldlosen Sachschädigung verneint hat. So ist es möglich, daß in Brown v. Collins deshalb eine Ersatzpflicht verneint wurde, weil eine Besitzstörung, die auch bei Schuldlosigkeit ersatzpflichtig macht, nicht gegeben ist, und auch ein deliktischer Anspruch mangels eines Verschuldens nicht bejaht werden konnte.

---

[1]) So mit Recht vor allem Zitelmann, Luftschiffahrtsrecht, Böhm's Z. 19, 489, v. Tuhr 1, 250 ff.

[2]) Nach deutschem Recht wird wohl im allgemeinen der Geschädigte erfolglos mahnen müssen, bevor sich sein Beseitigungsanspruch in einen solchen auf Kostenersatz umwandelt.

[3]) Doch ist der Umfang der Ersatzpflicht im Einzelfall keineswegs sicher, wie auch Pollock 192 betont. Die Lehrbücher begnügen sich daher meist mit der Feststellung, daß der Ersatzanspruch auf compensation dagegen nicht auf restitution im allgemeinen gehe (Pollock 192; Salmond 245). Siehe aber über die Zubilligung von special damages die Fälle bei Mayne on Damages 10, 400.

Wenn man berücksichtigt, daß die Funktion der Trespassklage sich nicht im Schutz gegen Delikte erschöpft, so ist es erklärlich, daß eine Trespassklage vom Vorhandensein eines actual damage, d. h. eines meßbaren Vermögensschadens unabhängig ist (Heymann 337, Pfeiffer 540). Allerdings wird der trespasser nur zu nominal damages verurteilt [1]), was einer richterlichen Feststellung des klägerischen Titels gleichkommt, wie Holmes 98 und Heymann 337 mit Recht hervorheben.

Als Ergebnis ist also festzustellen, daß die Delikte des trespass to land und des trespass to goods das Tatbestandsmerkmal des Verschuldens in den Fällen nicht erfordern, in denen vom Standpunkt der Systematik des deutschen bürgerlichen Gesetzbuches Eigentümer und Besitzer nicht nach Deliktsrecht, sondern sachenrechtlich oder durch § 816, ohne daß ein Verschulden des Verletzers verlangt wird, geschützt sind. Allerdings ist der Schutz nach deutschem Recht, wie wir gesehen haben, schwächer.

In den Fällen weiter, die das deutsche Recht als Delikte auffaßt, in denen also eine Haftung nur bei Verschulden gegeben ist, entspricht das angelsächsische Recht wenigstens seiner Tendenz nach dem deutschen, und zwar sind es die Fälle, in denen eine ungewollte Verletzung vorliegt. In den Fällen endlich, die übrig bleiben, nämlich denen, wo die Verletzung einer Sache gewollt ist, der Verletzende aber in schuldlosem Irrtum (non negligent mistake concerning title) annimmt, es handle sich um seine eigene Sache, weicht das angelsächsische Recht grundsätzlich von dem deutschen ab (Oertmann § 823, 8; Martin Wolff § 85, 2).

bb) Diese Fälle des non negligent mistake sind nach der

---

[1]) Dem interessanten Problem der nominal damages kann hier nicht weiter nachgegangen werden. Es muß folgender kurzer Hinweis genügen. Nominal damages sind eine im Verhältnis zu den Kosten des Rechtsstreits ganz geringe Schadenssumme, sie haben „no existance in point of quantity“ (M a u l e J. in 2 C.B. 250). Eine solche Verurteilung zu nominal damages (gewöhnlich 40 Schilling) kann mitunter den Sinn eines Feststellungsurteils haben, hier kommt es garnicht auf Ersatz eines möglicherweise garnicht entstandenen Schadens, sondern auf die Feststellung des Bestehens oder Nichtbestehens eines Rechtsverhältnisses an (ZPO. § 256).

Die Verurteilung zu nominal damages kann auch dem Kläger zu verstehen geben, daß er moralisch nicht im Recht ist, also besser getan hätte, nicht zu klagen.

(Näheres siehe P o l l o c k 183, S a l m o n d 541 und nunmehr R h e i n s t e i n 150.)

von Salmond 14 ff. und wohl auch von Whittier, „Mistake in the law of torts“ vertretenen, von Jeremiah Smith 206 abgelehnten Ansicht ein Beleg, für eine allgemeine Regel: im angelsächsischen Recht werde zwar für einen „non culpable accident“ (Zufall) nicht gehaftet, wohl aber für einen „non negligent mistake“, gleichgültig ob ein Rechts- oder Tatirrtum vorliege. Accident und mistake unterschieden sich aber durch die Formel: A case of accident is one where the effect was neither intended nor was so probable a result as to make the conduct negligent, on the contrary, in the case of mistake that arise the effect is intended, and the error consists in thinking that such an effect is not tortious“ [1]).

Salmond nimmt also an, daß „any wilful interference with the property, person, reputation liberty or other right of another person on a supposed justification is done at the doers peril and if the justification does not in truth exist, a belief in its existence, however honest and reasonable is no defence“ (14). Belegt wird dies außer mit den behandelten trespass-Fällen mit der Tatsache, daß ein unverschuldetes defamatory statement ersatzpflichtig mache. Dies ist in der Tat richtig. Auch wenn der Täter, ohne daß ihm Nachlässigkeit zur Last fällt, die aufgestellte Behauptung für wahr halten konnte [2]). Weiter führt Salmond den Fall an, daß ein Sheriff die falsche Person festnimmt. Nach Salmond 16 wird die absolute Haftung durch einige Ausnahmen „of minor importance“ durchbrochen, „there being certain cases in which it would work such hardship or interfere so seriously with the exercise of lawful activities that it is necessary to relax it“. Whittier führt zum Beleg Entscheidungen an, nach denen ein Sheriff als trespasser bezeichnet wird, der in entschuldbarem Irrtum statt der dem Schuldner gehörenden Sachen, Sachen eines Dritten pfändet: Com. v. Ken-

---

[1]) Whittier, Harvard Law Rev. 15, 336—337: Salmond 15: „The plea of inevitable accident is that the consequences complained of as a wrong were not intended by the defendant and could not have been foreseen and avoided by the exercise of reasonable care. The plea of inevitable mistake, on the other hand, is that, althugh the act and its consequences were intended, the defendant acted under an erroneous belief, formed on reasonable grounds, that some circumstance existed which justified him. Such a mistaken belief in justification, however reasonable is not itself a justification. This is probably the most important of all the exceptions recognised by the law to the requirement of mens rea as a ground of civil liability.“

[2]) Unten S. 70 N. 3.

nard 8 Pick. 133 (Mass. 1829). Ebenso haftet ein Passant, der von einem Beamten zur Hilfeleistung bei der Durchführung der unrechtmäßigen Zwangsvollstreckung aufgefordert wird, und kann sich nicht damit entlasten, daß er auf die Rechtmäßigkeit der Vollstreckung vertraut habe (Edler v. Morrison, 10 Wend. 128 (N.Y. 1833). Weiter haftet nach einigen Entscheidungen derjenige, der in Putativnotwehr einen anderen verletzt (Chapman v. Hardgrave 204 S.W. 379 (1918); Shorter v. People, 2 N.Y. 193 (1849)). Whittier muß aber selbst zugeben, daß andere Entscheidungen den entgegengesetzten Standpunkt vertreten. So wurde wiederholt die Ersatzklage abgewiesen im Falle der Putativnotwehr (Kaxton v. Boyer, 67 Ill. 132 (1873); Courvoisier v. Raymond 23 Colo. 113 (1896), und nunmehr auch § 82 des im Auftrage des American Law Institute verfaßten Tort Restatement Nr. 2, 1926 [1])), ebenso in dem Fall, daß ein Passant einem Beamten in gutem Glauben an die Rechtmäßigkeit der Amtsausübung Hilfe leistet (Firestorm v. Rice, 71 Mich. 388 (1888)), bei Abwehr eines vermeintlichen Angriffs von einem anderen (Hill v. Rogers, 27 Ia. 67, 1855).

Whittier gibt selbst zu, daß ein angemessener Grund für die verschiedene Behandlung der mitgeteilten Fälle nicht gegeben werden könne. In beiden Gruppen von Fällen seien die Chancen eines Irrtums gleich, und, wie wir hinzufügen müssen, auch die verletzten Rechtsgüter sind dieselben, und deshalb hätte auch nach der Ansicht von Whittier in allen Fällen, in denen ein Mangel an Sorgfalt nicht gegeben war, eine Schadensersatzklage abgewiesen werden können (Whittier 342). Ob die von Salmond vertretene Ansicht oder die Gegenansicht von Smith zutrifft, läßt sich schwer entscheiden. Richtig ist aber, wie wir gesehen haben, in der Tat, daß im trespass-Recht ein „mistake concerning title" unerheblich ist. Die Unterscheidung zwischen non culpable accident und non culpable mistake ist also hier erheblich. Interessant ist die hierfür von Salmond 15 gegebene Begründung: „It must be regarded as having its reason in the evidential difficulties in which the law would find itself involved if it consented to make any inquiry into the honesty and reasonableness of a mistaken belief which a defendant sets up as an excuse for his wrongful act."

Diese Haftung für non negligent mistake über den Titel ist

[1]) Siehe auch Commentaries zu § 82 mit weiteren Angaben.

eine Durchbrechung der Verschuldenshaftung und ein Anwendungsfall der Erfolgshaftung, (so auch Smith, Tort and Absolute Liability, Harvard Law Rev. 30, 241 ff. = Harvard Essays 204 ff.) Salmond 15 ist also im Recht, wenn er ohne nähere Begründung sagt: „This is probably the most important of all exceptions recognized by law to the requirement of mens rea as a ground of civil liability“ [1]), und zwar deshalb, weil — um das Ergebnis späterer Untersuchungen über die Voraussetzungen der Fahrlässigkeit und damit des Verschuldens vorweg zu nehmen — die Fahrlässigkeit die Kenntnis oder wenigstens die Kenntnismöglichkeit der Tatumstände, die das Verhalten zum pflichtwidrigen machen, voraussetzt.

cc) Ob die abweichende Regelung des deutschen Rechts gegenüber dem angelsächsischen rechtspolitisch den Vorzug verdient, dürfte zweifelhaft sein. M. Wolff, Sachenrecht § 85, II billigt sie allerdings, indem er darauf hinweist, daß man die abweichende Regelung des preußischen Landrechts stets als eine „unbegreifliche Verirrung“ angesehen und oft einzuschränken versucht habe.

Durch Holmes erfährt indes die Regelung des angloamerikanischen Rechts für den Fall des trespass, der mit einem wirklichen Schaden verbunden ist, die nachfolgende interessante Begründung, welche m. E. gegen die deutsche Lösung rechtspolitisch erhebliche Zweifel wachruft: „One who diminishes the value of property by intentional damage knows it belongs to somebody. If he thinks it belongs to himself, he expects whatever harm he may do to come out of his own pocket. It would be odd if he were to get rid of the burden by discovering that it belonged to his neighbour. It is a very different thing to say that he who intentionally does harm must bear the loss, from saying that one from whose acts harm follows accidently as a consequence which could not have been foreseen must bear it.“

2. Ebenso gilt, um zu einer neuen Gruppe der Erfolgshaftung zu kommen, der Grundsatz der Erfolgshaftung im Delikt der defamation (darüber unten S. 70 N. 3) und bei Verletzung des sogenannten „right of privacy“ [2]), des Rechts „to be let alone“.

---

[1]) Über das Erfordernis der mens rea bei Salmond unten S. 139.

[2]) Warren & Brandeis, The Right of Privacy (1890) Harvard Law Rev. 4, 193, 218; Larremore, The Law of Privacy (1912) Colum-

3. Einer der wichtigsten Fälle der Durchbrechung des Kulpaprinzips ist die Regel, daß der principal (master) für die unerlaubten Handlungen, die der servant in the course of his employment (within the scope of his employment) begeht, auch dann haftet, wenn den master selbst kein Verschulden trifft [1]). Obgleich dies nur selten betont wird [2]), ergibt sich die Richtigkeit der Annahme, daß grundsätzlich [3]) ein Verschulden des master nicht gefordert wird aus dem Umstand, daß in den Urteilen und im Schrifttum nicht auf eine culpa in eligendo oder in custodiendo abgestellt wird. Wäre ein Verschulden des master zur Haftung gefordert, so müßte die Frage seines Verschuldens geprüft werden. Dies geschieht auch in der Tat in den Fällen, in denen eine absolute Haftung nicht besteht, z. B. wenn es sich nicht um torts eines servant, sondern eines selbständigen Werkunternehmers (Burdick 178) oder um torts eines Kindes handelt, für die der Vater nur bei schuldhafter Verletzung seiner Aufsichtspflicht haftet [4]).

---

bia Law Rev. 12, 693. Unter dem Gesichtspunkt des right of privacy wurde bisher das Recht am eigenen Bild geschützt. Neuerdings wird sein Bereich immer stärker ausgedehnt (vgl. Bazemore v. Savannah Hospital, 155 S.E. 194 (Ga. 1930); Pensylvania Law Rev. 68, 284, 1919; Illinois Law Rev. 26, 63).

[1]) Smith, Fault and Absolute Liability, Harvard Law Rev. 30, 325. Harv. = Essays 204 (1917); Salmond 13, 16, 109 ff.; Pollock 75 ff.; Weigert, Die außervertragliche Haftung von Großbetrieben für Angestellte 56 ff.; allgemeines außerdem bei Holmes, Agency, Harvard Law Rev. 4, 345 ff.; 5, 1 ff. (1890, 1891); Wigmore, Liability for Tortious Acts: Its History, Harvard Law Rev. 7, 315, 383, 441 (1894) = Harvard Essays 41 ff.; Laski, The Basis of Vicarious Liability, Yale Law Journal 26, 105 ff. (106); Douglas, Vicarious Liability and Administration of Risk, Yale Law Journal 38, 584 ff. (1928); Riezler, Haftung für Schädigung durch Sachen nach französischem und englischem Recht, Rabels Z. 5, 567 ff., insbesondere 613.

[2]) Häufig wird nur hervorgehoben, daß der master auch dann für torts seines servant haftet, wenn er sie nicht anbefohlen oder nachträglich genehmigt hat. Darin erschöpft sich aber das Problem der Bestellerhaftung nicht.

[3]) Eine Ausnahme gilt nur für unerlaubte Handlungen, die ein servant einem Mit-servant zufügt, in diesem Fall besteht ohne Verschulden des master keine Haftpflicht, unten S. 51.

[4]) Moon v. Tower, 8 C.B.N.S. 611, 98 E.C.L. 611 (1860), Hagerty v. Powers, 66 Cal. 368, 56 Am. R. 101 (1885), Smith v. Davenport, 45 Kas. 423, 25 Pac. 851 (1891), Paul v. Hummel, 43 M.O. 119, 97 Am. Dec. 381 (1868), Mc Calln v. Wood; 1 Pen. (2 N.J.L.) 85 (1806). Tifft v. Tifft, 4 Den. 175 (1847), Kumber v. Gilham, 103 Wis. 317, 79 N.W. 325 (1899).

Durch diese Regelung unterscheidet sich das angelsächsische Recht erheblich von dem deutschen. Denn nach § 831 ist Voraussetzung der deliktischen Haftung des Bestellers eine schuldhafte Bestellung; die Bestellung als solche genügt nicht als ausreichender Haftungsgrund[1]). Diese grundsätzliche Abweichung des englischen Rechts von dem deutschen in der wichtigen Frage der Bestellerhaftung rechtfertigt eine eingehendere Behandlung der Lehre.

a) Die absolute Bestellerhaftung des heutigen angelsächsischen Rechts ist das Ergebnis einer interessanten historischen Entwicklung. Ursprünglich kannte das englische Recht eine Haftung des master für ein tort des servant. Diese beruhte, ebenso wie die Haftung des älteren deutschen Rechts, das den Hausherrn für die Delikte des hausherrschaftlichen Verbandes haften ließ[2]), auf der herrschaftsrechtlichen Verbundenheit von master und servant[3]). Ebenso wie im deutschen Mittelalter (Gierke 932) wurde diese Haftung zurückgedrängt, sodaß, von Ausnahmefällen abgesehen, der master für ein tort des servant ebenso wie schon früher für kriminelles Unrecht nur noch haftet, wenn er es anbefohlen oder nachträglich gebilligt hatte (Wigmore Harv. L. R. 7, 383, Harv. Essays 38). Die Annahme einer Rückwirkung des Strafrechts auf das Zivilrecht erscheint demnach gerechtfertigt. Im Common Law hat sich die ursprüngliche absolute Haftung nur in der Haftung

---

Natürlich haftet der Vater absolut, wenn er principal ist. Weiter besteht in einigen Staaten eine absolute Haftung des Vaters, der Automobileigentümer ist, auf Grund der sogenannten „family purpose doctrine", die am besten sich mit den nachfolgenden Ausführungen des Supreme Court von Kentucky in Sachen Steel v. Agè's Adm'x, 233 Ky. 714, 26 S.W. 563 wiedergeben läßt: „The family purpose doctrine is founded on the relationship of principal and agent; the theory being that if one maintains an automobile or other vehicle for the use, pleasure, and convenience of the members of his family, and it is being used by them for that purpose when an accident occurs, the one so using the machine will be deemed the agent of the owner and to have been operating the car under the owner's authority, which may be express or implied.

[1]) Herrschende Meinung, vgl. Titze, Recht der Schuldverhältnisse 135.

[2]) Brunner, Rechtsgeschichte 1, 92, 102; Gierke, Genossenschaftstheorie und Rechtsprechung 805.

[3]) Holmes, Common Law 228, Wigmore, Harvard Law Rev. 7, 393 = Harvard Essays 33.

des Herrn für Feuerschaden infolge der Unvorsichtigkeit des Knechts (Tuberville v. Stamp, Skinner 681) erhalten. Sie wurde ausgedehnt auf die Haftung des Gastwirts und des common carrier für seine Leute, des Sheriff für seine Vertreter (Holdsworth 3, 387). Im Law Merchant erfuhr die hausherrliche Haftung eine Erweiterung durch die Anerkennung der Haftung des Geschäftsherrn für seine Leute, wie das Statute of Stapel (1353, St. 27 Edw. III, 2 c. 19) (Holdsworth 3, 387; 8, 473; Wigmore Harvard Law Rev. 7, 385, Harv. Ess. 43) deutlich zeigt.

Durch Lord Holt erfuhren nun diese in einzelnen Anwendungsfällen verstreuten, dem allgemeinen Haftungsprinzip zuwiderlaufenden Fälle einer absoluten Haftung des master für den servant eine erneute Belebung. Von ihm wurde der Grundsatz einer absoluten Bestellerhaftung für torts des servant ganz allgemein eingeführt. Das zeigen seine Urteile, die nicht nur Fälle der Haftung für einen Erfüllungsgehilfen, wie wir heute sagen würden, oder der Haftung des Geschäftsherrn für seine Leute zum Gegenstand haben, obwohl sie die Regelfälle bilden.[1]) Während Lord Holt, um an die bisherige Judikatur anzuschließen, die eine Haftung von einer Zustimmung abhängig machte, noch mit der Fiktion einer stillschweigenden Zustimmung arbeitete, wurde bald nachher in England hauptsächlich durch die Entscheidungen von Lord Kenyon diese Hilfskonstruktion fallen gelassen und ganz allgemein darauf abgestellt, ob es sich um ein tort in the course of the employment handelte (Wigmore, Harvard Law Rev. 7, 383 ff. = Harvard Essays 57 ff.).

b) Die Haftung setzt aa) ein tort des servant, bb) die Beziehung zwischen master und servant voraus, und erfordert cc), daß die unerlaubte Handlung vom servant in the course of the employment begangen wird.

aa) Abweichend vom deutschen Recht, das nicht verlangt, daß der Bestellte eine unerlaubte Handlung begeht, wenn er nur widerrechtlich handelt (Enneccerus-Lehmann § 236 II 3), verlangt das angelsächsische Recht ein tort des Bestellten[2]), es

---

[1]) Jones v. Hart, 2 Salk. 441; Hern v. Nichols, 1 Salk. 289.

[2]) Hummers v. Public Service Electric & Gas Co., 151 Atl. 383 (N.J. 1930) und dazu die kurze Note in Pensylvania Law Rev. 78, 348. Daraus wird meist hergeleitet, daß, wenn vom Verletzten der servant und

genügt also die Widerrechtlichkeit in den Delikten, die Verschulden verlangen (personal injuries), nicht (Pollock 89).

Indes die Verschiedenheit ist insoweit nicht bedeutend. So haftet nach BGB § 831 der Besteller z. B. auch dann, wenn er dem Bestellten gefährliche Gerätschaften, deren Gefährlichkeit der Bestellte weder kannte noch erkennen konnte, gibt (Enneccerus-Lehmann § 236 II 3 N. 7).

In einem solchen Fall haftet zwar nach angelsächsischem Recht der master nicht auf Grund der absoluten Bestellerhaftung, wohl aber kraft eigenen Verschuldens.

bb) Servant ist jede Person, die von einem anderen zu einer Verrichtung auf Grund freiwilliger Vereinbarung [1]), bestellt ist, sofern der Auftraggeber das Recht hat, dem Beauftragten Weisungen zu geben und die Tätigkeit des Beauftragten der Kontrolle des Auftraggebers unterliegt (Salmond 110; Pollock 87; Burdick 167 ff.). Um die deutsche Terminologie zu gebrauchen, der Besteller muß dem Bestellten gegenüber die Stellung als Geschäftsherr einnehmen. Doch genügt es, daß der Besteller sich nach außen als Geschäftsherr geriert [2]).

Kein servant ist nach ständiger Rechtsprechung der sogenannte „independant contractor", dieser ist „his own master" (Performing Right Society, Ltdv. Mitchel & Broker, Ltd. (1924)

---

der master verklagt werden, beide notwendige Streitgenossen sind. Einige Entscheidungen leugnen indes dies und halten eine Verurteilung des master auch dann aufrecht, wenn gleichzeitig die Klage gegen den servant abgewiesen wird (vgl. außer der schon angeführten Entscheidung Pensylvania Law Rev. 78, 904; dort finden sich weitere Belege).

[1]) Nach common law besteht keine Haftung für den Fall eines „compulsory employment", also eines vom Staat aufgezwungenen servant, auf dessen Auswahl der master keinen Einfluß hat, z. B. des Zwangslotsen (Homer Ramsdell Tr. Co. v. La Compagnie Trans, 182 U.S. 406. 1900).

[2]) Es ist interessant, daß die „authority by estoppel" nicht, wie man annehmen sollte, auf den rechtsgeschäftlichen Verkehr beschränkt wird, da nur in einem solchen Falle die Elementarvoraussetzung des echten estoppel: daß das holding out das Verhalten des Dritten bestimmen konnte, gegeben ist, wie Ewart, Estoppel 438 mit Recht betont, vielmehr wird, allerdings nur von einigen Gerichten, der Estoppelgedanke auf das Deliktsrecht ausgedehnt (Hannon v. Siegel-Cooper, 167 N.Y. 244, 60 N.E. 597 (1901); Augusta Friedman's Shop Inc. v. Yeates, 216 Ala. 434, 113 So. 299 (1927); Field's Inc. v. Evans, 172 N.E. 702 (Ohio 1929), anders, aber mit beachtlichen Gründen, Jung v. New Orleans Ry. & Light Co., 145 La. 727, 82 So. 870 (1919). Es ist dasselbe Problem, das die deutsche Rechtsprechung und Doktrin bei der Auslegung von § 15 HGB. beschäftigt. Gegen die Auslegung des § 15 auf den nichtrechtsgeschäftlichen Verkehr mit Recht RGZ. 93, 238; Mosse-Heymann § 15, 5.

1 K.B. 762; Burdick 167). Denn er ist nicht an die Weisungen des principal gebunden, sondern nur durch den Inhalt des zwischen ihm und seinem Auftraggeber bestehenden Vertragsverhältnisses (Quarman v. Burnett (1840) 6 M. & W. 509) [1]). Die Rechtsprechung hat sich sehr bemüht, independant contractor und servant nach äußeren, leicht feststellbaren Kriterien von einander abzugrenzen. So ist nach einer Entscheidung des New York Court of Appeals ein Werkunternehmer dann independant contractor, wenn ihm das Recht der freien Auswahl der Gehilfen und der Arbeitsmittel zusteht [2]). Doch wird wieder hervorgehoben, daß auch dann, wenn der Vertrag zwischen employer und independant contractor dem employer das Recht einräumt, die Arbeit des Unternehmers zu kontrollieren, der independant contractor dann nicht zum servant wird, wenn diese Abrede eine genaue Einhaltung der Angaben des Bestellers ermöglichen oder den Besteller in die Lage setzen soll, sich von der Tauglichkeit des Unternehmens zu informieren.

Die angelsächsische Rechtsprechung hat also die Tendenz, die Bestellerhaftung einzuschränken. Darin entspricht sie der deutschen Judikatur und herrschenden Lehre, welche auch dazu neigt, den Anwendungsbereich des § 831 einzuschränken. So hat das Reichsgericht in ständiger Rechtsprechung (RGZ. 51, 199; 86, 432; 91, 364; Warn. 1909 Nr. 453; 1912 Nr. 27) unter Zustimmung der herrschenden Lehre [3]) entschieden, daß § 831 ein Verhältnis des Geschäftsherrn zum Besteller voraussetze, das eine Abhängigkeit des Bestellers von den Weisungen des Geschäftsherrn statuiere. Dies treffe bei einem Werkvertrag mit einem selbständigen Unternehmer nicht zu (RGZ. 86, 424, 432).

Für den deutschen Juristen liegt die Frage nahe, ob die

---

[1]) Für die torts eines independant contractor haftet grundsätzlich der employer nur dann, wenn ihn ein Verschulden trifft.

Nach einer Entscheidung des New York Court of Appeals (Berg v. Parsons [1898], 156 N.Y. 109, 115, 50 N.E. 957, 41 L.R.A. 991) haftet der Auftraggeber nur dann, wenn er sich selbst in die Arbeit einmischt und so den Schaden mitverschuldet, wenn die aufgetragene Arbeit gesetzwidrig ist, wenn nach Statut eine Pflicht zur sachgemäßen Ausführung einer Handlung besteht.

Im einzelnen ist vieles bestritten (Burdick, 168 ff.).

[2]) Uppington v. City of New York, 165 N.Y. 222, 59 N.E. 91 (1901).

[3]) Enneccerus-Lehmann § 236 II 1; Staudinger § 831, 3; Windscheid-Kipp 2, 987; Gierke 3, 928; abweichend allerdings (Planck)-Greiff § 831, 1a 174 und die dort angeführte Judikatur.

Bestellerhaftung eine soziale Abhängigkeit des Bestellers oder Dienste niederer Art voraussetzt. Dem würde es entsprechen, daß der Dienstbote in einem Haushalt ein servant ist, nicht dagegen ein Handwerker, der Reparaturen in einem Haus vorzunehmen hat (Salmond 111; Lawrence v. Shipman, 39 Conn. 586 (1873); ebensowenig ist der Arzt in einem städtischen Krankenhaus servant der Stadtgemeinde, die ihn angestellt hat (Evans v. Liverpool Corporation (1906) 1 K.B. 160), wohl aber der Droschkenkutscher servant des Eigentümers der Droschke (Cargill v. Duffy, 123 Fed. 721 (1903). Aber dem steht entgegen, daß in Pratt v. Patrick (1924) 1 K.B. 486 der beklagte Patrick, der bei einer Autofahrt einem Freund gestattet hatte, zu steuern, als master dieses Freundes angesehen und daher haftbar war, als durch die Nachlässigkeit des steuernden Freundes der Wagen umschlug und einen von den Wageninsassen tötete. Endlich ist ein dauerndes oder entgeltliches Dienstverhältnis nicht erforderlich, vielmehr kann die Beziehung von master und servant auch bei der Vornahme einer einzigen Verrichtung bestehen, immer vorausgesetzt, daß dem Auftraggeber das Recht zur Kontrolle zusteht.

cc) Der master haftet für eine unerlaubte Handlung in the course of the employment [1]). Dieses Erfordernis ist dann gegeben,

[1]) Diese Einschränkung fällt zu Gunsten eines Passagiers oder Gastes fort, da common carrier und innkeeper zu Gunsten dieser Personen eine special duty of protection haben. (California Law Rev. 17, 185; Yale Law Journal 37, 518). Auf das schwierige Problem der Bedeutung der ultra vires Lehre für die Torthaftung der Corporation kann hier nicht eingegangen werden. Nur soviel sei bemerkt, daß nach der wohl herrschenden Meinung ein tort des servant nur innerhalb eines intra vires undertaking die corporation verpflichtet. Mit der Beseitigung der immer mehr als unzweckmäßig empfundenen ultra vires Lehre (als Beleg hierfür diene s. 11 des Draft für einen Uniform Business Corporation Act von 1927, Handbook der National Conference 1927, 779 ff.) wird auch diese Einschränkung fallen. Sect. 11 bestimmt:

„A corporation which has been formed under this Act, or a corporation which existed at the time this Act took effect and of a class which might be formed under this Act, shall have the capacity to act possessed by natural persons, but such a corporation shall have authority to perform only such acts as are necessary or proper to accomplish its purposes and which are not repugnant to law."

Siehe auch Warren, Torts by Corporations in Ultra Vires Undertakings (1926) Cambridge L.J. 2, 180 ff. und die zutreffende Kritik dieser Arbeit von Goodhart, Corporate Liability in Tort and the Doctrine of Ultra Vires, ibid. 350 ff.; neuerdings Harvard Law Rev. 44, 280 (1930) mit Literatur über die ultra vires-Lehre; vgl. auch meine Besprechung in Rabels Z. 5, 539.

wenn der master die Handlung anempfohlen hat, oder die Handlung als eine Ausführung der aufgetragenen Verrichtung anzusehen ist. Der master haftet dagegen nicht, wenn die Tätigkeit des servant aus dem Rahmen der ihm aufgetragenen Verrichtung herausfällt. Aus diesem Gesichtspunkt haftete nach der bisherigen Rechtsprechung der Geschäftsherr insbesondere nicht für vorsätzliche Schädigungen (Wright v. Wilcox, 19 Wend. 343 (N.Y. 1838), sofern diese nicht anbefohlen waren. Die neuere Judikatur geht aber weiter und läßt den Prinzipal immer dann haften, wenn die vorsätzliche Schädigung mit der aufgetragenen Verrichtung in engem Zusammenhang steht (vgl. Harvard Law Rev. 1931, 642, und das Agency Restatement des American Law Institute (1930) § 455). Auch diese Abgrenzung entspricht der deutschen Regelung, wonach die Anwendung von § 831 voraussetzt, daß der Schaden „in Ausführung und nicht nur bei Gelegenheit der Verrichtung" geschah, da sonst der erforderliche innere Zusammenhang zwischen Auftrag und Ausführung fehlt (RGZ. 73, 436; 104, 145). Deshalb wurde die Haftung einer Omnibusgesellschaft verneint, als ein Schaffner in Abwesenheit des Fahrers den Wagen von der Endstelle zurücksteuerte und durch seine Ungeschicklichkeit einen Zusammenstoß herbeiführte (Beard v. London General Omnibus Co. (1900) 2 Q.B. 530). Dagegen ist die Gesellschaft haftbar, wenn der Fahrer entgegen seiner Dienstinstruktion dem Schaffner zu lenken gestattet und dann ein Unfall passiert (Rickett v. Thos. Tilling Ltd. (1915) 1 K.B. 644).

Selbst ein ausdrückliches Verbot, eine bestimmte Handlung vorzunehmen, befreit den master von der Haftung für die trotzdem vorgenommene Handlung nicht, sofern sie in the course of the employment bleibt. So konnte sich eine Omnibusgesellschaft, die verklagt wurde, weil ein Omnibusfahrer mit dem Fahrer eines andern Omnibus ein Wettfahren veranstaltet und so Schaden angerichtet hatte, nicht durch den Nachweis einer Dienstinstruktion entlasten, die dem Fahrer aufs Strengste das um die Wette fahren untersagte (Limpus v. London General Omnibus Co. (1862) 1 H. & C. 526). Das Verbot, eine Handlung vorzunehmen, ist nur insofern relevant, als es den Umkreis der aufgetragenen Verrichtung einschränkt. Hier aber blieb der Fahrer im Rahmen der ihm aufgetragenen Tätigkeit des Omnibusfahrens.

So haftet der Automobilhalter nicht, wenn sein Schofför

eine Schwarzfahrt ausführt und bei dieser Gelegenheit einen anderen überfährt (Burdick 188). In einem solchen Fall hat der servant „severed his connection with his master and became a stranger" (Cheshire v. Bailey, 1905, 1 K.B. 237, 241).

C. Die Regel, daß der master für die torts seines servant haftet, erlitt nach common law [1]) eine bedeutsame Durchbrechung für den Fall, in dem der servant einem fellow servant einen Schaden zufügte.

In diesem Fall haftet der master nach common law nicht. In der grundlegenden Entscheidung Priestley v. Fowler (1837) 3 M. & W. 1 wurde die Haftung hauptsächlich aus dem Grunde verneint, weil eine Bejahung der Haftung zu einer unabsehbaren Erweiterung der Haftung des principal führen müßte, ein Ergebnis, das nicht erwünscht schien: „It is admitted that there is no precedent for the present action by a servant against a master. We are therefore at liberty to decide the question upon general principles, and in doing so we are at liberty to look at the consequences of a decision the one way or other. If the master be liable to his servant in this action the principle of that liability will be found to carry us to an alarming extent. He who is responsible by his general duty, or by the terms of his contract, for all the consequences of negligence in a matter in which he is the principal, is responsible for the negligence of all his inferior agents.... The footman who rides behind the carriage may have an action against his master for a defect in the carriage owing to the negligence of the coachmaker, or for a defect in the harness arising from the negligence of the harness maker, or for drunkenness, neglect or want of skill in the coachman."

Dieses Urteil hat auch in den Vereinigten Staaten Nachfolge gefunden, so in dem bekannten Urteil von Chief Justice Shaw von Massachusetts Farwell v. Boston and Worcester Rly. Co. (1842) 4 Met. 49, der ausführt: die Beziehung zwischen Arbeitgeber und Arbeitnehmer sei vertraglicher Natur, die Pflichten der Parteien gegeneinander bstimmten sich also nach dem Vertragsinhalt. Der Arbeitsvertrag enthalte aber keine ausdrück-

---

[1]) Green, Columbia, Law Rev. 29, 260 ff. In England ist durch den Employers Liability Act von 1880 auf ein Verschulden des gesamten Aufsichtspersonals und durch den Compensation-Act von 1897 für bestimmte größere Betriebe die Haftpflicht des Unternehmers ohne Rücksich auf sein Verschulden eingeführt worden (Heymann 336). In den Vereinigten Staaten bestehen meist entsprechende Gesetze.

liche Bestimmung darüber, daß der Arbeitgeber verpflichtet sei, den Arbeitnehmer für eine Nachlässigkeit eines Arbeitskollegen schadlos zu halten, und es könne auch nicht angenommen werden, daß der Arbeitnehmer eine stillschweigende Haftung übernommen habe.

d) Die grundsätzliche Abweichung des englischen Rechts von dem deutschen in der wichtigen Frage der Bestellerhaftung dürfte es rechtfertigen, noch auf die Dogmatik der Bestellerhaftung und vor allem auf die Gründe einzugehen, die für die Rechtfertigung der Lehre in der Judikatur und Literatur vorgebracht werden. Die dogmatische Begründung der Bestellerhaftung ist äußerst mannigfaltig. Wiederholt ist gesagt worden, daß die unerlaubte Handlung des servant die unerlaubte Handlung des master sei (Viscount Canterbury v. the Queen (1842) 4 S.T.N.S. 778; Tobin v. the Queen (1864) 16 C.B.N.S. 350), woraus gefolgert wurde, daß der master haftbar sei, „because no man shall be allowed to make any advantage of his own wrong“ (Holdsworth 8, 477). Nach einer anderen Begründung haftet der master, weil er nachlässig sich einen schlechten servant ausgesucht hat (Viscount Canterbury v. the Queen, oben). Weiter wird vorgebracht, daß eine stillschweigende Autorisierung des servant vorliege (Blackstone Commentaries 1, 417 ff.). Endlich werden alle diese Begründungen häufig zusammen vorgebracht, so von Blackstone. Allen diesen Begründungen ist gemeinsam, daß sie die Haftung des master als Verschuldenshaftung auffassen, denn nach den mitgeteilten Begründungen liegt entweder eine culpa in eligendo (custodiendo) oder ein eigenes Delikt des master vor. Die Gerichte aber waren sich dessen bewußt, daß es sich bei diesen Begründungen um Fiktionen handelt, denn der Entlastungsbeweis für mangelndes Verschulden war nicht zugelassen. Daß insbesondere Lord Holt und zahlreiche Nachfolger die Haftung auf eine stillschweigende Einwilligung des master zurückgeführt haben, erklärt sich aus der Tendenz, mit der früheren Rechtsprechung, welche die Haftung von einer ausdrücklichen Einwilligung abhängig machte, nicht allzu scharf zu brechen.

Neuerdings wird aber deutlich betont, daß die Bestellerhaftung ein Anwendungsfall der Erfolgshaftung ist (Salmond 16).

Was die rechtspolitische Begründung der absoluten Bestellerhaftung anlangt, so verdient zunächst Hervorhebung, daß die Haftung meist als billig empfunden wird. Gegen die Haftung hat sich anscheinend nur Lord Bramwell vor dem Parlamentary Committee von 1876 (1887 Cd. 285 p. 46) ausgesprochen: „I have never been able to see why the law should be so, why a man should be liable for the negligence of his servant, there being no relation constitued between him and the party complaining." Auf der anderen Seite findet sich schon in den Urteilen von Lord Holt, die für die Bestellerhaftung in ihrer heutigen Form grundlegend sind, die später allgemein übliche Rechtfertigung. So sagt er in Wayland's Case, 3 Salk. 234: „It is more reasonable that he (the master) should suffer for the cheats of his servant than strangers and tradesmen", da der Besteller es ist, der „puts a trust and confidence in the deceiver". Weiter wird ebenso wie von der deutschen Doktrin zur Rechtfertigung von § 278 (vgl. Heck 81) betont, daß der Prinzipal eine Einwirkungsmöglichkeit auf den servant hat, die dem Dritten abgeht (Laski 114) [1]). Im allgemeinen begnügen sich die Gerichte mit einer Berufung auf das Gebot der public policy. So sagt Chief Justice Shaw in dem berühmten Urteil Farwell v. Boston etc. Ry. (1842) 4 Metc. 49: „This rule is obviously founded on the great principle of social duty, that every man in the management of his own affairs whether by himself or by his agents or servants, shall so conduct them as not to injure another; and if he does not, and another thereby sustains damage, he shall answer for it." Diese public policy wird von Justice Willes in Limpus v. General Omnibus Co. (oben S. 50) sehr nüchtern dahin verstanden, daß „there ought to be a remedy against some person capable of paying damages to those injured".

Ob rechtspolitisch die Lösung des angelsächsischen Rechts vor dem deutschen den Vorzug verdient, ist sehr zweifelhaft. Immerhin ist Heck 83 zuzustimmen, der zugunsten der deutschen Regelung ausführt: Daß nach § 831 für die außerkontraktliche Haftung anders als nach § 278, wo es sich um die Erfüllung von Verpflichtungen handelt, ein Verschulden des Bestellers gefordert wird, sei deshalb gerechtfertigt, weil in der Regel der Besteller die mannigfachen deliktischen Beziehungen, in die eine

---

[1]) So schon Bentham, Collected Works 1, 383: „The obligation imposed upon the master, acts as a punishment, and diminshes the chances of similar misfortunes. He is interested in knowing the character. and watching over the conduct of them for whom he is answerable. The law makes him an inspector of police, a domestic magistrate, by rendering him liable for their imprudence."

bestellte Person zu Dritten treten kann, nicht übersehen kann. Auch sei nicht einzusehen, daß, wenn A auf der Straße von einem Passanten fahrlässig verletzt wird, er ein schutzwürdiges Interesse daran habe, sich an den Prinzipal zu halten, der den Passanten zu einem Botengang beauftragt hat. Denn ein beliebiger Dritter habe in der Regel keinen Anlaß, sich den Prinzipal als den Urheber vorzustellen. Diese Rechtfertigung des § 831 dürfte aber auch die Grenzen seiner billigen Anwendung zeigen. So fragt es sich, ob § 831 noch dann gerechtfertigt ist, wenn der Bestellte Pflichten mit einem übersehbaren Inhalt hat. Hier hilft die Rechtsprechung, wie die unten S. 119 mitgeteilten Fälle zeigen, mit der Konstruktion eines vertraglichen Verhältnisses (§ 328!), um zur Anwendung von § 278 zu kommen [1]). Weiter fällt ins Gewicht, daß eine konsequente Anwendung des § 831 auf Großbetriebe, in denen der Unternehmer die Auswahl der niederen Angestellten einem höheren Beamten überläßt, dazu führen würde, daß der Unternehmer sich damit entlasten könnte, daß in der Auswahl des Zwischengliedes sorgfältig verfahren sei. Darin würde eine Bevorzugung des Großbetriebes gegenüber dem Kleinbetrieb liegen, wie Weigert mit Recht betont hat. Hier hilft das Reichsgericht in ständiger Rechtsprechung (RGZ. 78, 107; RG. JW. 1914, 760, RG. DRZ. 27, 887) damit, daß es vom Unternehmer den Nachweis verlangt, daß das Zwischenglied seinerseits bei der Auswahl der unteren Angestellten die erforderliche Sorgfalt aufgewandt hat. Diese Rechtsprechung wird von der Doktrin gebilligt (Enneccerus-Lehmann § 237 Note 10; Planck § 831 2 a a; Oertmann § 831 2 b). In der Richtung einer Einschränkung des in § 831 ausgesprochenen Exculpations-Prinzips bewegen sich auch die Entscheidungen, welche an die diligentia in custodiendo sehr große Anforderungen stellen, wie RGZ. 113, 293; 121, 382.

4. Die wichtige Durchbrechung des Verschuldensprinzips durch die Gefährdungshaftung, die Haftung wegen extra hazardous user, soll nur ganz kurz und in ihren wichtigsten Anwendungsfällen behandelt werden [2]).

a) Einen der berühmtesten und am meisten angefochtenen Fälle der Gefährdungshaftung [3]) stellt die englische Entschei-

---

[1]) Hierher gehört auch die Anwendung von § 278 auf Fälle der culpa in contrahendo (RGZ. 103, 50) selbst bei nicht zustande gekommenem Vertrag (RGZ. 120, 130).

[2]) Smith, Tort and Absolute Liability, Harv. Essays 176 ff., 212.

[3]) Dazu Bohlen, The Rule in Rylands v. Fletcher, Studies, 344 ff.

dung Rylands v. Fletcher L.R. 3 H.L. (E. & I. App) 330 (1868) dar: die beklagten Mühlenbesitzer hatten durch einen unabhängigen Werkunternehmer (independant contractor) ein Wasserreservoir für ihre Mühlen errichten lassen, ohne zu wissen, daß sich unter ihrem Grundstück ein aufgegebener Kohlenschacht befand. Die Arbeiter stießen bei Ausführung der Arbeit auf Schächte, die zugeworfen waren, und dichteten das Reservoir gegen die Schächte hin nicht so gut ab, daß kein Wasser in die Schächte eindringen konnte. Nach kurzer Zeit gaben die Erdmassen in den Schächten dem Wasserdruck nach, und so drang das im Reservoir befindliche Wasser in die benachbarte Kohlenmine des Klägers ein und richtete großen Schaden an. Es wurde ausdrücklich festgestellt, daß weder den Kläger noch den Beklagten ein Verschulden treffe, dagegen wird nicht entschieden, ob der Beklagte für das Verschulden des von ihm beschäftigten independant contractor einzustehen habe (Pollock 503). Trotzdem wurde der Klage stattgegeben: Das berühmte Urteil des Court of Exchequer von Blackburne, das vom House of Lords bestätigt wurde, die sog. rule in Rylands v. Fletcher enthält die nachfolgenden grundsätzlichen Ausführungen: „the person who for his own purpose brings on his lands and collects and keeps there anything likely to do mischief, if it escapes, must keep it in at his peril, and, if he does not do so, is prima facie answerable for all the damage which is the natural consequence of its escape. He can excuse by showing that the escape was owing to the plaintiff's default; or perhaps that the escape was the consequence of vis major, or the act of God; but as nothing of this sort exists here, it is unnecessary to inquire what excuse would be sufficient. The general rule, as above stated, seems on principle just. The person whose grass or corn is eaten down by the escaping cattle of his neighbour, or whose mine is flooded by the water from his neighbour's reservoir, or whose cellar is invaded by the filth of his neighbour's privy, or whose habitation is made unhealthy by the fumes and noisome vapors of his neighbour's alkali works, is damnified without any fault of his own; and it seems but reasonable and

---

Riezler, Haftung für Schädigung durch Sachen usf. Rabels Z. 5, 621 ff.; Oppikofer, Zur Gefährdungshaftung im englischen Recht, Beiträge zum Wirtschaftsrecht 2, 1627 ff. Das Werk von Charlesworth, Liability for Dangerous Things war mir nicht zugänglich.

just that the neighbour, who has brought something on his own property which was not naturally there, harmless to others so long as it is confined to his own property, but which he knows to be mischievous if it gets on his neighbour's should be obliged to make good the damage which ensues, if he does not succeed in confining it to his own property. But for his act in bringing it there no mischief could have accrued, and it seems but just that he should at his peril keep it there so that no mischief may accrue, or answer for the natural and anticipated consequences. And upon authority, this we think is established to be the law, whether the things so brought be beasts, or water, or filth, or stenches."

Nach der Ansicht von Lord Cairns ist zwischen Wasseransammlungen, die dem natural use of lands dienen, und solchen, die nicht dem natural use dienen, zu unterscheiden. Für Wasserschäden, die durch Wasseransammlungen der ersteren Art eintreten, haftet nach Lord Cairns der Eigentümer nicht, wohl dagegen für Schäden durch Wasseransammlungen der zweiten Art wie im vorliegenden Fall.

Ein Bericht über die Bedeutung von Rylands v. Fletcher insbesondere über die Tendenzen der englischen Rechtsprechung zur Verallgemeinerung der ursprünglich nachbarrechtlichen Regel, erübrigt sich seit wir hierüber die interessanten Ausführungen von Oppikofer, Zur Gefährdungshaftung im englischen Recht, Beiträge zum Wirtschaftsrecht 2, 1029 ff. und von Riezler in Rabels Z. 5, 622 besitzen.

In den Vereinigten Staaten hat die Entscheidung Rylands v. Fletcher einhellig Ablehnung erfahren (Bohlen, Studies 362). Dieses geht nach Ansicht von Bohlen 352 letzten Endes auf die Befürchtung zurück, daß eine solche Entscheidung wirtschaftlich bedenklich sei. An rechtlichen Bedenken werden gegen die Entscheidung vorgebracht: die Handlung des Beklagten sei kein trespass, denn der Schade sei kein direkter sondern ein consequential damage. Ebensowenig sei der Tatbestand der nuisance gegeben, denn es sei „no continuous condition created, which, while it exists, is offensive to the senses or injurious to the plaintiff's property or his enjoyment of it".

Endlich, es sei nicht einzusehen, warum die Beschädigung von real property unabhängig von einem Verschulden ersatzpflichtig mache, während eine Beschädigung von personal property mindestens negligence erfordere, um ersatzpflichtig zu machen.

Mit Recht aber weist Bohlen 360 an Hand von Ryland v. Fletcher darauf hin, wie geringfügig die Verschiedenheit der Tatbestände des trespass on the case, des trespass und der (continnous)[1]) nuisance seien. Er bemerkt, daß, wenn das Erdreich im Schacht dem Wasserdruck sofort nachgegeben hätte, anstatt ihm, wie es der Fall war, ein paar Tage Widerstand zu leisten, das Erfordernis eines direct injury, damit der Tatbestand des trespass und infolgedessen nach dem eigenen Vorbringen des Beklagten eine Haftpflicht gegeben gewesen wäre. Wäre weiter die Wassermenge, anstatt auf einmal in die Kohlenmine des Klägers einzudringen, langsam eingedrungen, so wäre der Tatbestand der nuisance erfüllt und daher eine Klage wegen (continnous) nuisance gegeben gewesen, die auch kein Verschulden voraussetzt. In beiden Fällen hätte der Beklagte sich gegen eine Klage nicht mit dem Nachweis äußerster Sorgfalt verteidigen können.

b) Ebenso haftet der Hersteller und Verkäufer von Explosivstoffen für den durch eine Explosion entstehenden Schaden. Doch ist manche Einzelfrage streitig[2]).

c) Ebenso wurde eine absolute Haftung des Unternehmers durch die in England und in zahlreichen amerikanischen Staaten ergangenen Workmen's Compensation Acts eingeführt. Doch haben zahlreiche nordamerikanische Compensation Acts keine absolute Haftung des Unternehmers, sondern nur seine Pflicht, die Arbeiter gegen Betriebsunfälle zu versichern, aufgestellt (für England vgl. Heymann 336 und nunmehr Riezler 615 mit weiteren Angaben; für die Vereinigten Staaten Ruling Case Law 23, 709 ff.). Weitere Einzelheiten sollen jedoch nicht gegeben werden.

d) Die unbeschränkte Haftung des Tierhalters[3]) für Personenschaden erfuhr schon frühzeitig eine Einschränkung durch die „scienter rule", d. h. der Tierhalter haftet für den Schaden, den das Tier einem Menschen zufügte nur, wenn ihm die Bös-

[1]) Salmond 267; über das Eindringen der Negligence-Lehre in das Gebiet der nuisance, das bisher von der Erfolgshaftung beherrscht wurde, siehe jedoch Oppikofer 1042 ff. mit interessanten Belegen. Goldschmidt, Real Property in: Die Zivilgesetze der Gegenwart II 369 ff.

[2]) Smith, Harvard Law Rev. 30, 333 = Harv. Essays 212; über das englische Recht siehe Riezler 619.

[3]) Die Ersatzpflicht trifft also nicht notwendig den Eigentümer: Hays v. Miller, 43 So. 818 (1907), Tierhalter ist nicht der common carrier, der die Tiere befördert, Molloy v. Starin, 83 N.E. 588 (1908).

artigkeit des Tieres bekannt war oder wenn es sich um ein wildes Tier handelte [1]) (May v. Burdett, 9 Q.B. 101, 112; Pollock 516 ff.; Holdsworth 8, 456 ff., 465 ff.; Riezler 627 ff.). Doch scheint wenigstens in einigen Staaten die Tendenz zu bestehen, für die Haftung für wilde Tiere zur Verschuldenshaftung überzugehen (Cooley, Torts [1903] 706 und die Note in Illinois Law Rev. 1931, 962).

Dagegen hat sich im englischen Recht die alte Haftung des Tierhalters für den Schaden, den ausbrechendes Vieh auf fremdem Grund und Boden anrichtet, erhalten [2]) (Holdsworth 8, 470 ff.). In zahlreichen amerikanischen Einzelstaaten hingegen wurde dieser Rechtszustand als ungeeignet beseitigt. Doch ist der Eigentümer von bebautem Boden gehalten, seinen Grund und Boden einzuzäunen [3]).

e) Abweichend vom deutschen Recht (Reichshaftpflichtgesetz § 1, Kraftfahrzeuggesetz §§ 1 ff.) besteht im angelsächsischen Recht keine absolute Haftung der Eisenbahn für die durch den Betrieb verursachten Tötungen oder Körperverletzungen, ebensowenig eine absolute Haftung des Kraftfahrzeughalters, vielmehr ist die Haftung von Eisenbahn und Kraftfahrzeughalter von einem Verschulden abhängig [4])

II. Geschützte Rechtsgüter.

1. Allgemeine Übersicht (die action for negligence).

Seit dem 19. Jahrhundert kommt es auf, daß die Gerichte im Falle einer Verletzung durch Nachlässigkeit von einer action for negligence sprechen [5]), als wenn die negligence ein selbständiges Delikt wäre. [6]). Aber nicht jede Beeinträchtigung

---

[1]) Auch höhere Gewalt, z. B. der Blitzschlag befreit die Tiere, würde nicht als Entlastungsgrund anerkannt, Nichols v. Marsland (1875) L.R. 10 Exch. 255.

[2]) Dagegen hängt die Haftung des Tierhalters, dessen Tiere von der Landstraße, auf der sie getrieben werden, die angrenzenden Grundstücke beschädigen, von einem Verschulden ab (Geyler and Pope Ltd. v. Duvies & Son Ltd. [1924] 2 K.B. 78 ff.).

[3]) Delaney v. Erichson, 10. Nebr. 492, 6 N.W. 600 (1880); Sludvell v. Ritch, 14 Conn. 292 (1841).

[4]) Riezler 628 ff.

[5]) Aston v. Heaven (1797) 2 Esp. 535; Lynch v. Nurdin (1841) 4 P. & D. 674; Winterbottom v. Wright (1842) 10 M. & W. 115; Swan v. N.B. Australian Co. (1862) 7 H. & N. 636; Radly v. L. & N.W.R. Co. (1876) 46 L.J. (N.S.) Ex. 575; weitere Nachweise bei Winfield L.Q.R. 42, 199 ff.

[6]) Darüber unten S. 159.

fremder Interessen durch Nachlässigkeit ist durch die action for negligence geschützt. Vielmehr muß eine duty to take care verletzt sein, was nur dann bejaht wird, wenn ein legally protected interest verletzt ist: „Negligence is not actionable unless it involves invasion of legally protected interest or the violation of a right" (Cardozo C. J. in Palsgraf v. Long Island, 162 N.E. 99) [1], oder, um die Bestimmung des im Auftrag des American Law Institute herausgebrachten Draft, der das common law auch auf dem Gebiet der negligence wiederherstellen soll, wiederzugeben: „The actor is only liable for an invasion of any interest of another if the interest invaded is protected against unintentional invasion." Der Kreis der geschützten Rechtsgüter ist aber nicht geschlossen: Die Gerichte haben vielmehr, wie die Schilderung der Entwicklung der negligence deutlich gezeigt hat, die Möglichkeit, sofern dem kein Präjudiz [2]) entgegensteht, in consimili casu Rechtsschutz zu gewähren (Heymann 338, Winfield, The Foundation of Liability in Tort, Columbia Law Rev. 27, 1 ff.).

Geschützt sind nun durch die action for negligence gegen Nachlässigkeit die Person und zwar das Leben, der Körper, die Gesundheit, einerlei, ob sie durch körperliche oder psychische Einwirkung (z. B. Erregung von Schrecken) geschädigt wird [3]) die Freiheit [4]) (über den Schutz der Ehre [reputation] s. u.)

---

[1]) Ochs v. Public Service Ry Co., 81 N.J.L. 661, 80 Atl. 495; Ruling Case Law 20, 9 § 5, s. v. negligence.

[2]) Dabei ist zu beachten, daß die Grundlage des precedent nicht der Tenor vielmehr „the reason and the spirit" des Falles ist (vgl. Lord Mansfield in Fisher v. Prince, 3 Burr. 1564 und Lord Holt in Cage v. Acton, 12 Mod. 294). Über die Bedeutung der Präjudizien vgl. Max Weber, Wirtschaft und Gesellschaft 2, 509 ff. und nunmehr Andreas B. Schwarz, Das englische Recht und seine Quellen in: Die Zivilgesetze der Gegenwart II 22 ff.

[3]) Es hat längere Zeit gedauert, bis die Rechtsprechung anerkannte, daß eine Gesundheitsschädigung durch Angst oder Schrecken, insbesondere die Verursachung eines Nervenschocks, ersatzpflichtig macht. Besonders weit geht Hambrook v. Stokes Brothers (1924) 1 K.B. 141; deren Tatbestand entspricht ungefähr RGZ. 133, 270. Wiederholt ist früher dies aus Furcht vor fraudulent claims, verneint worden (Pound, Interests of Personality [1915], Harvard Law Rev. 28, 360 ff. = Harvard Essays 104 ff.). Meist haben sich die Gerichte damit geholfen, daß sie den Kausalzusammenhang leugneten (Victorian Railway Commissioners v. Coultas 13 A.C. 222 [1888]).

[4]) Whittier, Mistake in the Law of Torts, Harvard Law Rev. 15, 335, 339.

S. 70), endlich Besitz und Eigentum. Die Regel, daß der trespass ein Delikt gegen die possession [1]) und nicht gegen die ownership ist, ist dem Eigentümer hier wohl kaum nachteilig.[2]) Denn ist der Eigentümer nicht gleichzeitig Besitzer und kann er auch nicht die Sache jederzeit vom Besitzer zurückfordern, so hat er eine action on the case immer dann, wenn die Sache zerstört oder in ihrem Wert dauernd gemindert wird — permanent injury — und nur nicht z. B. im Falle einer zeitweiligen Entziehung oder sonstigen Beeinträchtigung ihrer Benutzung (Pfeiffer 541, Raiser 790).

Entsprechend dürfte ein beschränkt Berechtigter ohne Besitz (revisioner) geschützt sein (Salmond 339 ff., Goldschmidt 368 ff.).

Eine Darstellung der Bedeutung der negligence auf dem Gebiet des gewerblichen Rechtsschutzes soll hier nicht gegeben werden, da hierzu eine eingehende Sonderbehandlung erforderlich wäre, die über den Rahmen dieser zivilistischen Ar-

[1]) Der Schutz des possessor geht soweit, daß seiner Klage auf Wertersatz gegenüber nicht eingewendet werden kann, er habe kein Recht zum Besitz: „against a wrongdoer, possession is a title" (Graham v. Peat [1801] 1 East 244, 246, 6 R.R. 268; Jeffries v. G.W.R. Co. [1856] 5 E. & B. 802, 25 L.J.Q.B. 107, 103 R.R. 753; Bourne v. Fosbrooke [1865] 18 C.B.N.S. 515, 34 L.J.C.P. 164, 144 R.R. 588). Geschützt wird also der de facto possessor (Pollock 385 ff.).

[2])Einen etwaigen Ausgleich bildet das Recht des Besitzers, den vollen Wertersatz zu liquidieren. Der Besitzer kann also nicht nur den Wert seines eigenen Interesses am Bsitz ersetzt verlangen. Das ist in England seit dem Urteil The Winkfield (1902) P. 42 anerkannt. Hier wurde die Klage des Generalpostmeisters, der als bailee den vollen Wert verlorener Postsendungen verlangte, die durch Nachlässigkeit des Beklagten bei einem Schiffszusammenstoß zerstört worden waren, stattgegeben. Dieser Grundsatz wird von Salmond 246 auch auf die Fälle des trespass to land ausgedehnt, obwohl es hierfür an ausreichenden Präjudizien fehlt. Die nordamerikanische Judikatur spricht nur dem Besitzer beweglicher Sachen den Anspruch auf vollen Wertersatz zu, dagegen nicht dem beschränkt berechtigten Besitzer eines Grundstücks (Sedgwick 1 § 68 ff.).

Soweit der Besitzer berechtigt ist, den vollen Wert der Sache zu verlangen, wird er in Höhe des seinen Schaden übersteigenden Betrages als trustee angesehen. Die andern Berechtigten haben Ansprüche gegen ihn in einer action for money had and received for their use. „As the bailee has to account for the thing bailed, so he must account for that which has become its equivalent, and now represents it. What he has received above his own interest he has received to the use of his bailor" (The Winkfield, 1902 P. p. 60). Doch sind manche Einzelfragen streitig, insbesondere die Frage der Konkurrenz der Ansprüche der Geschädigten (darüber Salmond 411 ff.).

beit hinausgehen würde. Dagegen soll untersucht werden, ob eine nachlässige Schädigung des Vermögens ersatzpflichtig macht.

2. Schutz der Vermögenslage.

Ein Schutz des Vermögens als solchen gegen Schädigung durch Nachlässigkeit [1]) dürfte im anglo-amerikanischen Recht von einigen Ausnahmen abgesehen, in denen der Tatbestand besonders liegt, ebenso wenig bestehen, wie im deutschen Recht.

a) Die wichtigsten einschlägigen Entscheidungen sind Fälle der action on the case for negligence wegen misrepresentation, also Fälle der Haftung für negligent language.[2])

Grundlegend für die Verneinung einer action for negligence wegen misrepresentation in England ist die viel angefochtene Entscheidung [3]) des House of Lords in Derry v. Peek (1889) 14 A.C. 337, der folgender Sachverhalt zugrunde lag: Die beklagten Direktoren einer Aktiengesellschaft hatten in dem Prospekt fahrlässig falsche Angaben über die Befugnisse des Unternehmens (power) gemacht und dadurch den Kläger, der auf die Richtigkeit der Angaben vertraute, veranlaßt, Aktien zu zeichnen. Seine Schadensersatzklage aus deceit gegen die Direktoren wurde abgewiesen, da der Tatbestand des deceit eine wissentlich falsche Behauptung voraussetze [4]).

Nun erhebt sich die Frage, ob nicht in diesem Falle eine

---

[1]) Wohl aber gegen vorsätzliche Schädigung: gegen vorsätzliche Irrtumserregung schützt die Deceitklage: Burdick 436; die übrigen Fälle werden durch den berühmten Satz von Lord Bowen: „At common law there was a cause of action whenever one person did damage to another wilfully and intentionally and without just cause or excuse" (Skinner & Co. v. Shew & Co. [1893] 1 Ch. 413, 422) erfaßt.

[2]) Smith, Liability for negligent language, Harvard Law Rev. 14, 284 f.; Williston, Liability for honest misrepresentation, Harvard Law Rev. 24, 415 f., 427 f.; Bohlen, Deceit Negligence or Warranty, Harvard Law Rev. 42, 734 f.; Carpenter, Responsibility for Intentional Negligent and Innocent Misrepresentation, Illinois Law Rev. 24, 749 (1930). Natürlich ist der Anspruch auf Schadenersatz nicht der einzige Rechtsbehelf. Auf das Eingreifen des Estoppelrechts ist jedoch nicht näher einzugehen; darüber grundlegend Ewart, Estoppel 222 ff.

[3]) Pollock, Torts 290; Ewart 231 ff.

[4]) Ebenso zahlreiche amerikanische Urteile. Was die Haftung der Direktoren von Aktiengesellschaften anlangt, so ist der durch Derry v. Peek geschaffene Rechtszustand durch den Director's Liability Act 1890 (53 & 54 Vict. v. 64) beseitigt und eine Haftung der Direktoren eingeführt worden.

action of negligence wegen Vermögensschädigung gegeben wäre. Diese Frage konnte vom House of Lords nicht entschieden werden, da nicht aus negligence geklagt wurde (Smith 326, 327).

Trotzdem ist, auf die Autorität von Derry v. Peek gestützt, später entschieden worden, daß einer „action for negligent as distinguished from a fraudulent misrepresentation in a companies prospectus" nicht stattgegeben werden könne: Lindley L.J. in Angus v. Clifford, L.R. (1891) 2 Ch. 449, 463, ebenso Bowen in Le Lievre v. Gould L.R. (1893) 1 Q.B. 491.

Pollock leitet nun aus diesen Urteilen ganz allgemein ab, daß nach englischem Recht „even the grossest carelessness, in the absence of contract will not make a man liable for a false statement without a specific finding of fact that he knew the statement to be false or was recklessly ignorant whether it was true or false" (Torts 290).

In zahlreichen Urteilen amerikanischer Gerichte wird dagegen auch im Falle einer honest misrepresentation eine action of deceit [1]) gegeben oder nach neueren Urteilen eine action for negligence [2]).

Voraussetzung einer Haftung für eine fahrlässig falsche Behauptung ist nach den meist sehr allgemein gehaltenen Wendungen der Urteile, daß der Täter es unterließ, sich über die Richtigkeit seiner Behauptungen zu unterrichten und durch seine Behauptungen den Geschädigten zu einer finanziellen Tätigkeit veranlaßte [3]). In anderen Urteilen wird einschränkend ausgesprochen, daß eine freundschaftliche Auskunft anders behandelt werden müsse als die eines gewerbsmäßigen Auskunfts-

---

[1]) Prestwood v. Carlton, 162 Ala. 327, 50 So. 254 (1909), Trimble v. Reid, 97 Ky. 713, 31 S.W. 861 (1895), Parelle v. Revenack, 81 Mo. App. 494 (1899), Whitehurst v. Life Insurance Co. of Va., 149 N.C. 273, 62 S.E. 1067 (1908).

[2]) Weston v. Brown 82 N.W. 157, 131 Atl. 141 (1925); Glanzer v. Shephard 233 N.Y. 236, 135 N.E. 275 (1922) International Products Co. v. Ery R.R. Co. 244, N.Y. 331, 155 N.E. 662 (1927).

Soweit die Gerichte die honest misrepresentation als Fall des deceit auffassen, müßten sie folgerichtig verurteilen, auch wenn dem Kläger ein mitwirkendes Verschulden zur Last fällt, während anders zu entscheiden wäre, wenn sie die honest misrepresentation als negligence ansehen würden (siehe unten S. 160). Ein sicheres Urteil läßt sich jedoch nicht abgeben, da Entscheidungen, die diese Frage behandeln, fehlen (Bohlen 739).

[3]) Huntress v. Blodgett, 206 Mass. 318, 92 N.E. 427, 429 (1910).

erteilers oder eines solchen, der ein eigenes wirtschaftliches Interesse an der Handlung des Getäuschten habe [1]).

Die Urteile beschränken die Haftung nicht darauf, daß dem Irrtumserreger aus seiner Behauptung ein Vorteil erwächst, insbesondere nicht darauf, daß die Irrtumserregung bei einem Vertragsabschluß zwischen Irrtumserreger und Getäuschtem geschah. Dies legt den Schluß nahe, daß in jedem Falle der fahrlässigen misrepresentation von den Gerichten Schutz gewährt wird.

Dieser Schluß ist aber nach den vorliegenden Urteilen nicht berechtigt, denn abgesehen von dem Urteil in Sachen Glanzer v. Shephard und verwandten Fällen, die uns sogleich beschäftigen sollen, haben diese immer einen Vertragsabschluß zwischen den beiden Teilen zum Gegenstand (siehe die Urteile S. 62 N. 1, 2 [2]).

Es verbirgt sich in Wahrheit in diesen Fällen unter dem deliktischen Rechtsbehelf der action for negligence oder for deceit wegen Schädigung des Vermögens die Geltendmachung von Ansprüchen wegen Vertragsverletzung, meist Geltendmachung von Mängelansprüchen des Käufers [3]).

Daß die Rechtsprechung die Gewährleistungsansprüche wegen Fehlens zugesicherter Eigenschaften als Fälle der action for negligence, also die Gewährleistungsansprüche nicht als vertragliche, sondern als deliktische auffaßt (so auch Williston 1, 373), erweist die Richtigkeit der Behauptung, daß noch heute der Prozeß der Ablösung des Vertragsrechts aus dem Deliktsrecht nicht zu Ende gekommen ist (oben S. 19). War doch die Klage aus einer warranty von Anbeginn an eine Klage aus

---

[1]) Glanzer v. Shephard, oben S. 62 N. 2.
Shoefield Gear & Pulley Co. v. Shoefield, 40 Atl. 1051 (1898).

[2]) Das gilt auch für Spough v. Atlantic Coast Line Co. (155 S.E. 145, S.C. 1930).
Bemerkenswert ist die neuerdings stark vorhandene Tendenz der Gerichte, die Domaine der fraud stark auszudehnen, und zwar auf Fälle, in denen es an einem „scienter" fehlt und daher strenggenommen fraud gar nicht vorliegt. So wird das Vorliegen von fraud fingiert, wenn die Person, welche die Behauptung aufstellt, „was a person within whose special province it lay to know a particular fact" (Biglow, Estoppel 610; Gerner v. Mosher, 78 N.W. 384, 1899 und dazu Ewart, Estoppel 224, besonders die Judikatur in Note [4]), siehe auch New York University, Law Quarterly Rev. 8, 499, und nunmehr Ultramares Corp. v. Touche 255 N.Y. 170, 174 N.E. 4441, 1931 und dazu Columbia Law Rev. 31, 858 ff.).

[3]) Negligent conduct ist also nicht „actionable as such" Pennsylvania L.R. 79, 365, 79, 818 (1931).

tort (Ames, History of Assumpsit, Harvard Law Rev. 2, 1, 8, Williston 1, 368), und erst seit Stuart v. Wilkins, 1 Dougl. 18 (1778) war es möglich, mit der action of assumpsit Ansprüche wegen Verletzung einer warranty geltend zu machen.

Außerdem ist hier auf die auch schon zu Beginn gemachte Feststellung hinzuweisen, daß infolge der Consideration-Lehre die Abgrenzung zwischen tort und Vertrag nicht ganz so wie bei uns verläuft, daß also als Fälle deliktischer Haftung noch Fälle begriffen werden, in denen wir einen Vertrag und daher eine Vertragshaftung annehmen würden.

Eine Ausnahme von der Regel, daß sich unter der action for negligence wegen fahrlässiger misrepresentation Vertragsklagen verbergen, und deshalb aus der Anerkennung einer action for negligence kein Schluß auf den Schutz der Vermögenslage gegen Nachlässigkeit gezogen werden kann, macht vielleicht — obwohl dies nicht völlig sicher gesagt werden kann — zunächst die Entscheidung Glanzer v. Shephard [1]): Die Beklagten, „engaged in business as public weighers", wie es in dem von Chief Justice Cardozo gefällten Urteil heißt, hatten von einer Firma den Auftrag erhalten, Waren, die diese an die Klägerin lieferte, zu wiegen, um den Preis der nach Gewicht verkauften Ware zu ermitteln. Infolge eines Versehens der Beklagten beim Wiegen wurde das Gewicht zu hoch berechnet, und die Klägerin zahlte zu viel an ihre Verkäuferin. Sie verlangt nun den zuviel gezahlten Betrag von den Beklagten als Schadenersatz zurück. Der Klage wurde stattgegeben. Der Syllabus stellte folgenden Rechtssatz auf: „A public weigher who was ordered by the seller to weigh goods sold, and was paid for his services by the seller, owed a duty to the buyer to weigh carefully, though there was no contract between them, where he knew that the purpose of the weighing was to determine the amount the buyer should pay and furnished a copy of his certification to the buyer for that purpose." Nach Ansicht von Cardozo handelt es sich also nach diesem Teil der Urteilsbegründung nicht um eine vertragliche Sorgfaltspflicht, vielmehr um eine Sorgfaltspflicht, die sich daraus ergibt, daß die Beklagten „held themselves out to the public as skilled and

---

[1]) S. zu diesem Urteil auch die Ausführungen von Kellog J. in Doyle v. Chatham & Phenix Nat. Bank, 171 N.E. 574, 577 (N.Y. 1930), die diese Annahme bestätigen, und nunmehr von Cardozo selbst in Ultramares Corporation v. Touche. 174 N.E. 441, 445 (1931).

careful in their calling". Er meint daher: „We do not need to state the duty in terms of contract or privilege." Damit wird doch wohl das Bestehen einer außervertraglichen Sorgfaltspflicht bejaht.

Darüber, daß es sich hier „nur" um einen nachlässigen Eingriff in eine fremde Vermögenslage handelt, wird in dem Urteil nicht gehandelt, vielmehr die Schutzwürdigkeit des Vermögens als solchen gegen einen deliktischen Eingriff hier ohne weiteres bejaht.

Cardozo führt dann aber doch noch weiter aus, daß man den Ersatzanspruch der Klägerin auch als einen vertraglichen auffassen könne, da man den zwischen der Verkäuferin und der Beklagten geschlossenen Wiegevertrag als zugunsten der Klägerin geschlossen ansehen oder annehmen könne, daß die Verkäuferin als Vertreterin der Klägerin den Vertrag abgeschlossen habe.

Diese Ausführungen sind dann auffallend, wenigstens für den deutschen Juristen, wenn man annimmt, daß auf Grund des Vertrages die Verkäuferin verpflichtet war, die Waren zu wiegen oder wiegen zu lassen. Dann sind nämlich die Beklagten nach deutscher Auffassung Erfüllungsgehilfen der Verkäuferin und zwar auch dann, wenn sie selbständige Unternehmer, wie dies hier der Fall war, sind (vgl. RGZ. 101, 154; 106, 133, so wohl auch Enneccerus-Lehmann, § 44 II 1)[1]). Es liegt uns aber fern, daß der Schuldner mit dem „Erfüllungsgehilfen", für dessen Verschulden er haftet, einen Vertrag zugunsten oder im Namen des Gläubigers auf sorgfältige Ausführung der Erfüllungshandlung abschließt und damit also eine vertragliche Beziehung zwischen Erfüllungsgehilfen und Gläubiger herstellt[2]). Aber auch dem angelsächsischen Recht ist die Annahme einer vertraglichen Beziehung[3]) zwischen „Er-

[1]) Eine Ausnahme wird nur dann zugelassen, wenn der Schuldner sich mit dem ausdrücklichen oder stillschweigenden Einverständnis des Gläubigers eines Gehilfen bedient, auf den er in gar keiner Weise einzuwirken vermag, wie dies z. B. bei der Eisenbahn oder der Post der Fall ist (Ennecerus-Lehmann § 44 II 1). Es ist fraglich, ob diese Ausdehnung des § 278 noch bei der gegenwärtigen durch stärkste Arbeitsteilung gekennzeichneten Wirtschaftsstruktur tragbar ist. Doch kann diesem Problem hier nicht weiter nachgegangen werden.

[2]) Siehe jedoch RGZ. 127, 219.

[3]) Nicht klar gelöst ist die deliktische Haftung des agent. Daß der agent für eine misfeasance deliktisch haftet, ist sicher (so schon Lane v. Cotton, 12 Mod. 472, 488, 1701; Osborn v. Morgan 130 Mass. 162, 39

füllungsgehilfen" (agent) und Gläubiger fremd[1]) (Mechem, Outlines of Agency §§ 344 ff.; Mechem, Agency 1 § 1482, 1914 durch die neuere Judikatur stark überholt). Die Erklärung dürfte die Tatsache bilden, daß im vorliegenden Fall die Beklagten nach den unzweideutigen Ausführungen von Cardozo nicht als servants gehandelt hatten, vielmehr in the pursuit of an independent calling[2]). Wenn man das berücksichtigt, so ist es nicht

---

Am. Rep. 437). Für die Fälle der pure nonfeasance gelten im allgemeinen als grundlegend die Ausführungen von Chief Justice Gray in Osborn v. Morgan, 130 Mass. 102, 39 Am. Rep. 437: „It is often said in the books that an agent is responsible to third persons for misfeasance only, and not for non-feasance. And it is doubtless true that if an agent never does anything towards carrying out his contract with his principal, but wholly omits or neglects to do so, the principal is the only person who can maintain any action against him for the non-feasance. But if the agent once actually undertakes and enters upon the execution of a particular work, it is his duty to use reasonable care in the manner of executing it, so not to cause any injury to third persons which may be the natural consequence of his acts; and he cannot by abandoning its execution midway, and leaving things in a dangerous condition, exempt himself from liability to any person who suffers injury by reason of his having so left them without proper safeguards. This is not non-feasance or doing nothing, but it is misfeasance, doing improperly." Über die Ansätze zu einer deliktischen Haftung für pure nonfeasance siehe unten S. 99.

[1]) Dem anglo-amerikanischen Recht ist der Gedanke, daß der Schuldner für den Erfüllungsgehilfen haftet, als selbständiger Grundsatz fremd, und zwar deshalb, weil die Garantiehaftung des Schuldners schon ohnehin eine grundsätzlich absolute Haftung ist.

[2]) Deshalb können sie anscheinend nicht Erfüllungsgehilfen der Verkäuferin sein, für deren Handlung diese haftet. Der anscheinend bestehende Mangel einer Haftung dessen, der sich eines independent contractor bedient, wird von einigen Gerichten wenigstens teilweise durch das Eingreifen der Lehre von der mittelbaren Stellvertretung ausgeglichen wie Murphy v. Fidelity Abstract & Title Co., 114 Wash. 77, 194 Pac. 591 (1920) deutlich zeigt. Hier war ein Hypothekengläubiger dadurch zu Schaden gekommen, daß die beklagte Abstract Company, welche von seinen Anwälten beauftragt war, die Urkunden über das Grundstück in Ordnung zu bringen, die Belastung des Grundstücks unrichtig angegeben hatte. Statt die Abstract Company als Erfüllungsgehilfin der Anwälte anzusehen, nahm das Gericht, um eine direkte Beziehung zwischen dem Hypothekengläubiger und der Abstract Company herzustellen, an, daß die Anwälte als agents für den Hypothekengläubiger als undisclosed principal gehandelt hätten (so auch schon Equitable Building & Loans Ass'n. v. Bank of Commerce & T. Co., 102 S.W. 901). Siehe auch Wester Union Telegraph Co. v. Redding, 129 So. 743 Fla. 1930.

Andere Entscheidungen suchen wie Cardozo mit der Annahme eines Vertrages zugunsten Dritter zu helfen: Shine v. Nash, 217 Ala. 498, 117 So. 47 (1928).

mehr auffallend, daß das Urteil zwischen Verkäuferin und independent contractor einen Vertrag zugunsten oder namens der Klägerin annimmt, denn dann haftet die Verkäuferin für ein Verschulden der Beklagten nicht. Allerdings ist sie um den zuviel gezahlten Kaufpreis bereichert und haftet auf Rückzahlung ebenso wie nach deutschem Recht (§ 812), da ein payment made under mistake vorliegt [1]).

Was die Urteilsbegründung anlangt, daß die Beklagten ihre außervertragliche Sorgfaltspflicht als public weighers verletzt hätten, so dürfte hierin eine Wiederbelebung der alten Rechtsprechung liegen, daß jemand, der ein common calling betreibt, seinen Kunden für Nachlässigkeit verantwortlich ist. Man könnte sich endlich fragen, ob nicht die Beklagten als public weighers Beamte sind, und ob nicht ihre Haftung aus Nachlässigkeit ein Anwendungsfall der anerkannten Haftung der Beamten für Amtspflichtverletzungen [2]) ist (Burdick 72 ff.). Dies dürfte jedoch zu verneinen sein, da das Urteil dies in keiner Weise hervorhebt, vielmehr die Beklagten nach dem Tatbestand private Gewerbetreibende sind. Deshalb ist es auch nicht möglich, die in dem Urteil bejahte Haftung aus nachlässiger Ausübung eines common calling mit der Haftung aus § 839 BGB. in Vergleich zu setzen.

Die Bedeutung von Glanzer v. Sheppard darf aber keinesfalls überschätzt werden. So wurde unlängst ein Urteil des Supreme Court von New York aufgehoben, das gestützt auf Glanzer v. Shepard public accountants, d. h. eine Bücherrevisionsgesellschaft, die einer in Wahrheit insolventen Firma ein Reinvermögen von 1 Million Dollar infolge Nachlässigkeit herausgerechnet hatte, dazu verurteilt hatte, einem Dritten, der im Vertrauen auf die Richtigkeit der Bilanz der Firma ein uneinbringliches Darlehen gab, dessen Schaden zu ersetzen. Die Abweisung der Klage erfolgte hauptsächlich deshalb, weil nur eine Vermögensschädigung vorlag, obwohl die Revisionsgesellschaft damit rechnen mußte, daß die Bilanz als Darlehensgrundlage dienen sollte. (Ultramares Corporation v. Touche, 243 N.Y. S. 179 (1930) 174 N.E. 441, 447; vgl. nunmehr auch Doyle v. Chatham & Phenix Nat. Bank 171 N.Y. S. 574 (1930)).

Noch näher liegt ein Vergleich mit § 839 BGB. bei der Be-

---

[1]) Über die condictio indebiti im angloamerikanischen Recht vgl. Friedmann, Die Bereicherungshaftung im angloamerikanischen Rechtskreis in Vergleich mit dem deutschen bürgerlichen Recht 1931, 32 ff.

[2]) Eingeschränkt ist die Haftung von Richtern und Mitgliedern gesetzgebender Körperschaften.

urteilung der amerikanischen Rechtsprechung, die Telegraphengesellschaften, da auch sie ein common calling ausüben, nicht nur dem Absender, sondern auch dem Empfänger für den Vermögenschaden, den dieser durch eine unrichtige Übermittlung des Telegramms erleidet, haften läßt. Denn in zahlreichen Fällen des Reichsgerichts ist eine Haftung des Postbeamten für verstümmelte Telegramme auf Grund von § 839 bejaht worden (vgl. Recht 1913 Nr. 944; 1916 Nr. 1500, siehe auch OLG. Hamburg, 28, 317). Die Haftung wird von der Mehrzahl der Gerichte nicht als vertragliche, sondern als deliktische aufgefaßt: „Telegraph companies are the servants of the public, and bound to act whenever called upon, their charges being paid or tendered. They are, in that respect, like common carriers, the law imposing upon them a duty which they are bound to discharge. The extent of their liability is to transmit correctly the message as delivered, hence, when the receiver of a dispatch suffers loss from the careless and negligent performance of its duty by such a company, he is entitled to recover damages for the tort, and the proper remedy is an action on the case“ [1]). Daraus ergibt sich, daß der Empfänger des Telegramms einen Schadensersatzanspruch wegen unrichtiger Übermittlung auch dann geltend machen kann, wenn die Telegraphengesellschaft sich vertraglich dem Absender gegenüber freigezeichnet hat [2]).

In England ist gegenteilig entschieden worden, wie die berühmte Entscheidung Dickson v. Reuter's Telegramm Co. (1877) 3 C.P.D. 1 zeigt: die beklagte Telegraphengesellschaft hatte aus einem Versehen dem Kläger ein nicht für ihn bestimmtes Telegramm übermittelt, und der Kläger, der allen berechtigten Grund zu der Annahme hatte, das Telegramm sei für ihn bestimmt, erlitt dadurch schweren Schaden, daß er auf Grund des Telegramminhaltes geschäftliche Maßnahmen ergriff. Seine Ersatzklage wurde abgewiesen, da der Beklagte dem Kläger weder vertragliche Sorgfalt schulde, noch auch außervertragliche.

[1]) Western Un. Tel. Co. v. Dubois, 128 Ill. 248, 21 N.E. 4; Mentzer v. West. Un. Tel. Co. 93 Ia 752, 62 N.W. 1, 28, L.R.A. 72, 57 A. St. Rep. 294 (1895); Walker v. West. Un. Tel. Co., 75 S.C. 512, 56, S.E. 38 (1906); Western Un. Tel. Co. v. Uvalde Nat. Bk. 97 Tex. 219, 77 S.W. 603 (1903).

[2]) McCord v. West. Un. Tel. Co., 39 Minn. 181, 183, 39 N.W. 315, 12 Am. St. Rep. 638 (1888); Webbe v. West. Un. Tel. Co., 169 Ill. 610, 48 N.E. 670 (1897); Markley v. West. Un. Tel. Co., 144 Ia. 105, 122 N.W. 136 (1909); Western Un. Tel. Co. v. McKibben, 114 Ind. 511, 14 N.E. 894 (1887). Anders wird jedoch von den Gerichten entschieden, die die Ersatzpflicht der Telegraphengesellschaft als Vertragsverletzung auffassen: Ellis v. Am. Tel. Co., 95 Mass. (13 Allen), 226, 238 (1886).

III. Die Bedeutung des Vorsatzes.

1. Der Vorsatz (wrongful intention[1]), oft auch malice oder fraud genannt) im Sinne eines bewußt pflichtwidrigen Verhaltens spielt im angelsächsischen Deliktsrecht begreiflicherweise ebenso wie im deutschen Recht eine weit geringere Rolle als die negligence. Denn es gibt nur wenige Delikte, in denen die wrongful intention Tatbestandsvoraussetzung ist[2]). Sie ist es in dem Delikt des deceit (Betrug), wenigstens in England und in zahlreichen Staaten der Union, wie wir oben S. 61 gesehen haben, und im Delikt der Verleitung zum Vertragsbruch[3]).

Damit ist aber die Bedeutung der wilful intention nicht erschöpft. Es sei nur an den Satz von Lord Bowen erinnert: „At Common Law there was a cause of action whenever one person did damage to another, wilfully and intentionally, and without just cause and excuse.“ Aus diesem Satz ergibt sich, daß beim Vorliegen der wrongful intention der Verletzte immer, also auch dann geschützt ist, wenn das verletzte Rechtsgut gegen Nachlässigkeit nicht geschützt ist (§ 826 BGB.). Weiter ist beim Vorliegen einer wrongful intention eine contributory negligence des Verletzten unbeachtlich (darüber unten Seite 160). Ferner sind dem Verletzten auf seinen Antrag punitive damages, also ein Schadensersatz über den Betrag des wirklich erlittenen Vermögensschadens hinaus zuzubilligen.

---

[1]) Mit Recht macht Smith, Jones v. Hulton: Three Conflicting Judical Views as to a Question of Defamation in Pennsylvania Law Rev. 10, 367, auf die Mehrdeutigkeit des Wortes intention aufmerksam; intention wird sowohl gleichbedeutend mit Vorsatz gebraucht, als auch, um zu sagen, daß ein auf bewußtem Willen beruhendes Verhalten vorliegt. Hier wird also intention entweder rechtlich ethisch indifferent gebraucht oder für jedes gewollte Verhalten, auch wenn auf Seiten des Täters das Bewußtsein der Pflichtwidrigkeit fehlt. Als Beleg hierfür mögen die oben S. 34 erwähnten Fälle des mistake as to title dienen.

Ebenso mehrdeutig ist malice. Mit Recht betont Salmond, 16, daß malice sowohl der wrongful intention, also in diesem Sinne unserem Vorsatz entspricht, als auch das Vorliegen eines bad motive zum Ausdruck bringen kann. In dieser Bedeutung dürfte malice mit Arglist wiedergegeben werden können.

[2]) Holdsworth 8, 447; Burdick, Law of Torts 21 ff.

[3]) Lumly v. Gye (1853) 2 E. & B. 16; Temperton v. Russell (1893) 1 Q.B. 715; F.B. Sayne, Inducing Breach of Contract, Harvard Law Rev. 36, 671; ferner die gute Übersicht in der kurzen Note in Michigan State Bar Journal 9, 352 (1930). Während noch in Lumly v. Gye vom House of Lords Arglist (ein vindictive spirit) gefordert wird, genügt seit South Wales Miners' Fed. v. Glamorgan Coal Co. (1905) A.C. 239, 245 „the violation of a legal right committed knowingly“.

Endlich haftet der Täter für alle gewollten Folgen, auch wenn sie noch so entfernt sind. Sehr deutlich spricht das Lord Lindley in Quinn v. Leathem (1901) A.C. 495, 537, aus: „The intention to injure the plaintiff... disposes of any question as to remoteness of damage."

2. Die Arglist endlich (malice — improper motive) ist Tatbestandsmerkmal im Delikt der malicious prosecution[1]), dessen Tatbestand[2]) an das Delikt der falschen Anschuldigung des § 164 des deutschen Strafgesetzbuches erinnert, ohne sich aber mit ihm zu decken; weiter der üblen Nachrede (defamation), wenn an sich ein Fall der privileged occasion" gegeben wäre[3]).

[1]) Holdsworth 8, 448; Burdick 25.

[2]) Darüber Salmond 614 ff.; Burdick 309 ff.

[3]) Fällt die Äußerung im Verlauf eines gesetzgeberischen, richterlichen oder amtlichen Verfahrens, so ist die Äußerung sogar „absolutely privileged", d. h. es ist nicht einmal der Beweis der malice zugelassen (Seaman v. Netherclift L.R. 2 C.P. Div. 53, Wright v. Lothrop, 149 Mass. 385; Veeder, Absolute Liability in Defamation, Columbia Law Rev. 9, 43, 600; 10, 131). Besonders weit geht Layne v. Kirly, 278 Pac. 1046, Cal. 1929 (siehe dazu Michigan State Bar Journal 9, 347, 1930). Im allgemeinen siehe Holdsworth 8, 448; Burdick 25; Williston, Liability for honest misrepresentation 24 Harvard Lav Rev. 426, 427 (1911); Pollock 283. Im übrigen ist das Delikt der Defamation nach der englischen Judikatur auch dann gegeben, wenn die defamierende Person gar nicht Kenntnis noch Kenntnismöglichkeit hatte, daß ihre Behauptung die Ehre eines anderen beeinträchtige, wie die Entscheidungen Morrison v. Ritchie (1902) 4 F. 645, Ct. of Sess. und Hulton v. Jones (1910) A.C. 20, der von Burdick, Torts § 303 zugestimmt wird, und nunmehr Cassidy v. Daily Mirror Newspaper (1929) 2 K.B. 33, zeigen. In Morrison v. Ritchie wurde ein Zeitungsunternehmer zu Schadensersatz verurteilt, der auf eine ihm zugesandte Nachricht hin fälschlich die Geburt von Zwillingen bei einem erst seit einem Monat verheirateten Ehepaar mitgeteilt hatte. Die Verurteilung geschah, obwohl dieser Sachverhalt dem Beklagten völlig unbekannt war. In Hulton v. Jones veröffentlichte eine Zeitung einen frei erfundenen Bericht über ein Fest in Dieppe, in dessen Mittelpunkt ein Mann mit einer leichtfertigen Lebensauffassung stand, dem unglücklicherweise der Name des Klägers gegeben war. Obwohl der Verleger allen Anlaß hatte, anzunehmen, daß niemand den Namen des Romanhelden tragen würde, da diesem ein ganz ungewöhnlicher Name gegeben war, wurde der Beklagte verurteilt, da er bewies, daß seine Freunde ihn für den Helden der Geschichte gehalten hatten. Im Delikt der defamation gilt also der Grundsatz der Erfolgshaftung (Smith, Tort and Absolute Liability, Harvard Essays 199, ders., Jones v. Hulton, 60 Pennsylvania Law Rev. 468 ff.). Die Rechtslage in den Vereinigten Staaten ist uneinheitlich. Einige Gerichte vertreten auch die Erfolgshaftung, während andere Nachlässigkeit verlangen. Einzelheiten sollen hier nicht gegeben werden, vgl. hierüber die kurze Note in Oregon Law Rev. 1931, 194 ff.

C. Das Wesen der negligence.[1]

Der für das American Law Institute im Rahmen des Restatement of the Law of Torts ausgearbeitete, schon oben S. 59 erwähnte Draft über das Recht der negligence ist nicht nur ein von den ersten Sachkennern unternommener Versuch, auf Grund des letzten Standes der Wissenschaft und Praxis das common law der deliktischen negligence wiederherzustellen, sondern der Draft befaßt sich mit den großen Problemen der negligence überhaupt, wie aus dem Nachfolgenden ohne weiteres ersichtlich wird.

Bei der großen Bedeutung, die dem Unternehmen zukommt, sollen in unserer Darstellung nicht nur die bisherige angelsächsische Rechtsprechung und Doktrin, sondern auch die Bestimmungen des Draft wiederholt herangezogen und soll insbesondere von der Negligence-Definition des Draft ausgegangen werden. Der Vergleich mit dem deutschen Recht wird, um das Ergebnis schon jetzt vorwegzunehmen, eine weitgehende Übereinstimmung mit dem deutschen Recht, was die Probleme und ihre Lösung anlangt, ergeben, vor allem wird sich zeigen, daß die negligence der deutschen Fahrlässigkeit entspricht. Da die Bestimmungen des Draft außerordentlich sorgfältig gefaßt sind, lohnt sich oft eine wörtliche Wiedergabe.

I. Die Elemente des Negligencebegriffs.

Die negligence wird in § 166 des Draft definiert als „any conduct, except conduct recklessly disregardful of the interest of others, which falls below the standard established by law, for the protection of others against unreasonable risk of injury." Die negligence ist also nach dem Draft jedes Verhalten, das dem von der Rechtsordnung zum Schutze gegen eine ungebührliche Gefährdung der Rechtsgenossen aufgestellten Standard nicht entspricht; ein Verhalten jedoch, das rücksichtslos die Rechtsgüter anderer gefährdet, soll der Nachlässigkeit nicht mehr zuzurechnen sein.

Eine Analyse dieser Begriffsbestimmung ergibt unter Heranziehung der zahlreichen ungemein minutiösen Einzelbestim-

[1]) Terry, Negligence, Harvard Law Review 29, 40 ff. = Harvard Essays 261 ff.; Street Foundations I, 86 ff. Shearman & Readfield, A Treatise on the Law of Negligence (6) 1, 1 ff.; Salmond 21 ff. Beven On Negligence (4) 1, 2 ff.

mungen, die sich an diese Definition anschließen, des kurzen, dem Draft beigegebenen Kommentars und der vom Draft verarbeiteten Judikatur folgendes:

1. Die Definition umfaßt nur das zum Ersatz verpflichtende nachlässige Verhalten, nicht die eigene Nachlässigkeit des Geschädigten [1]).

2. Negligence als breach einer legal duty to take care.

a) Nach der Definition des Draft ist die negligence ein gefährliches Verhalten. Damit soll nach dem Kommentar (Comment c zu § 166) der Unterschied vom Vorsatz (intention, wilful intention, oft auch fraud genannt), hervorgehoben werden, da beim Vorsatz die Sicherheit einer Verletzung gegeben sei. Dies dürfte nicht zutreffen, denn auch ein vorsätzliches Verhalten bedeutet nicht den sicheren Eintritt einer Verletzung [2]). Richtig sieht denn auch der Kommentar mit der herrschenden Rechtsprechung den Unterschied zwischen der negligence (Gardner v. Heartt, 3. Den [N.Y.] 232, 236 [1846]) und dem Vorsatz darin, daß der Täter den Erfolg herbeiführt, ohne ihn zu wollen, während bei der intention der Erfolg gewollt ist (daß der Täter sich den Erfolg bloß vorgestellt hat, genügt nicht, Comment c). Die negligence ist also abweichend vom Vorsatz ein Verstoß gegen den von der Rechtsordnung aufgestellten Sorgfaltsstandard [3]).

Einen Übergang von der negligence zur intention bildet ein meist „wanton" — „reckless" — „wilful" negligence genanntes

---

[1]) Über die sog. contributory negligence unten S. 160.

[2]) Es fragt sich, ob nicht die Verfasser des Draft mit dieser Gegenüberstellung den Gedanken zum Ausdruck bringen wollten, daß dem nachlässigen Verhalten nicht eine psychologische Beziehung zwischen Wille und Erfolg eignet wie dem Vorsatz, also nicht eine pflichtwidrige Geringschätzung des verletzten fremden Rechtsgutes, daß es vielmehr eine pflichtwidrige Geringschätzung der Gefahr ist (darüber unten S. 142).

Ebenso ist möglich, daß die Verfasser des Draft zum Ausdruck bringen wollten, daß beim Vorsatz der Täter den Erfolg sich als sicher vorstellt. Wäre diese Auslegung zutreffend, so würde dies bedeuten, daß der sogenannte dolus eventualis nicht mehr als Vorsatz gewertet wird, denn hier stellt der Täter sich den Erfolg nur als möglich vor, lehnt ihn aber nicht ab (unten S. 74).

[3]) Deshalb ist es nicht beifallswert, daß Ewart in seinem ausgezeichneten Werk über estoppel unter den Begriff der negligence auch den Vorsatz bringen will, da auch beim Vorsatz das wesentliche Merkmal der negligence, die Vernachlässigung einer Pflicht, gegeben sei. Statt negligence im engeren Sinne schlägt er carelessness vor, 98 ff.

Verhalten, das von dem Draft übereinstimmend mit der herrschenden Rechtsprechung der negligence nicht zugerechnet wird.

Die wanton negligence wird in wichtigen Beziehungen anders als ein bloß nachlässiges Verhalten dem Vorsatz gleich behandelt: Während contributory negligence einen Anspruch aus negligence, nicht dagegen einen solchen aus einer vorsätzlich begangenen unerlaubten Handlung ausschließt, bleibt trotz contributory negligence ein Anspruch bestehen, wenn dem Täter wanton negligence zur Last fällt [1]).

Dem Verletzten stehen bei wanton negligence ebenso wie beim Vorsatz des Täters punitive (exemplary, vindictive) damages, also ein Schadensersatz über den Betrag des wirklich erlittenen materiellen Schadens zu, der die üble Gesinnung des Täters bestrafen und andere abschrecken oder nach einer nicht selten vertretenen Ansicht den immateriellen Schaden ersetzen soll [2]).

Was ist nun das Wesen dieser wanton negligence? Da der Draft sich einer Begriffsbestimmung enthält, sind wir auf die Rechtsprechung angewiesen. Nach einer in dem Case Book von

---

[1]) Georgia Pacific Railway Co. v. Lee, 92 Ala. 262 (1890); (Ames & Smith) — Pound, Cases on Torts, 343. Alken v. Holycke Street Railway Co. 184 Mass. 269 (1903): „The difference in rules applicable to the two classes of cases results from the difference in the nature of the conduct of the wrongdoers in the two kinds of cases. In the first case the wrongdoer ist guilty of nothing worse than carelessness. In the last he is guilty of a wilful intentional wrong.“ Siehe auch Virginia Law Rev. 17, 364 (1931).

[2]) Sutherland, On Damages 3 § 950 mit zahlreichen Nachweisen (N. 82). Zu den punitive damages vgl. Pollock 193 ff., Salmond 145.

Über punitive damages vergl. nunmehr Morris, Punitive Damages in Tort Cases, Harvard Law Rev. 44, 1173 ff. (1931), Hervorhebung verdient noch, daß grundsätzlich bei Vertragsverletzungen keine punitive damages zugebilligt werden (Salmond and Winfield, Law of Contracts 510 ff.).

Die Bedeutung der punitive damages wird durch die nachfolgenden Ausführungen aus Merest v. Harvey (1814) 5 Taunt. 442, einer Entscheidung, die dem Beklagten 500 Pfund für einen beleidigenden trespass, der von keinem wesentlichen Schaden begleitet war, zusprach, anschaulich: „Suppose a gentleman has a paved walk in his paddock before his window, and that a man intrudes and walks up and down before the window of his house, and looks in while the owner is at dinner, is the trespasser to be permitted to say, „Here is a halfpenny for you, which is the full extent of all the material damage I have done“? Would that be a compensation? I cannot say that it would be.“

(Ames & Smith) -- Pound wiedergegebenen, also als re präsentativ anzusehenden Entscheidung des Supreme Court von Alabama unterscheidet sich die wanton negligence von dem Vorsatz durch das Fehlen der Absicht, einem anderen Schaden zuzufügen, von der mere negligence dadurch, daß sich der Täter bewußt ist, sein Verhalten werde wahrscheinlich einen rechtswidrigen Erfolg herbeiführen (Birmingham Rly. Co. v. Bovers, 110 Ala. 328, 331): „Mere negligence which gives a cause of action is the doing of an act, or the omission to act, which results in damage, but without intent to do wrong or cause damage. To constitute a wilful injury, there must be design, purpose, intent to do wrong and inflict the injury. Then there is that reckless indifference or disregard of the natural or probable consequence of doing an act, or omission of an act, designated whether accurately or not, in our decisions as „wanton negligence", to which is imputed the same degree of culpability and held to be equivalent to wilful injury. A purpose or intent to injury is not an ingredient of wanton negligence. Where either of those exist, if damage ensues, the injury is wilful. In wanton negligence, the party doing the act, or failing to act, is conscious of his conduct, and without having the intent to injure, is conscious from his knowledge of existing circumstances and conditions, that his conduct will likely or probably result in injury. These are the distinctions between simple negligence wilful injury and that wanton negligence which is the equivalent of wilful injury, drawn and applied in our decisions."

Die wanton negligence scheint also unserer bewußten Fahrlässigkeit (Enneccerus I § 197 I 1 a) zu entsprechen. Nach einem späteren Urteil desselben Richters (Memphis Rly. Co. v. Martin 117 Ala. 367, 382) kann aber der Täter, der die Möglichkeit des rechtswidrigen Erfolges voraussieht, noch nicht der wanton negligence geziehen werden, vielmehr ist weiter erforderlich, daß der Täter in seiner Rücksichtslosigkeit vollständig gleichgültig gegenüber der Möglichkeit eines rechtswidrigen Erfolges ist. Nach diesem Urteil entspricht die wanton negligence dem dolus eventualis des deutschen Rechts, denn wie hier hält der Täter den Erfolg zwar nur für möglich, ist jedoch für den Fall der Verwirklichung mit ihm einverstanden (vgl. Entwurf von 1919 § 1 Abs. 1, der mit der Rechtsprechung des Reichsgerichts übereinstimmt, Leipziger Kommentar 61).

Hält man sich an diese zuletzt erwähnte Entscheidung, so

entspricht die Abgrenzung der negligence von der intention der Abgrenzung des deutschen Rechts zwischen Fahrlässigkeit und Vorsatz. Auch bei der negligence läßt sich dann eine bewußte und eine unbewußte negligence unterscheiden (so deutlich Salmond 22).

b) Indem betont wird, daß die negligence ein gefährliches Verhalten ist, das dem von der Rechtsordnung vorgeschriebenen Standard widerspricht, soll die Verschiedenheit des nachlässigen Verhaltens von einem Tatbestand zum Ausdruck gebracht werden, der zwar auch andere gefährdet, aber von der Rechtsordnung wegen seiner sozialen Nützlichkeit gestattet ist (Comment e zu § 166), z. B. Betrieb einer Eisenbahn.

Das zeigt, daß außer der Gefährlichkeit noch ein weiteres Moment hinzukommen muß, um ein Verhalten zu einem nachlässigen zu machen. Hinzukommen muß, daß die Gefährlichkeit des Verhaltens als ein Mangel an rechtlich gebotener Sorgfalt zu bewerten ist.

Damit entspricht der Draft der berühmten, von Salmond und in zahlreichen Entscheidungen vertretenen Negligence-Definition, welche die negligence als breach of a legal duty to take care, d. h. als Verletzung einer rechtlich gebotenen Sorgfaltspflicht definiert.

3. Die duty to take care.

Von Salmond und in zahlreichen Urteilen wird nun hervorgehoben, daß eine abstrakte Sorgfaltspflicht nicht bestehe, vielmehr eine dem Kläger und nicht nur anderen geschuldete Sorgfaltspflicht verletzt sein müsse, damit im konkreten Einzelfall das Vorliegen der negligence bejaht werden könne. Er sagt: „There is no negligence unless there is in the particular case a legal duty to take care, and this duty must be one which is owed to the plaintiff himself and not merely to others" und zitiert als Beleg einen berühmten Satz von Bowen in Thomas v. Quartermaine (1887) 18 Q.B.D. 694: „In order to answer the inquiry whether the defendant has been guilty of negligence the first step to be taken must be to consider what is the duty towards the plaintiff that it is alleged the defendant has broken for." „The ideas of negligence and duty are strictly correlative, and there is no such thing as negligence in the abstract; negligence is simply neglect of some care which we are bound to exercise towards somebody."

Diese „Einschränkung" wird uns sogleich unter a) beschäftigen.

Salmond betont nachdrücklich, daß die duty of carefulness „not universal" sei, und sagt: „it does not extend to all occasions, and all persons, and all modes of activity." Zum Beleg führt er an, daß es zwar verboten sei, einen anderen durch Lügen zu schädigen, dagegen im allgemeinen keine Pflicht bestehe, sorgfältig darauf zu achten, daß Behauptungen, die einem anderen gegenüber aufgestellt werden, der Wahrheit entsprechen. Weiter sei es durchaus möglich, daß jemand eine Sorgfaltspflicht gegenüber einer Person habe, dagegen nicht gegenüber einer zweiten Person in derselben Angelegenheit und unter denselben Umständen. So sei es keinesfalls sicher, daß, wenn ein Arzt zu A gerufen werde, um B zu untersuchen, er dem B irgendwelche Sorgfalt schulde, wenn er bescheinige, daß B geisteskrank sei. Wohl aber schulde er Sorgfaltspflicht gegenü.er A, der ihn gerufen habe. Der Inhaber eines Grundstückes weiter sei Personen gegenüber, die zu Recht das Grundstück betreten, gehalten, dafür Sorge zu tragen, daß das Grundstück frei von heimlichen Gefahren sei. Aber er schulde keine Sorgfaltspflicht einem trespasser.

Diesen Äußerungen Salmonds stehen scheinbar die Ansichten von Pollock und von Bohlen entgegen, die schon oben S. 22 wiedergegeben wurden. Pollock und Bohlen nehmen zwar ebenso wie Salmond an, daß ein nachlässiges Verhalten nur dann vorliegt, wenn eine Norm besteht, die ein sorgfältiges Verhalten fordert. Aber nach Pollock sind die Fälle, in denen keine Sorgfaltspflicht besteht, nicht die Regel, sondern die Ausnahme, und er betont, daß die drei Hauptpflichten des Deliktsrechts: vorsätzliche Schädigung zu unterlassen, fremdes Eigentum zu achten und pflichtgemäße Sorgfalt zu üben, damit andere nicht zu Schaden kommen, alle gleichmäßig umfassender Natur seien (21). Der gleichen Ansicht dürfte Bohlen, Studies, 45, 67 sein, wenn er sagt, daß jedermann gehalten ist, Handlungen zu unterlassen, die wahrscheinlich anderen Schaden zufügen, und daß alle geschützt sind, die sich innerhalb des Gefahrenbereichs einer nachlässigen Handlung befinden.

In der Tat ergibt sich aus der Rechtsprechung die Richtigkeit der Annahme von Pollock, daß das Gebot, pflichtgemäße Sorgfalt zu üben, umfassender Natur ist.

Eine grundsätzlich allgemeine Sorgfaltspflicht in diesem Sinn besteht also ebenso wie bei uns.

Salmonds Ausführungen weisen, wie seine Beispiele deutlich zeigen, auf die Ausnahmen hin, welche die umfassende Sorgfaltspflicht durchbrechen. Es sind folgende Fälle: Es bestehe im Allgemeinen keine Pflicht, sorgfältig auf die Richtigkeit seiner Äußerungen zu achten. Weiter sei eine fahrlässige Vertragsverletzung, die einen Dritten schädige, nicht notwendig gegenüber dem Dritten ein fahrlässiges Delikt. Endlich hafte der Grundstücksbesitzer dem widerrechtlich Eindringenden nicht für die Gefahrlosigkeit des Grundstücks.

Diese Ausnahmen sollen uns unter b bis d beschäftigen.

Vorweg ist aber auf die für den deutschen Juristen interessante Tatsache hinzuweisen, daß Salmond die soeben aufgeführten Fälle mangelnder Haftung, die nach der Systematik des deutschen Rechts nicht nur Fälle ausgeschlossener Fahrlässigkeit, sondern schon fehlender Rechtswidrigkeit sind, nur als Fälle fehlender Nachlässigkeit behandelt. Während wir gewohnt sind, die Frage nach der Fahrlässigkeit erst dann zu stellen, wenn wir die Frage nach der Rechtswidrigkeit bejaht haben, da die zum Ersatz verpflichtende Fahrlässigkeit sich auf ein rechtswidriges Verhalten beziehen muß, werden von Salmond die Probleme der Fahrlässigkeit und der Rechtswidrigkeit nicht auseinandergehalten; wohl deshalb nicht, weil das Problem der Fahrlässigkeit mit dem der Rechtswidrigkeit an diesem Punkt untrennbar verknüpft ist[1]).

Es verbergen sich also für den deutschen Juristen hinter dem von Salmond mit besonderem Nachdruck vertretenen Erfordernis der duty to take care zwei gesondert zu behandelnde Erfordernisse, die zusammenkommen müssen, damit ein ersatzpflichtigmachendes Verhalten vorliegt; erstens das Erfordernis der Rechtswidrigkeit und zweitens das Erfordernis der Fahrlässigkeit, allgemeiner der Schuld. Das Erfordernis der duty to take care ist also ebenso doppeldeutig wie unsere „Pflichtwidrigkeit", denn Pflichtwidrigkeit bedeutet, worauf Beling, „Lehre vom Verbrechen" 143, mit Recht aufmerksam gemacht hat, „sowohl Nichtübereinstimmung des Handelns mit der Rechtsordnung — die in der Person des Handelnden gegebene Rechtswidrigkeit, die Rechtswidrigkeit persönlich bezogen, aber nicht psychisch gefaßt, und sodann die psychische Mangelhaftigkeit des Handelns, die Schuldhaftigkeit" [2]).

---

[1]) Hierüber unten S. 145.

[2]) Vgl. Goldschmidt, Der Notstand ein Schuldproblem, Sonderabdruck aus der österreichischen Zeitschrift zum Strafrecht, 1913, 17, Note 18.

a) Ein anschauliches Beispiel für einen Fall, in dem verneint wurde, daß die negligence die Verletzung einer abstrakten Diligenzpflicht ist, bildet das unlängst ergangene Urteil des New York Court of Appeals in Sachen Palsgraf v. Long Island Rly. Co. 162 N.E. 99 (1928): Die Klägerin stand auf der Plattform eines Zuges der beklagten Eisenbahngesellschaft, als auf einen anderen fahrenden Zug der Gesellschaft ein Mann aufsprang mit einem kleinen, unscheinbaren, in Zeitungspapier eingewickelten Paket. Zwei Eisenbahnangestellte stießen den Mann in den fahrenden Zug und einer verfuhr dabei so ungeschickt, daß das Paket auf die Geleise fiel und, da es explosible Stoffe enthielt, explodierte. Durch den Luftdruck fiel eine Leiter auf die Plattform, auf der die Klägerin stand, und verletzte diese.

Nach der von der Minorität des erkennenden Gerichts (drei Richter) vertretenen Ansicht hängt die Frage der Haftung der beklagten Eisenbahngesellschaft von der Auffassung vom Wesen der negligence ab. Sei man der Meinung, daß die Nachlässigkeit ein relativer Begriff sei, die Verletzung der einer bestimmten Person oder bestimmten Personen geschuldeten Sorgfaltspflicht, so sei die Haftung zu verneinen. Sähe man dagegen in der Nachlässigkeit ein an sich gefährliches Verhalten, die Verletzung einer dem Publikum ganz allgemein geschuldeten Sorgfaltspflicht, so habe die Gesellschaft für die Folgen der Verletzung dieser allgemeinen Sorgfaltspflicht durch ihren Angestellten einzustehen, ganz gleichgültig, ob der Verletzte noch dem Personenkreis angehöre, der bei Berücksichtigung der erkennbaren Umstände noch als gefährdet anzusehen sei oder nicht. Nach Ansicht der Minorität ist diese letztere Alternative richtig und der Schadensersatzklage daher stattzugeben [1]).

---

[1]) „But we are told that „there is no negligence unless there is in the particular case a legal duty to take care, and this duty must be one which is owed to the plaintiff himself and not merely to others.“ Salmond Torts (6 th. ed.) 24. „This I think too narrow a conception. Where there is the unreasonable act, and some right that may be affected there is negligence whether damage does or does not result. That is immaterial. Should we drive down Broadway at a reckless speed, we are negligent whether we strike an approaching car or miss it by an inch. The act itself is wrongful. It is a wrong not only to those who happen to be within the radius of danger, but to all who might have been there — a wrong to the public at large...,

Every one owes to the world at large the duty of refraining from those acts that may unreasonably threaten the safety of others. Such

Es könne sich nur fragen, ob zwischen Handlung und Erfolg der Kausalzusammenhang fehle und deshalb die Klage abzuweisen sei. Aber auch der Kausalzusammenhang sei zu bejahen, da die Handlung eine proximate cause für den Schaden sei [1]).

Die Majorität dagegen wies die Klage wohl zu Recht ab. Die Begründung gab der berühmte Chief Justice Cardozo: Das Verhalten des Eisenbahnangestellten sei zwar möglicherweise

---

an act occurs. Not only is he wronged to whom harm might reasonably be expected to result, but he also who is in fact injured, even if he be outside what would generally be thought the danger zone. There needs be duty due to a particular individual because as to him harm might be expected. Harm to someone, being the natural result of the act not only that one alone, but all those in fact injured may complain."

[1]) Das Kausalitätsproblem und seine Behandlung im angelsächsischen Recht kann an dieser Stelle nur skizzenhaft behandelt werden, seine eingehende Behandlung muß vielmehr einer zweiten Arbeit vorbehalten bleiben. Hier soll zum Verständnis der Urteilsbegründung nur Folgendes kurz bemerkt werden:

Die vom Tatbestandsmerkmal der negligence nunmehr (siehe oben 29) unterschiedene (vgl. § 165 des Draft; Green, Negligence and Proximate Cause (1922) Texas Law Rev. 1, 252; Smith, Legal Cause in Actions of Tort; Harvard Law Rev. 25, 228 ff., Mahoney v. Beatmann (1929) 147 Atl. 762) Voraussetzung eines Delikts; der Kausalzusammenhang ist nach der wohl herrschenden Ansicht dann gegeben, wenn die Handlung als proximate cause für den Erfolg anzusehen ist und umgekehrt dann nicht, wenn die Handlung nur als remote cause anzusehen ist (Heymann 338; siehe auch S. 175); aber über die Bedeutung dieser Regel besteht, wie zu erwarten ist, keinesfalls Einigkeit. Seitdem nach der Trennung des Tatbestandsmerkmals der Kausalität von dem der Negligence die natural and probable rule an Anhang verloren hat, gewinnt die Bedingungstheorie immer mehr an Herrschaft (vgl. Palsgraf v. Long Island Ry. Co., unten S. 123), jedoch werden von den Gerichten entweder mittels des sogenannten remoteness test insbesondere räumlich oder zeitlich entfernt liegende Folgen als nicht mehr verursacht ausgeschlossen oder der Unterbrechung des Kausalzusammenhanges in mannigfacher Ausgestaltung Rechnung getragen. Nunmehr dürfte infolge Mahoney v. Beatman die Bedingungstheorie in der ihr durch Smith gegebenen Form als substantial factor Theorie zur Herrschaft gelangen, von der Chief Justice Wheeler annimmt, daß die jury am ehesten mit ihr arbeiten könne. Zum Kausalitätsproblem vgl. noch Beale, The Proximate Consequences of an Act (1920) Harvard Law Rev. 33, 633; Green, Rationale of Proximate Cause; ders. Are there dependable Rules of Causation 1928, Pennsylvania Law Rev. 77, 601 ff.; Bohlen, Probable of Natural Consequences as the Test of Liability in Negligence (1901) Pennsylvania Law Rev. 49, 79 ff. = Studies 1 ff.; zu Mahoney v. Beatman vgl. Yale Law Journal 39, 542, Pennsylvania Law Rev. 78, 673, Michigan Law Rev. 28, 609; und nunmehr Rheinstein 158.

nachlässig gegenüber dem Eigentümer des Pakets gewesen, nicht aber gegenüber der verletzten Klägerin, und darauf komme es an. Aus der Verletzung einer Sorgfaltspflicht gegenüber dem Inhaber des Paketes könne die Klägerin keine Rechte herleiten. Ihr gegenüber müsse eine Sorgfaltspflicht verletzt sein. Ob dies zutreffe, bestimme die mit der Handlung unter Berücksichtigung der dem Täter bekannten oder erkennbaren Umstände vernünftigerweise verbundene Gefahr. Hier aber sei in keiner Weise voraussehbar gewesen, daß ein Fallen des harmlos aussehenden Paketes Personen, die so entfernt wie die Klägerin standen, Schaden zufügen würde. Da also der Klägerin gegenüber eine Sorgfaltspflicht nicht verletzt sei, könne dahingestellt bleiben, ob der Schaden als zu entfernt und daher als nicht ersatzberechtigend anzusehen sei [1]).

Welche Rechtssätze lassen sich nun aus dem Urteil Cardozos, das in dem Kommentar zum Draft ausdrücklich gebilligt wird, herleiten? Die eine Haftung bejahende Gerichtsminorität vertritt die Auffassung, daß es ein an sich nachlässiges Ver-

---

1) „The conduct of the defendant's guard, if a wrong in its relation to the holder of the package, was not a wrong in its relation to the plaintiff, standing far away. Relatively to her it was no negligence at all. Nothing in the situation gave notice that the falling package had in it the potency of peril to persons thus removed. Negligence is not actionable unless it involves the invasion of a legally protected interest, the violation oif a right. „Proof of negligence in the air, so to speak, will not do." Pollock, Torts (11th Ed.) p. 455.

The plaintiff as she stood upon the platform of the station, might claim to be protected against intentional invasion of her bodily security. Such invasion is not charged. She might claim to be protected against unintentional invasion by conduct involving in the thought of reasonable men an unreasonable hazard that such invasion would ensue. These, from the point of view of the law, where the bounds of her immunity, with perhaps some rare exceptions, survivals for the most part of ancient forms of liability, where conduct is held to be at the peril of the actor. Sullivan v. Dunham, 161 N.Y. 290, 55 N.E. 923, 47 L.R.A. 715, 76 Am. St. Rep. 274. If no hazard was apparent to the eye of ordinary vigilance, an act innocent and harmless, at least to outward seeming, with reference to her, did not take to itself the quality of a tort because it happened to be a wrong, though apparently not one involving the risk of bodily insecurity, with reference to some one else. „In every instance, before negligence can be predicated of a given act, back of the act must be sought and found a duty to the individual complaining the observance of which would have averted or avoided the injury. McSherry, C. L. in West Virginia Central & P. R. Co. v. State, 96 Md. 652, 666, 54 Atl. 669, 671 (61 L.R.A. 574)."

halten, die Verletzung einer der Allgemeinheit geschuldeten Sorgfaltspflicht gibt und leitet daraus her, daß der Nachlässige für alle Folgen aus dieser Verletzung, sofern noch der Kausalzusammenhang zu bejahen ist, hafte, also auch für die Folgen, die gar nicht voraussehbar gewesen sind. Sie lehnt das Erfordernis einer dem Verletzten geschuldeten Sorgfaltspflicht ab.

Die Majorität hingegen verlangt in jedem Falle der Nachlässigkeit, daß dem Verletzten gegenüber eine Sorgfaltspflicht verletzt sei, sagt aber dann, daß, ob eine solche Sorgfaltspflicht verletzt sei, sich nach der mit der Handlung des Täters unter Berücksichtigung der ihm bekannten oder erkennbaren Umstände vernünftigerweise verbundenen Gefahr richte. Das heißt: dem Täter müssen die Tatumstände, welche die Möglichkeit eines rechtswidrigen Erfolges mit sich brachten, bekannt oder wenigstens erkennbar gewesen sein. „Negligence is the absence of due care according to the circumstances."

Weiter spricht das Urteil implicite aus, es bestehe eine Sorgfaltspflicht, sein Handeln danach einzurichten, daß bei Berücksichtigung der vom Täter überschaubaren Einzelsituation ein rechtswidriger Erfolg nicht zu befürchten ist. Wenn nun das Urteil verlangt, daß dem Verletzten gegenüber eine Sorgfaltspflicht bestanden haben müsse, so bedeutet das, daß der Verletzte zu dem durch die Handlung gefährdeten Personenkreis gehört haben muß. Es ist also nicht mit der Feststellung getan, daß eine „abstrakte Diligenzpflicht" [1]), eine allgemeine Sorgfaltspflicht bestanden hat, die vom Täter verletzt wurde, sondern es muß untersucht werden, ob der Täter die aus der konkreten Gefahrsituation sich ergebende Sorgfaltspflicht verletzt hat. „Proof of negligence in the air so to speak will not do" (Pollock 445). Hat aber der Verletzte zu dem gefährdeten Personenkreis gehört, so ist auch ihm gegenüber die duty to take care verletzt (so auch Bohlen, Studies 67).

Nun liegt die Frage nahe, warum das Gericht seine wohl richtige Entscheidung — auch wir hätten wohl die Deliktsklage abgewiesen [2]) — nicht einfach darauf gegründet hat, daß der Schaden nicht voraussehbar gewesen sei, eine Begründung, die dem deutschen Juristen besonders nahegelegen hätte (Oertmann

---

[1]) Graf zu Dohna, Z. St. W. 32, 337.

[2]) Abweichend vom deutschen Recht (Reichshaftpflichtgesetz vom 7. Juni 1871, § 1) besteht im angelsächsischen Recht keine Gefährdungshaftung der Eisenbahn für Personenschaden (unten S. 135).

§ 276). Das Gericht hat wohl diesen Weg deshalb nicht für gangbar gehalten, weil, wie es selbst als obiter dictum ausgesprochen hat, sich der Umfang der Ersatzpflicht für nachlässiges Verhalten nicht auf die voraussehbaren Folgen beschränkt (darüber unter 4.).

In dem Urteil wird also derselbe Streit ausgetragen, der auch die deutsche Doktrin beschäftigt hat. Und ebenso wie das Urteil ist die herrschende Meinung zu dem Ergebnis gelangt, daß die Vorsichtsgebote, welche dem Fahrlässigkeitsurteil zugrunde liegen, nicht aus einer abstrakten Sorgfaltspflicht hergeleitet werden können, sondern aus den zahlreichen, aus den einzelnen Situationen sich ergebenden besonderen Sorgfaltspflichten (Goldschmidt, Der Notstand ein Schuldproblem, Sonderabdruck 29; v. Liszt-Schmidt, Lehrbuch des Strafrechts § 41 bei Note 9)[1]).

In den Draft ist die Lehre Cardozos übernommen worden, daß es keine abstrakte Diligenzpflicht gibt, sondern daß in jedem Falle von Nachlässigkeit eine besondere, aus der einzelnen Gefahrsituation sich ergebende Sorgfaltspflicht verletzt wird. Dies wurde aber nicht durch das Erfordernis einer dem Verletzten geschuldeten Sorgfaltspflicht zum Ausdruck gebracht. Statt dessen bestimmt § 165 b des Draft, daß eine Klage wegen Nachlässigkeit die Nachlässigkeit des Täters in Bezug auf das verletzte oder ein diesem gleichwertiges Rechtsgut voraussetze[2]).

b) Zum Beleg für das Erfordernis einer dem Verletzten geschuldeten Sorgfaltspflicht behauptet Salmond, daß im allgemeinen eine Pflicht, sorgfältig auf die Richtigkeit seiner Behauptungen zu achten, nicht bestehe, vielmehr nur ein Verbot, einen andern wissentlich zu betrügen. Der Wortlaut von Salmonds Äußerung ist so umfassend, daß danach keine Schädigung durch unachtsame Äußerungen einen Ersatzanspruch begründen würde. Richtig ist indes Salmonds Satz nur für den Fall einer Vermögensschädigung, weil das Vermögen als solches bekanntlich nicht gegen nachlässige Verletzungen geschützt ist. Hatte dagegen eine unachtsame Äußerung die Ver-

---

[1]) Dieses Problem wird uns im dogmatischen Teil der Arbeit noch näher beschäftigen, siehe unten S. 158.

Die soeben erschienene 26. Auflage des Lehrbuchs von v. Liszt-Schmidt konnte nur noch an einzelnen (kenntlich gemachten) Stellen berücksichtigt werden.

[2]) Über diese Bestimmung noch unten S. 121 ff.

letzung eines geschützten Rechtsguts zur Folge, so besteht eine Ersatzpflicht, wie Salmond an anderer Stelle (574) für dagerous property selbst annimmt. Man denke z. B. an den Fall, daß jemand einem andern ein geladenes Gewehr überläßt und aus Nachlässigkeit behauptet, es sei nicht geladen, und daß dadurch der andre zu Schaden kommt[1]).

Worauf Salmond mit seinem Beispiel also mit Recht hinweist, das ist die Tatsache, daß dem anglo-amerikanischen Recht ein allgemeiner, alle schuldhaften Schädigungen anderer umfassender Deliktsbegriff ebenso wie dem deutschen Recht (Oertmann Vorbem. zu § 823 2, Enneccerus-Lehmann § 236 V) fremd ist. Die Ersatzpflicht ist wie im deutschen Recht an die Verletzung bestimmter Rechtsgüter, zu denen das Vermögen als solches nicht gehört[2]), geknüpft. Beim Fehlen eines geschützten Rechtsguts fehlt es nun vom Standpunkt der deutschen Systematik aus nicht nur an der Fahrlässigkeit, sondern auch an der Rechtswidrigkeit, und zwar nur deshalb an der Fahrlässigkeit, weil sie sich auf einen rechtswidrigen Erfolg beziehen muß. Richtig sagt aber auch Cardozo in dem Palsgraf-Urteil und ebenso auch § 165 a des Draft „negligence ist not actionable unless it involves invasion of legal protected interest or the violation of a right."

c) Das von Salmond gebrachte Beispiel, daß der Grundstücksbesitzer verpflichtet sei, diejenigen, die sein Grundstück zu Recht betreten, auf heimliche Gefahren aufmerksam zu machen, dagegen eine solche Sorgfaltspflicht dem trespasser nicht schulde, führt in das Gebiet der Unterlassungsdelikte. Hier ist die Betonung einer Sorgfaltspflicht als notwendiger

---

[1]) Auch für das deutsche Recht wird von Enneccerus-Lehmann § 161 II 3 in Auslegung von § 676 hervorgehoben, daß außerhalb eines bestehenden Vertragsverhältnisses ein Rat, eine Empfehlung oder eine Auskunft nur dann eine deliktische Ersatzpflicht begründet, wenn der Rat mit schädigendem Vorsatz erteilt sei oder ein strafrechtlicher Betrug vorliege. Dies dürfte ebensowenig richtig sein wie die Ansicht von Salmond. Wird durch die fahrlässige Auskunftserteilung ein nach § 823 geschütztes Rechtsgut verletzt, so ist auch nach deutschem Recht — natürlich in den Grenzen von § 254 — die Haftung zu bejahen, denn § 676 läßt die deliktische Haftung unberührt (so auch Oertmann § 676, 1 bβ).

[2]) Für das deutsche Recht vgl. RGZ. 51, 92; 58, 28; 65, 28; 65, 213; Gruchots Beitr. 50, 965; Recht 1906, 505; 1907, 1259; 1909, 2483; Seuff. A. 57 Nr. 186; OLG. 8, 17; 12, 110 abweichend nur Eltzbacher, Rechtswirksames Verhalten 330 ff. und Langheineken, Anspruch und Klagerecht, 156 ff.

Haftungsvoraussetzung von ganz besonderer Bedeutung [1]). Wenn in diesen Fällen von den angelsächsischen Gerichten stets das Bestehen einer duty to take care geprüft wird, so bedeutet dies, daß eine Pflicht zu handeln vorliegen muß. Richtig verlangt denn auch § 169, 6 des Draft bei Unterlassungen als Voraussetzung der Ersatzpflicht die Voraussetzung einer Pflicht zu handeln.

Es fehlt also, um die deutsche Terminologie zu gebrauchen, in den Fällen, in denen eine Handlungspflicht nicht besteht, nicht nur am Verschulden, vielmehr schon an der Rechtswidrigkeit (Enneccerus-Lehmann § 228, II). Erst wenn eine Handlungspflicht bejaht wird, wird die Frage, ob das Nichthandeln als nachlässig zu bezeichnen ist, vom Standpunkt des deutschen Rechts bedeutsam. Das Erfordernis der duty to take care hat nun in diesem Zusammenhang eine ungleich größere Wichtigkeit als im deutschen Recht. Denn in dem viel individualistischeren angelsächsischen Recht ist der Grundsatz, daß jedermann sich selbst zu schützen habe [2]), viel stärker entwickelt. Die Pflicht zu positivem Handeln, die „affirmative obligation", ist anders als die Pflicht, sein positives Handeln danach einzurichten, daß andere nicht verletzt werden, nicht sehr stark ausgebildet. Einige Beispiele aus dem Vertrags- und Deliktsrecht mögen dies verdeutlichen.

aa) Auch bei uns wird hervorgehoben, daß fahrlässige Unterlassungen nur dann rechtswidrig sind, wenn eine Pflicht zum Handeln besteht, sei es eine spezielle Fürsorgepflicht, sei es eine nach der Verkehrsanschauung anzunehmende Pflicht, gewisse Lebensverhältnisse so zu regeln, daß Gefahren für andere tunlichst vermieden werden.

So wird in der Rechtsprechung in ständiger Übung anerkannt, daß, wer Grundstücke oder andere Sachen dem Verkehr eröffnet, verpflichtet ist, sie in gefahrlosem Zustand zu erhalten (RGZ. 54, 56 mit vielen Nachweisen; RGZ. 62, 33; Enneccerus, Recht der Schuldverhältnisse 727). Diese Sorgfaltspflicht besteht auch gegenüber dem Publikum, das sich ohne vertragliche Beziehung aber befugt auf dem Grundstück befindet (RG. Warn. 10 Nr. 440, Warn. 11 N. 27). Im nordamerikanischen und besonders im englischen Recht ist dagegen die aus einer Verkehrseröffnung folgende Pflicht, für die Sicherheit des Ver-

[1]) Bohlen, Basis of Affirmative Obligations, Studies 49 ff., I.

[2]) Bohlen, Voluntary Assumption of Risks, Harvard Law Rev. 20, 14 ff. = Harvard Essays 497; Bohlen, Studies 67 ff.

kehrs zu sorgen, schwächer ausgebildet. So ist die Sorgfaltspflicht, die der Grundstücksbesitzer demjenigen, der das Grundstück betritt, schuldet, in interessanter Weise abgestuft: wohl im Anschluß an die berühmte englische Entscheidung Indermaur v. Dames (1866)[1]) L.R. 1 C.P. 274, 311 wird allgemein, so auch vom Draft § 203 ff., unterschieden zwischen solchen Personen, an deren Besuch der Besitzer ein wirtschaftliches Interesse hat, oder wie § 202 des Draft festlegt, deren Eintritt oder Verbleiben erfolgt „for a purpose directly or indirectly connected with business dealings with them" (invitees, business visitor, licencees with an interest) wie dem Theaterbesucher, dem Kunden eines Kaufmanns (Hayward v. Drury Lane Theatre [1917] 2 K.B. 899; Suldiffe v. Clients Investment Co. [1924] 2 K.B. 746), weiter solchen Personen, die zwar mit Erlaubnis des Grundstücksbesitzers das Grundstück betreten, mit deren Besuch aber kein wirtschaftliches Interesse für den Besitzer verbunden ist (licensee, gratuitous licensee), deren Besuch nicht mit einem business dealing zusammenhängt, wie dem Gast eines Privathauses und endlich unbefugten Eindringlingen (trespasser).

Am stärksten ausgebildet ist die Sorgfaltspflicht naturgemäß gegenüber dem invitee (Fairman v. Perpetual Investment Building Society [1923] A.C. 74). Für das englische Recht läßt sich die Frage jedoch, welche Sorgfaltspflicht gegenüber dem invitee besteht, nicht sicher beantworten. Nach einer Entscheidung ist der occupier verpflichtet, das Grundstück in ungefährlichem Zustand zu erhalten (Norman Western Ry. [1915] 1 K.B. 584); nach einer anderen Entscheidung besteht nur eine Warnungspflicht für bekannte oder erkennbare Gefahren (Brakley v. Midland Ry [1916] 85 L.J.K.B. 1596). Nach § 213 des Draft haftet der occupier für einen dem invitee (business visitor) durch die mangelhafte Beschaffenheit des Grundstücks erwachsenen körperlichen Schaden nur, wenn er die gefährliche Beschaffenheit des Grundstücks kannte oder bei Aufwendung gehöriger Sorgfalt hätte erkennen müssen, auch keinen Anlaß zur Annahme hatte, daß dem Besucher die Gefährlichkeit des Grundstücks bekannt war und wenn er für die Ungefährlichkeit des

---

[1]) Vgl. auch den Bericht über die englische Rechtsprechung im Jahre 1928 in der Zeitschrift für ausl. und internat. Privatrecht 4, 336, und nunmehr Riezler, Haftung für Sachen nach englischem und französichem Recht, Rabels Z. 5, 618 ff.

Grundstücks nicht gesorgt oder es unterlassen hat, den Besucher zu warnen.

Die Ersatzpflicht gegenüber dem licensee setzt auf seiten des occupier die Kenntnis der Gefährlichkeit des Grundstücks voraus. Die Erkennbarkeit der Gefährlichkeit genügt also nicht (§ 212). Dieser schwächere Schutz des gratuitous licensee wird damit gerechtfertigt, daß die Erlaubnis, das Grundstück ohne Gegenleistung zu betreten, als Schenkung angesehen wird und für Schenkungen der Satz gilt: „a giver is not liable for the insecurity of the thing, unless he knew of its evil character and omitted to warn the donee. Some wrongful act must be shown or some breach of a positive duty. Every man is bound not wilfully to deceive others nor do any act which may place them in danger" (Willes J. in Gantret v. Egerton [1867] 2 C.P. 371).

Was endlich den Schutz des unbefugten Eindringlings (trespasser) anlangt, so besteht grundsätzlich keine Ersatzpflicht (§ 203 des Draft). So kann ein Bettler, der von einem Hund gebissen wird, keinen Ersatz verlangen, auch wenn keine Warnungstafel auf die Bissigkeit des Hundes aufmerksam machte (Sarch v. Blackburne [1830] 4 C. & P. 297; Marley v. Grove [1882] 46 J.P. 360; Great Central Ry Co. v. Bates [1921] 3 K.B. 578).

Nach dem Draft wird nun dieser Grundsatz durch eine Reihe von Ausnahmen durchbrochen, von denen die interessanteste hier wiedergegeben werden soll: Ist dem Grundstücksbesitzer z. B. bekannt oder infolge Nachlässigkeit unbekannt, daß fremde Personen unerlaubt ständig sein Grundstück betreten, so ist er verpflichtet, einen Betrieb auf seinem Grundstück, der mit Lebensgefahr oder schwerer körperlicher Schädigung für den trespasser verbunden ist, so einzurichten, daß die Sicherheit der trespasser gewährleistet ist (§ 204). So haftet nach dem gegebenen Beispiel eine Eisenbahngesellschaft, der bekannt ist, daß Arbeiter einer Fabrik den Gleiskörper zur Abkürzung ihres Heimweges an einer bestimmten Stelle überschreiten, wenn an einem dunklen Winterabend eine unbeleuchtete Lokomotive der Gesellschaft, ohne Signal zu geben, die von den Arbeitern benutzte Stelle durchfährt und einen Arbeiter tötet.

Ebenso haftet nach § 205 der Grundstücksbesitzer für eine von ihm geschaffene oder unterhaltene künstliche Anlage, die, wie er weiß, geeignet ist, den Tod oder eine schwere körperliche Schädigung eines trespasser, von dessen Eindringen er weiß oder wissen mußte, herbeizuführen, sofern er Grund zu der Annahme hat, daß der Trespasser die Anlage nicht entdeckt und er es unterläßt, den trespasser auf die Gefährlichkeit der Anlage aufmerksam zu machen.

Noch stärker ist von dem Draft, wie sich aus § 209 ergibt, die Sorgfaltspflicht gegenüber Kindern im Anschluß an, ja über das Urteil des United States Supreme Court in Sachen Sioux City & Pacific R.R. Co. v. Stout (1837) 17 Wall. 657 hinaus ausgebaut. Nach dieser wiederholt allerdings heftig angegriffenen Entscheidung bestand eine Haftung für die Beschaffenheit des Grundstücks nur, wenn der Grundstücksbesitzer wissen mußte, daß die Kinder durch eine zum Spielen geeignete Anlage (turntable, Drehscheibe) angelockt wurden. Nunmehr ist es nach § 209 ausreichend, daß der Grundstücksbesitzer wissen mußte, daß Kinder wahrscheinlich sein Grundstück betreten und daß die auf dem Grundstück gehaltene Anlage für Kinder wegen ihrer Unerfahrenheit wahrscheinlich gefährlich ist.

Nach einer englischen Entscheidung Jenkins von Great Western R. Co. (1912 1 K.B. 525) werden Kinder, die unter stillschweigender Duldung des occupier das Grundstück betreten, nicht als trespasser angesehen, vielmehr als licensees (Cook v. Midland Great Western Railway of Ireland [1909] A.C. 229).

bb) Die bisher behandelte abgeschwächte Sorgfaltspflicht des occupier im angelsächsischen Recht hatte bis vor nicht allzu langer Zeit ihr Gegenstück in der geringen Sorgfaltspflicht des master gegenüber dem servant. Das zeigt die ältere Rechtsprechung über die Sorgfaltspflicht des Arbeitgebers auch nach Erlaß der ersten Unfallhaftpflichtgesetze (Employers' Liability Acts, Workmen's Compensation Acts). Ein berühmtes Beispiel hierfür ist das Urteil von Lord Justice Bowen Thomas v. Quartermaine [1]) (1887) 18 Q.B.D. 685, welches das englische Unfallhaftpflichtgesetz von 1880 zum Gegenstand hat. Der Kläger war in der Fabrik des Beklagten in einen ungeschützten Kessel gefallen und hatte sich verbrüht. Er verlangte von dem Beklagten Schadenersatz, weil dieser seine Sorgfaltspflicht verletzt habe,

---

[1]) Vgl. Bohlen, Voluntary Assumption of Risk (1906) Harvard Law Rev. 20, 14; 75 = Harvard Essays 497, 522 = Studies 443, 473 ff.; Beven, Volenti non fit iniuria in the Light of Recent Labor Legislation, Journal of the Society of Comparative Legislation N.S. 8. 185 ff.; Pollock 172; Salmond, 60 N.X.; siehe über das Urteil auch oben S. 75.

indem er keine Sicherheitsvorrichtungen getroffen habe. Die Klage des Arbeiters wurde unter Berufung auf Indermaur v. Dames [1]) abgewiesen, da nach common law der Besitzer eines Grundstücks, also auch der Fabrikherr nicht schlechtweg verpflichtet sei, für die Ungefährlichkeit des Grundstücks zu sorgen. Vielmehr erschöpfe sich die Pflicht des Arbeitgebers darin, den Arbeitnehmer auf verborgene Gefahren aufmerksam zu machen, genau so wie sich hierin die Pflicht eines Grundstückbesitzers gegenüber dem licensee erschöpfe. An diesem Rechtszustand werde auch durch das Haftpflichtgesetz nichts geändert, da dieses „merely gives the servant in regard to those matters to which it relates the same rights as if he were not a workman, and cannot, save by a violent distention of its terms, be strained into an enactment that the workman shall have the same rights as if he were a workman, and other rights in addition".

Andere Urteile haben, um zu einer Einschränkung der Unfallhaftpflichtgesetze zu kommen, einen vertraglichen Ausschluß [2]) der Haftung für bekannte Gefahren angenommen, indem sie die alte Maxime volenti non fit iniuria anriefen (Pollock 171) [3]). Doch ist in England seit der Entscheidung Yarmouth v. France (19 Q.B.D. 647,1887) und Smith v. Baker (1891) A.C. 325 anerkannt, daß, sofern es sich nicht um offensichtliche und mit der Arbeit notwendig verbundene Gefahren handelt, es eine von der Jury zu beantwortende Tatfrage ist, ob bei Kenntnis der Gefahr eine Übernahme des Risikos nicht zu sehen ist (Bohlen Studies 488, Pollock 171). Die amerikanische Rechtsprechung hat unter der Führung der Gerichte von Massachusitts seit dem Urteil O'Maley v. South Boston Gas Light Co. einen dem Arbeitnehmer erheblich ungünstigeren Standpunkt angenommen, insbesondere entschieden, daß in der Fortsetzung

---

[1]) Oben S. 85.

[2]) Der Anwendungsbereich des vertraglichen Ausschlusses der Haftung im anglo-amerikanischen Rechtskreis ist sehr zweifelhaft. So schließt nach der Rechtsprechung zahlreicher amerikanischer Staaten die Einwilligung des Verletzten eine vorsätzliche Körperverletzung nicht aus, wenn die Verletzung gleichzeitig ein breach of the peace ist (Bohlen, Consent as Affecting Civil Liability For Breaches of the Peace (1924) Columbia Law Rev. 24, 819 = Studies 577). Eine ähnliche Ansicht wird von Pollock 164 ff. vertreten, der dies aber nur als die better opinion bezeichnet.

[3]) Über einen weiteren Anwendungsfall der Maxime siehe unten S. 180.

der Arbeit trotz Kenntnis ihrer Gefährlichkeit eine Übernahme des Risikos liegt[1]).

Diese Verschiedenheit der Rechtsprechung, die übrigens durch die neueren Haftpflichtgesetze obsolet geworden ist, dürfte sich, wie Bohlen, Studies 499, bemerkt, wohl hauptsächlich aus den Verschiedenheiten des Arbeitsmarktes erklären. Während in England schon in den Neunziger-Jahren es dem Arbeiter nicht zuzumuten war, seine gefährliche Stelle aufzugeben, da es für ihn nur sehr schwierig war, eine neue Stelle zu erwerben, lagen die Arbeitsverhältnisse in den Vereinigten Staaten sehr viel günstiger. Hier war es dem Arbeiter in der damaligen Zeit ohne weiteres möglich, seine gefährliche Arbeitsstelle mit einer neuen ungefährlichen zu vertauschen.

d) Endlich scheidet Salmond das Problem der Rechtswidrigkeit und das Problem der Nachlässigkeit nicht bei der Untersuchung der Frage, ob aus einer Vertragsverletzung ein nicht am Vertrag beteiligter Dritter deliktische Ersatzansprüche stellen kann. Auch hier kommt es nach Salmond darauf an, ob nicht nur dem Vertragsgegner, sondern auch dem geschädigten Dritten gegenüber eine duty to take care bestand. Das ist gewiß richtig. Aber auch hier verbergen sich unter dem Erfordernis der dem Kläger geschuldeten Sorgfaltspflicht zwei Erfordernisse, die vom Standpunkt der Systematik des deutschen Rechts voneinander zu trennen sind: Die Frage, ob ein am Vertrag nicht beteiligter Dritter beim Vorliegen einer Vertragsverletzung deliktische Ansprüche hat, hängt nämlich — das wird auch von der neueren nordamerikanischen Rechtsprechung deutlich erkannt (Hanson v. Blackwell Motor Co. 255 Pac. 933, 1927, und schon lange Zeit vorher Baron Parke in Longmeid v. Holliday, 6 Exch. 761, 1851) — davon ab, ab unabhängig von der vertraglichen Sorgfaltspflicht eine außervertragliche, allgemeine Sorgfaltspflicht, general duty to take care, bestand (das ist für uns eine Frage der Rechtswidrigkeit). Wenn dies bejaht wird, hängt die Ersatzpflicht des Beklagten dem Dritten gegenüber weiter davon ab, ob der Beklagte nicht nur seinem Vertragsgegner, sondern auch dem verletzten Dritten gegenüber nachlässig gehandelt hat. Das hängt davon ab, ob nicht nur eine Schädigung des Vertragsgegners, sondern auch des Dritten voraussehbar war.

Von diesen Gesichtspunkten läßt sich, wie wir sogleich sehen werden, wenigstens die neuere amerikanische Praxis lei-

[1]) Nachweise bei Bohlen, Studies 488 ff.

ten, und zwar ist sie dazu gekommen, anzunehmen, daß eine positive vertragswidrige Handlung eine unerlaubte Handlung ist, also eine general duty to take care verletzt, wenn sie geschützte Rechtsgüter Dritter verletzt und die eingetretene Schädigung eines Dritten voraussehbar war.

Fällt dem Täter dagegen nicht eine positive Handlung, vielmehr nur eine Unterlassung zur Last, so wird besonders sorgfältig geprüft, ob eine Handlungspflicht nicht nur dem Vertragsgegner, sondern auch dem Verletzten gegenüber bestand, und erst dann wird untersucht, ob die Unterlassung der Handlung nachlässig geschah. Auch hier ist eine ständige Erweiterung der allgemeinen Sorgfaltspflicht festzustellen [1]).

Die englische Rechtsprechung hat zum mindesten die Tendenz nach derselben Richtung [2]).

Dies ist nunmehr aus der Rechtsprechung zu belegen:

Sicher hat lange Zeit die Tendenz bestanden, die sich am besten mit den Worten Pollocks 570 wiedergeben läßt, „that facts which constitute a contract cannot have any other legal effect". Als klassisches Beispiel hiefür gilt allgemein die englische Entscheidung Winterbottom v. Wright (1842) 10 M. & W. 109 [3]). Die beklagte Firma hatte sich gegenüber dem Generalpostmeister verpflichtet, für eine bestimmte Straße die Postkutschen zu liefern. Es war ausdrücklich vereinbart, daß die Postkutschen in einem der Sicherheit des Verkehrs entsprechenden Zustand zu liefern und von der Beklagten zu erhalten seien. Andere Unternehmer, die ihrerseits sich dem Generalpostmeister zur Stellung der Postpferde verpflichtet hatten, hatten den Kläger als Kutscher angestellt. Der Kläger kam durch die mangelhafte Beschaffenheit der Postkutschen zu Schaden, der nach seiner Behauptung der Firma zur Last fiel, da sie der ihr obliegenden Pflicht, die Postkutschen „in good repair" zu halten, aus Nachlässigkeit nicht nachgekommen sei. Die Klage wurde abgewiesen. Lord Abinger begründete das Urteil wie folgt: „This is an action of the first impression, and it has been brought in spite of the precautions which were taken in the

---

[1]) Vgl. die kurze Note in Harvard Law Rev. 45, 164.

[2]) Siehe Riezler, Haftung für Schädigung durch Sachen nach französischem und englischem Recht, Rabels Z. 5, 615 ff.

[3]) Dazu vor allem Bohlen Studies 76 ff., vgl. auch Pollock 536, 570, 571; Salmond 482, und nunmehr auch Winfield, Province of The Law of Torts 75 ff.

judgment of this Court in the case of Levy v. Langridge [1]), to obviate any notion that such an action (114) could be maintained. We ought not to attempt to extend the principle of that decision, which, although it has been cited in support of this action, wholly fails as an authority in its favour; for there the gun was bought for the use of the son, the plaintiff in that action, who could not make the bargain himself, but was really and substantially the party contracting. Here the action is brought simply because the defendant was a contractor with a third person; and it is contented that there-upon he became liable to everybody who might use the carriage. If there had been any ground for such an action there certainly would have been some precedent of it; but with the exception of actions against innkeepers, and some few other persons, no case of a similar nature has occurred in practice. That is a strong circumstance, and is of itself a great authority against its maintenance. It is however contented, that this contract being made on the behalf of the public by the Postmaster-General, no action could be maintained against him, and therefore the plaintiff must have a remedy against the defendant. But that is by no means a necessary consequence — he may be remediless altogether. There is no privity of contract between these parties; and if the plaintiff can sue, every passenger, or even any person passing along the road, who was injured by the upsetting of the coach, might bring a similar action. Unless we confine the operation of such contracts as this to the parties who entered into them, the most absurd and outrageous consequences, to wich I can see no limit, would ensue." Lord Abinger weist aber darauf hin, daß anders zu entscheiden wäre, wenn die Vertragsverletzung den Tatbestand einer public nuisance erfüllt hätte [2]).

[1]) (1839) 2 M. & W. 519: In diesem Falle hatte der Beklagte dem Vater des Klägers eine Flinte, die für den Kläger bestimmt war, unter der arglistigen Vorspiegelung verkauft, sie sei von guter Konstruktion und „safe to use". Der Kläger wurde durch die Explosion der Flinte verletzt und seiner Ersatzklage wurde stattgegeben. Nach der Ansicht von Pollock deshalb, weil mit Zustimmung des Beklagten der Vater des Klägers dem Kläger die Zusicherung weitergab und der Kläger im Vertrauen auf die arglistige Zusicherung den Schaden erlitt. Bejaht wurde also nach der Ansicht von Pollock (ebenso Salmond 483) ein Anspruch des Klägers aus deceit. Nach Ansicht von Lord Abinger (Winteruottom v. Wright 114) war der Kläger, der die Flinte nicht selbst kaufen konnte, „substantially the party contracting".

[2]) Deren Tatbestand ist z. B. bei der „obstruction of a highway" erfüllt (Salmond 256).

Die Tragweite dieser Entscheidung erschöpft sich nach der von Bohlen, Studies 77 ff.; L.Q.R. 45, 343 N. 1 (ähnlich wohl auch Pollock 571, 536) vertretenen Ansicht darin, daß durch die Besitzübergabe der Postkutschen an den Generalpostmeister die legal duty of repair diesem oblag, und der Beklagte nur im Innenverhältnis dem Generalpostmeister die Erfüllung dieser legal duty abnahm. Bohlen Studies 77 und Pollock 537 weisen mit Recht darauf hin, für die Beurteilung der Entscheidung sei wesentlich, daß vom Kläger nicht geltend gemacht wurde, die Postkutschen seien von der Beklagten schon in mangelhaftem Zustand an den Generalpostmeister abgeliefert worden. Er habe vielmehr seine Klage lediglich auf eine Verletzung der geschuldeten Reparaturpflicht gestützt. Diese zutreffende Auslegung zeigt, daß die Tragweite der Entscheidung auf den Fall beschränkt ist, daß jemand einem anderen seine Sorgfaltspflicht vertraglich abnimmt und vertragswidrig die Erfüllung der Sorgfaltspflicht unterläßt. In diesem Fall hat ein Dritter, der durch die vertragswidrige Unterlassung zu Schaden kommt, nach Winterbottom v. Wright keinen Ersatzanspruch.

Gestützt auf Winterbottom v. Wright haben aber nun die Gerichte häufig die Frage gar nicht geprüft, ob im Fall des Vorliegens einer Vertragsverletzung ein Dritter einen Ersatzanspruch hat, also ob der Beklagte nicht nur der vertraglichen Sorgfaltspflicht nicht nachgekommen war, sondern darüber hinaus der „allgemeinen“ Sorgfaltspflicht. So wurde unter Berufung auf die privity of contract in Earl v. Lubbock (1905) I K.B. 253 die Klage eines Kutschers, der dadurch zu Schaden kam, daß der Beklagte die Reparatur eines dem Arbeitgeber des Klägers gehörigen Möbelwagens so nachlässig ausgeführt hatte, daß ein Rad absprang, als der Kläger auf dem Wagen fuhr, abgewiesen. Weiter haben, gestützt auf Winterbottom v. Wright, früher wiederholt amerikanische Gerichte entschieden, daß der Hersteller von Waren, die infolge nachlässiger Herstellung dem Benützer Schaden zufügten, diesem nicht haftete, sondern nur seinem unmittelbaren Abnehmer (Bohlen, Liability of manufacturers to persons, other than their immediate vendees, L.Q.R. 45, 343, 353 Note 20).

Die soeben ausgesprochene Regel hat jedoch niemals ohne Ausnahme gegolten und gilt heute, was mit Sicherheit für das nordamerikanische Recht behauptet werden kann, nicht mehr, vielmehr gelten die oben an die Spitze gestellten Grundsätze.

Zuerst sollen die Fälle der misfeasance (hierüber unter aa) und dann die Fälle der nonfeasance (hierüber unter bb) berichtet werden.

aa) Misfeasance. Die Anfänge der nunmehr zur Herrschaft gelangten Rechtsprechung reichen weit zurück. Eine der ältesten Entscheidungen ist das Urteil von Coke in Everard v. Hopkins (1688) 2 Bulst. 332. Lord Coke führte aus: wenn ein Herr seinen Knecht ausschickt, um eine Schuld des Herrn zu bezahlen, und unterwegs ein Hufschmied das Pferd des Knechts so beim Beschlagen verletzt, daß die Bezahlung der Schuld nicht rechtzeitig erfolgt, so hat der Knecht gegen den Schmied einen Anspruch wegen Verletzung des Pferdes, und der Herr kann gegen den Schmied den ihm durch die nicht rechtzeitige Zahlung erwachsenen Schaden geltendmachen [1]. Weiter wurde in Pippin v. Sheppard 11 Price 400 (1822) und Gladwell v. Steggall (1830) 5 Bing. N.C. 733 ein Arzt, der einen Patienten falsch behandelt hatte, nicht damit gehört, daß der Patient nicht sein Vertragsgegner gewesen sei [2].

Seit langem wird anerkannt (um zu der modernen Rechtsprechung überzugehen), daß der Hersteller oder Händler von Arzneimitteln, die durch falsche Etikettierung einem Dritten Schaden zufügen, dem geschädigten Dritten hafte [3].

Grundlegend für diese „Ausnahme" ist das New Yorker Urteil Thomas v. Winchester, 6 New York 397 (1852). Hier wurde ein Arzneimittel-Großhändler, der einem Drogisten für einen Arzt zur Behandlung eines Patienten ein falsch etikettiertes Arzneimittel geliefert hatte, dem Patienten für haftbar erklärt. Der Einwand des Beklagten, daß zwischen ihm und dem Verletzten keine vertragliche Beziehung bestanden habe und er

---

[1]) Baron Parke hat in Longmaid v. Holliday das Urteil dahin kommentiert, daß die Handlung des Schmieds für den dem Herrn erwachsenen Schaden „certainly remote" sei, und Bohlen I, 91, weist mit Recht darauf hin, daß der heutige angelsächsische Jurist den Kausalzusammenhang verneinen würde.

[2]) Salmond 482 u versucht diese Entscheidung damit zu erklären, daß außer dem Vertrag zwischen dem Arzt und demjenigen, der ihn bezahlt habe, ein „implied contract of gratuitous service" bestehe; wohl mit Recht wird aber von dem neuen Bearbeiter von Salmonds Werk diese Konstruktion abgelehnt und die Fälle als Fälle einer deliktischen Ersatzpflicht bewertet.

[3]) Bohlen, L.Q.R. 45, 344; Feezer, Tort Liability of Manufacturers and Vendors (1925) Minnesota Law Rev. 10, 1; ders. Capacity to Bear Loss in Tort Cases (1931), Pennsylvania, Law Rev. 78, 805, 811.

infolgedessen dem Verletzten keine Sorgfalt schulde, wurde als unbegründet verworfen, da ein falsch etikettiertes Arzneimittel, das in den Handel kommt, mit großer Wahrscheinlichkeit den Verbraucher und nicht nur den unmittelbaren Abnehmer gefährde.

Seit längerer Zeit spielt in der Rechtsprechung die Frage eine große Rolle, ob der Fabrikant einer Ware, die einen verborgenen, im Fabrikationsgang entstandenen Mangel hat, und damit zu einem „dangerous article“ wird, nicht nur für die Nachlässigkeit im Produktionsprozeß seinem unmittelbaren Abnehmer, sondern auch einem Dritten, der durch den Mangel zu Schaden kommt, deliktisch hafte.

Von der englischen Doktrin wird vielfach auf Grund George v. Skivington angenommen, daß der Fabrikant einer gefährlichen Ware nicht nur seinem unmittelbaren Abnehmer, sondern auch dem Dritten, der zu Schaden kommt, hafte (Pollock 525, 571 und Salmond 486) [1]). In diesem Falle hatte der beklagte Chemikalienhändler nachlässig ein gefährliches Haarwaschmittel hergestellt und an den Ehemann der Klägerin zum Gebrauch für die Klägerin verkauft. Dem Anspruch der Klägerin auf Ersatz des von ihr erlittenen Schadens wurde stattgegeben. Doch ist in England infolge entgegengesetzter Entscheidungen die Rechtslage keineswegs sicher.

In den Vereinigten Staaten hingegen hat sich die Rechtsprechung dafür entschieden, die Haftung des Fabrikanten nicht auf seinen unmittelbaren Abnehmer zu beschränken. Führend ist die New Yorker Rechtsprechung seit den beiden Entscheidungen Statler v. Ray Manufacturing Co. und nunmehr vor allem McPherson v. Buick Motor Co. In der zuerst genannten Entscheidung (88 N.E. 1063, 1909) hatte ein Hotel eine Kaffeemaschine von einem Großhändler erhalten. Durch eine Explosion dieser schlecht konstruierten Maschine wurden mehrere Hotelangestellte, darunter auch der Kläger, verletzt; dessen Schadensersatzklage gegen den Fabrikanten wurde stattgegeben: „The manufacturer of such an appliance could be made liable to third persons on the theory that he knew the purposes

---

[1]) Nunmehr auch die Entscheidung des Supreme Court in Anglo-Celtic Shipping Co. v. Elliott & Jeffrey and Others (1926) 42 T.L.R., 297 und dazu Bohlen L.Q.R. 45, 350 und die Entgegnung von Pollock 421; weiter siehe auch Riezler, Haftung für Schädigung durch Sachen nach französischem und englischem Recht, Rabels Z. 5, 616 ff.

for which it was to be used, that its inherent character was such that when used, it was liable to be dangerous to many people if not carefully and properly constructed.“

In der Klage gegen die Buick Motor-Gesellschaft (111 N.E. 1050, 1916)[1]) hatte die beklagte Automobilfabrik ihrem Autohändler einen Wagen mit einem mangelhaften Rad geliefert und die Brüchigkeit des Rades, das sie von einem anderen Fabrikanten bezogen hatte, nicht entdeckt, weil sie aus Nachlässigkeit den Wagen nicht geprüft hatte. Der Kläger, der den Wagen von dem Autohändler gekauft hatte, war bei einer Fahrt infolge Radbruchs verunglückt und verlangt nun von Buick Schadensersatz. Die Firma Buick verteidigte sich damit, daß sie nur ihrem Autohändler gegenüber eine Sorgfaltspflicht habe, nicht dagegen dessen Abnehmer. Der Klage wurde stattgegeben: Es sei jedem Autofabrikanten bekannt, daß die von ihm an Händler gelieferten Wagen weiter verkauft würden, und daher bestände auch den Abnehmern gegenüber eine Sorgfaltspflicht. Also hafte Buick aus Verletzung dieser Sorgfaltspflicht deliktisch auch dem Käufer, obwohl diesem gegenüber eine vertragliche Beziehung nicht bestanden habe.

Cardozo zitiert zur Stütze seiner Ansicht den nachfolgenden Satz von Brett M.R. aus Heaven v. Pender, 11 Q.B.D. 503: „Whenever one person is by circumstances placed in such a position with regard to another that every one of ordinary sense who did think would at once recognise that if he did not use ordinary care and skill in his own conduct with regard to those circumstances he would cause danger of injury to the person or property of the other, a duty arises to use ordinary care and skill to avoid such danger.“

Der Entscheidung von Cardozo kommt eine erhebliche Bedeutung zu, zumal sie inzwischen schon von den Gerichten mehrerer anderer Staaten als Präjudiz übernommen worden ist[2]). Denn bis zu dieser Entscheidung wurde von den meisten amerikanischen Gerichten als Grundsatz proklamiert, daß der Fabrikant und ebenso auch der Verkäufer eines mangelhaften Gegenstandes nur dem unmittelbaren Vertragsgegner für Mängel der Sache einstehen müsse, nicht dagegen einem weiteren

---

[1]) Dazu Bohlen L.Q.R. 45 359 ff.

[2]) Gebilligt in Johnson v. Cadillac Motor Co. (1919), 261 Fed. 878; Heckel v. Ford Motor Co. (1925), 101 N.J.L. 385, 128 Atl. 242; White Sewing Machine Co. v. Feisel (1928), 162 N.E. 633.

Abnehmer oder sonstigen Dritten, der bei der Benutzung des Gegenstandes körperlich zu Schaden kam. Eine Ausnahme galt nur nach der für die herrschende Lehre grundlegenden Entscheidung von Sanborn J. in Huset v. J. I. Case Machine Co., 120 Fed. 865 (1903). 1. „Where the act of negligence of a maker or vendor is imminently dangerous to the life and health of mankind and is committed in the preparation or sale of an article intended to preserve, destroy or affect human life." Die Gefährlichkeit des Artikels wurde von der herrschenden Rechtsprechung nach dem enumerativen Katalog des klassischen Urteils von Sanborn J. nur bejaht für Genußmittel, Chemikalien und Feuerwaffen (Bohlen Studies 131). Dagegen waren nach der herrschenden Rechtsprechung keine imminently dangerous articles schlecht konstruierte Elevatoren, Maschinen (Bohlen L.Q.R. 45, 357). Eine weitere Ausnahme wurde für den Fall zugelassen, daß der Fabrikant oder Verkäufer den Mangel kannte, aber verschwieg. Nur wenn diese beiden Ausnahmen gegeben waren, war die Haftung des Fabrikanten oder des Verkäufers nicht auf seinen unmittelbaren Vertragsgegner beschränkt, sondern er haftete jedem, der nach dem natürlichen Verlauf der Dinge mit dem Gegenstand in Berührung und durch ihn zu Schaden kam. Diese Rechtsprechung wurde damit begründet, daß durch das Dazwischentreten des ersten Abnehmers der Kausalzusammenhang zwischen der Nachlässigkeit des Fabrikanten oder Verkäufers und dem Schaden des Dritten unterbrochen sei [1]). Weiter wurde geltend gemacht, daß die public policy eine weitere Ausdehnung der Haftung gegenüber Dritten verbiete (Bohlen Studies, 123).

Die Bedeutung der Entscheidung besteht nun darin, die schon vorhandene Tendenz (darüber Bohlen L.Q.R. 45, 361 ff.), die Liste des enumerativen Katalogs von J. Sanborn zu sprengen, zu stärken und die ursprüngliche Regel, daß der Fabrikant oder Hersteller einer nachlässig konstruierten Maschine oder Anlage grundsätzlich nur seinem unmittelbaren Vertragsgegner haftet, durch die gegenteilige Regel zu ersetzen, daß der Fabrikant einem Dritten haftet, der im Vertrauen auf die Sicherheit der Maschine oder Anlage diese benutzt und zu Schaden kommt.

Das Urteil beschränkt sich zwar darauf, eine Haftung ge-

---

[1]) Diese mit dem Kausalitätsproblem aufs engste zusammenhängende Rechtsprechung kann ohne eine Darstellung dieses Problems nicht behandelt werden.

genüber dem Käuferkreis und weiter solchen Personen, die das Automobil mit Erlaubnis eines Abkäufers benutzen, auszusprechen, wie Bohlen L.Q.R. 45, 364 mit Recht bemerkt. Er weist aber darauf hin, daß neuere Entscheidungen die Haftung des Fabrikanten zugunsten aller Personen anerkennen. „... whom he should recognize as likely to be in such close proximity to the article when it is used as to create a probability that they will be injured by its bad condition or by its use in ignorance of its true character". Die Bedeutung des Urteils besteht endlich darin, daß sie die Haftung des Fabrikanten nicht von einer grobschematischen Unterscheidung zwischen nonfeasance und misfeasance abhängig macht, von der sich die Gerichte wiederholt haben leiten lassen; denn streng genommen war im Buick-Fall dem Fabrikanten nicht eine schlechte Herstellung des Rades vorzuwerfen, vielmehr beschränkte sich der Vorwurf darauf, daß die beklagte Firma das ihr von einer anderen Firma gelieferte Rad nicht untersucht und so den Mangel nicht entdeckt hatte.

In einer neueren auf den Buick-Fall folgenden Entscheidung des Supreme Court of South Dacota in Murphy v. Sioux Falls Serum Co. (1921), 44 South Dacota 421 [1]), wurde in Anwendung des im Buick-Fall ausgesprochenen Grundsatzes der Hersteller eines Mittels gegen Schweinepest für den durch Nachlässigkeit bei der Herstellung an den geimpften gesunden Tieren entstandenen Schaden für haftbar erklärt.

Den Abschluß der bisher behandelten Fälle der misfeasance sollen zwei Entscheidungen, welche die Haftung des Werkunternehmers behandeln, bilden. In der New Yorker Entscheidung Devlin v. Smith 89 New York 470 (1882) hatte der beklagte Werkunternehmer für einen Anstreichermeister ein hohes Gerüst errichtet. Der Kläger, ein Anstreichergeselle, war infolge der schlechten Konstruktion des Gerüstes verunglückt und verlangte nun Schadensersatz. Seiner Klage wurde stattgegeben: „The contractor knew that the scaffold if not properly constructed was a most dangerous trap. He knew that it was used by the workmen, he was building it for that very purpose, building it for their use, he owed them a duty, irrespective to their contract with their master, to build it with care"

In Heaven v. Pender hatte der beklagte Dockeigentümer

---

[1]) Zitiert nach Bohlen, L.Q.R. 45, 363.

auf Grund eines mit dem Schiffseigentümer geschlossenen Vertrags ein Gerüst an der Außenwand des Schiffs errichtet, damit das Schiff frisch gestrichen werden konnte. Der Kläger war von einem Schiffsmaler, der von dem Schiffseigentümer mit der Malerarbeit betraut war, als Arbeiter angestellt und stürzte beim Anstreichen des Schiffs infolge der auf die Nachlässigkeit des beklagten Dockeigentümers zurückzuführenden Schadhaftigkeit des Gerüstes. Er verlangt vom Dockeigentümer Schadensersatz. Dieser verteidigt sich damit, daß für ihn nur eine Sorgfaltspflicht gegenüber seinem Vertragsgegner, dem Schiffseigentümer, bestanden habe. Der Klage wurde stattgegeben, da der Dockeigentümer dem Verletzten gegenüber zur Sorgfalt verpflichtet gewesen sei, denn der Dockeigentümer habe voraussehen müssen, daß das Gerüst von Arbeitern wie dem Kläger benutzt würde. In diesem Zusammenhang spricht Brett M. R. den schon oben S. 95 erwähnten Grundsatz aus: „Whenever one person is by circumstances placed in such a position with regard to another that every one of ordinary sense who did think would at once recognise that if he did not use ordinary care and skill in his own conduct with regard to those circumstances he would cause danger of injury to the person or property of the other, a duty arises to use ordinary care and skill to avoid such danger."

Dieser von Brett ausgesprochene Rechtssatz wurde von Cotton L. J. and Bowen L. J. in ihrer Urteilsbegründung (514 ff.) als zu weitgehend abgelehnt.

bb) Nonfeasance. Im Falle der nonfeasance ist, wie schon betont wurde, der Schutz Dritter schwächer, da eine general duty to protect others natürlich nicht besteht. Das zeigt schon die klassische Entscheidung Winterbottom v. Wright. Hierher gehört auch die englische Entscheidung Cavalier v. Pope (1906) A.C. 428. Nach dieser Entscheidung haftet ebenso wie nach der herrschenden amerikanischen Rechtsprechung [1]) der Grundstückseigentümer, der sich dem Grundstücksbesitzer gegenüber dazu verpflichtet hat, das Grundstück in gefahrlosem Zustand zu erhalten, einem Dritten nicht, der durch den vertragswidrigen Zustand des Grundstücks einen Schaden erleidet. Doch hat, wie Bohlen L.Q.R. 45 berichtet, ein amerikanisches Urteil eine Ge-

[1]) Vgl. die zahlreichen Urteile in der Note in Harvard Law Rev. 45, 166 N. 13.

sellschaft, der vom Grundstücksbesitzer die Instandhaltung des Hauses übertragen ist, schon zur Ersatzleistung an den Dritten verurteilt. Nach einigen vereinzelten Entscheidungen soll sogar der von dem Besitzer mit der Instandhaltung betraute servant dem Dritten für seine Nachlässigkeit haftbar sein.

Die bisher für den Fall der nonfeasance aufgestellte Regel erleidet nun bedeutsame Durchbrechungen: Die erste Ausnahme, die dann gilt, wenn derjenige, der den gefährlichen Gegenstand in den Verkehr bringt, den Mangel fraudulös verheimlicht, der Fall Langridge v. Levy, ist hier nicht weiter zu verfolgen.

Bedeutsam ist dagegen die weitere Ausnahme, daß der Lieferant tatsächlich Kenntnis der Gefährlichkeit des von ihm gelieferten Gegenstandes hat, es aber aus Nachlässigkeit unterläßt, seinen Vertragsgegner auf die Gefährlichkeit aufmerksam zu machen. In diesem Fall haftet der Lieferant auch einem am Vertrage nicht beteiligten Dritten nach dem von Cotton L.J. in Heaven v. Pender ausgesprochenen Satz: „Any one who ... without due warning supplies to others for use an instrument or thing which to his knowledge, from its construction or otherwise, is in such a condition as to cause danger not necessarily incident to the use of such an instrument or thing, is liable for injury caused to others by reason of his negligent act.“ So wurde in Blacker v. Lake & Elliot (1912) 106 L.T. 533, 540 von Lush J. ausgeführt: „If a person dealing with an article of a dangerous nature, which he knows to be dangerous, hands it over to somebody else who is ignorant of its true nature without warning him, he commits a breach of duty not only to the person who contracts with him, but to all the persons who to his knowledge may use it.“ Das Bestehen dieser Ausnahme wird weiter durch die Entscheidung Farrant v. Barness (1862) 11 C.B. (N.S.) 533 bestätigt. Hier übergab der Beklagte einem carrier eine Flasche mit Salpetersäure, ohne ihn auf den gefährlichen Inhalt der Flasche aufmerksam zu machen. Seine Ersatzpflicht gegenüber dem Angestellten des carrier, der die Flasche auf seiner Schulter trug und durch das Springen der Flasche verletzt wurde, wurde bejaht[1]).

Natürlich ist die Pflicht, geheime bekannte Mängel aufzudecken, nicht auf den Verkäufer beweglicher Sachen beschränkt,

[1]) Siehe zu diesen Entscheidungen nunmehr Riezler, Haftung für Schädigung durch Sachen nach französischem und englischem Recht, Rabels Z. 5, 616.

sie trifft in gleicher Weise den Verleiher oder den Vermieter [1]; auch diese haften nicht nur ihrem Vertragsgegner, sondern allen Personen deliktisch, die mit Ermächtigung des Entleihers oder Vermieters die Sache benutzen (McCartley v. Young [1861] 6 H. & N. 329; Gegnon v. Danan [1897] 67 N.H. 234). Ebenso haftet endlich der Verpächter eines Grundstücks für geheime ihm bekannte Mängel des Grundstücks nicht nur seinem Pächter, sondern allen Personen, die mit Erlaubnis des Pächters das Grundstück betreten (Mackenzie v. Cheetham [1881] 83 Maine 543, mit weiteren Nachweisen).

Alle diese Fälle setzen die Kenntnis desjenigen, der die gefährliche Ware in Verkehr bringt, von der Gefährlichkeit der Ware voraus. Den wichtigen Fall, daß die Gefährlichkeit demjenigen, der die Ware in den Verkehr bringt, nicht bekannt war, aber bei Aufwendung gehöriger Sorgfalt erkennbar gewesen wäre, haben bisher nur wenige Fälle behandelt. Von Bedeutung ist diese Frage vor allem für den Händler von gefährlichen Waren, denn im allgemeinen wird den Händler nur der Vorwurf der mangelhaften Untersuchung also der non-feasance, dagegen nicht wie den Fabrikanten der mis-feasance treffen. Gegen die Gefahren, die sich aus einer unterlassenen Untersuchung ergeben, ist zwar der unmittelbare Abnehmer durch einen Schadensersatzanspruch [2]) nach Sachmängelrecht, abweichend vom deutschen Recht, sogar absolut, d. h. nicht nur bei Vorliegen von negligence [3]) geschützt, da die Lieferung eines

---

[1]) Vergl. Riezler 616.

[2]) Uniform Sales Act, § 69, 1 b, c; Sale of Goods Act, § 53, 1 b.

[3]) Das ist im englischen Recht seit der Entscheidung Randall v. Newson, 2 Q.B.D. 102 (1877) sicher. Hier kaufte der Kläger von dem beklagten Wagenbauer eine Wagendeichsel, die aus brüchigem Holz hergestellt war. Durch den Bruch der Deichsel scheuten die Pferde des Klägers und wurden schwer verletzt. Der Beklagte wurde zum Ersatz des Wertes der Pferde verurteilt, obwohl festgestellt wurde, daß die Brüchigkeit der Deichsel ein nicht sichtbarer Mangel war, und auch bei Aufwendung gehöriger Sorgfalt auf Seiten des Verkäufers dieser Mangel nicht entdeckt werden konnte.

Daß seit diesem Urteil eine uneingeschränkte Haftung des Verkäufers besteht, wurde in Frost v. Aylesbury Dairy Co. (1905) 1 K.B. 608 (C.A.) bejaht. Hier verkaufte der Beklagte dem Kläger Milch, die Typhusbazillen enthielt, und die Frau des Klägers starb nach dem Genuß der Milch. Der Klage auf Ersatz der Arztkosten wurde stattgegeben, „although the defect was not discoverable at the time of sale".

Im nordamerikanischen Rechtsgebiet ist die Rechtsprechung indes nicht ganz einheitlich. Die vorherrschende Rechtsprechung entspricht der

dangerous article einen breach of contract darstellt [1]). Aber die Frage, ob auch der Konsument einen deliktischen [2]) Ersatzanspruch gegen den Händler hat, weil dieser seine Untersuchungspflicht verletzt, ist bisher anscheinend nur im Lebensmittelhandel entschieden und bejaht worden [3]). Im allgemeinen wird man sagen können, daß für den Händler nach der Verkehrsanschauung eine Untersuchungspflicht nicht besteht, er sich vielmehr auf die Sorgfältigkeit der Herstellung verlassen kann [4]).

cc) Die mitgeteilten Entscheidungen durften es rechtfertigen, daß die behandelten Probleme noch näher untersucht und die Lösungen am deutschen Recht gemessen werden:

Mit Recht ist die Judikatur dazu gelangt, daß ein Tatbestand, der als Vertragsverletzung zu bewerten ist [5]), außerdem eine unerlaubte Handlung gegenüber einem Dritten sein kann [6]). Ob

---

englischen (vgl. die Nachweise bei Williston 1, § 237, Note 65). Abweichend jedoch haben einige Entscheidungen unter Führung der New-Yorker Judikatur eine Schadenersatzpflicht nur im Falle eines Verschuldens bejaht (vgl. die Nachweise bei Williston, Note 66). Diese Judikatur ist nach Williston 1, § 237, Note 68 seit dem in Kraft treten des Uniform Sales Act obsolet geworden. So wurde denn auch in Ireland v. Louis K. Liggelt Co. 243, Mass 243, 137, N.E. 371 auf Grund des Sales Act eine Ersatzpflicht vom Supreme Court von Massachusetts bejaht, obwohl den Beklagten kein Verschulden treffe.

[1]) Dies ergibt sich schon aus den oben mitgeteilten Entscheidungen. Die Lieferung eines dangerous article, also z. B. eines defekten Automobils an den Autohändler, der falsch etikettierten Arznei an den Apotheker ist nach der Terminologie der Kaufgesetze die Verletzung der stillschweigend vereinbarten Garantie der Brauchbarkeit (fitness) und Verkäuflichkeit (merchantibility) der Waren (Uniform Sales Act, § 15, 1, 2, Sale of Goods Act, § 14, 1, 2 und dazu Williston 1, §§ 227 ff.).

[2]) Über die Möglichkeit der Herstellung einer Vertragsbeziehung siehe unten 113.

[3]) Vgl. die unten S. 113 mitgeteilte Judikatur, die ihr Gegenstück auch hinsichtlich des prima facie Beweises in der Entscheidung des Reichsgerichts LZ. 1924, 84 ff. findet. Da nach diesem Urteil auch eine deliktische Ersatzpflicht angenommen wurde, durften nach deutschem Recht auch die Konsumenten geschützt sein. Ob in England eine Untersuchungspflicht besteht, erscheint sehr zweifelhaft, ist aber wohl wegen Longmeid v. Holliday (1951) 6 Exch. 76, zu verneinen.

[4]) Longmeid v. Holliday.

[5]) Die Frage eines Vertragsbruchs gegenüber dem unmittelbaren Abnehmer wird in diesen Urteilen garnicht erörtert.

[6]) Erfüllt die Handlung sowohl den Tatbestand einer Vertragsverletzung wie den einer unerlaubten Handlung gegenüber dem Vertragsgegner, so konkurrieren beide Ansprüche miteinander (Salmond 3).

dies der Fall ist, hängt davon ab, ob die Vertragsverletzung zugleich gegenüber einem Dritten eine general duty to take care, also die „Normen des allgemeinen Verhaltens" (Zitelmann, IPR. 2, 472) verletzt. Dies entspricht auch der deutschen Auffassung (v. Tuhr II 2, 465). Ebenso entspricht der ungemein weite Bereich der allgemeinen Diligenzpflicht der deutschen Rechtsentwicklung, wie nunmehr an Hand der reichsgerichtlichen Judikatur belegt werden soll.

Zunächst ist der Rechtsprechung darin beizupflichten, daß sie bei einer positiven Handlung das Vorliegen eines Delikts gegenüber einem Dritten annimmt, wenn ein Dritter an seinen geschützten Rechtsgütern verletzt wird und die konkrete Einzelsituation nicht nur eine Schädigung des Vertragsgegners, sondern darüber hinaus eine Gefährdung anderer Personen wahrscheinlich macht. Das ist auch der Standpunkt des deutschen Rechts (RGZ. 63, 308, 311; RG.Warn. 1912, 420 ff.; so auch Oertmann, Schädigung Dritter aus Vertragsverletzungen, LZ. 1931, 206 ff.).

In dem Falle RGZ. 63, 308 klagte der Verfrachter einer Kahnladung gegen den von seinem Vertragsgegner mit dem Schleppen betrauten Dritten, durch dessen Verschulden die Ladung durch Anprall an einen Bunker zugrunde gegangen war. Der Einwand des Beklagten, der ebenso wie in den mitgeteilten anglo-amerikanischen Entscheidungen dahin ging, daß die Fahrlässigkeit des Schleppers nur insoweit bestehe als ihm der Schleppvertrag Pflichten auferlege, und daß solche außerhalb dieses kontraktlichen Bandes, auf das sich der Kläger nicht berufen könne, nicht bestehen, wurde nicht gehört. Das RG. betonte mit Recht, daß er außer durch seinen Vertrag kraft Gesetzes verpflichtet war, bei der Navigierung des Schleppzuges die Sorgfalt aufzuwenden, die verhindert, daß fremdes Eigentum oder das Leben oder die Gesundheit anderer verletzt werden. Daraus folgt, daß die vertragliche Befreiungsklausel die deliktischen Ansprüche des Dritten nicht berührt [1]).

In dem Fall Warn. 1912, 420 ff. hatte die verklagte Gemeinde gegenüber dem Kommunalverband, der ihr gestattet hatte, auf der ihm gehörigen Straße eine Wasserleitung zu legen, die Verpflichtung übernommen, während der Bauarbeiten für die Sicherheit der Straße zu sorgen. Das Reichsgericht verurteilte daraufhin die beklagte Gemeinde, da sie durch den mit dem

---

[1]) Siehe jedoch die unten S. 107 N. 3 mitgeteilte Judikatur.

Kommunalverband abgeschlossenen Vertrag gegenüber der Allgemeinheit es übernommen hatte, für die Verkehrssicherheit der Straße zu sorgen und sie dieser Pflicht nicht genügend nachgekommen war. Diese Bejahung der Ersatzpflicht gegenüber dem Dritten ist deshalb bemerkenswert, weil das Reichsgericht auch den verklagten Kommunalverband als Straßeneigentümer für ersatzpflichtig erklärte, der sich durch Vertrag dieser Ersatzpflicht nicht begeben könne. Unter diesen Umständen ist die Bejahung einer deliktischen Ersatzpflicht der Gemeinde und damit die Herstellung einer direkten Beziehung besonders hervorzuheben. Denn das Reichsgericht hätte auch eine direkte Beziehung nur zwischen Kommunalverband und Passant annehmen und dem Vertrag zwischen Kommunalverband und Gemeinde nur die Bedeutung beimessen können, daß sich der Kommunalverband an der Gemeinde schadlos halten kann.

Endlich ist auf die Entscheidung RGZ. 87, 1 hinzuweisen, deren Tatbestand mit dem des New Yorker Arzneimittelfabrikanten eine große Ähnlichkeit hat. Hier hatte eine Frau bei einem Apotheker ein Glas künstlichen Salzes in der Originalverpackung der Herstellerin des Salzes gekauft. Nach dem Genuß des Salzes erkrankte sie, und es stellte sich bei einer Untersuchung heraus, daß sich in dem Salz feine Glassplitter befanden. In dem Urteil setzt das Reichsgericht als ganz selbstverständlich voraus, daß der Tatbestand sich nicht in einer positiven Vertragsverletzung gegenüber dem Apotheker erschöpft, vielmehr außerdem ein Delikt gegenüber der Abnehmerin gegeben ist und stellt fest, unter welchen Voraussetzungen der nach § 831 BGB. zulässige Entlastungsbeweis als geführt anzusehen ist [1]).

Ist also die Ersatzpflicht gegenüber dem Dritten, der anläßlich der Vertragsverletzung geschädigt wird, zu bejahen, so besteht die Schwierigkeit nur darin, den Kreis der geschützten Personen abzugrenzen; das hängt davon ab, wieweit der Vertragsschuldner mit einer Gefährdung Dritter rechnen mußte. Hierzu ist noch zu bemerken:

Besteht der Gefährdungszustand gegenüber der Allgemeinheit wie im Fall bei Warn. 1912, 420 ff., so hat jeder zu Schaden Gekommene einen Ersatzanspruch. So wäre einem Passan-

---

[1]) Über dieses Urteil siehe W. Grau, Zusammenhängende Rechtsverhältnisse in der Gedächtnisschrift für Emil Seckel 345, 360.

ten, der durch die mangelhafte Konstruktion eines Automobils zu Schaden kommt, ein Ersatzanspruch zu geben. Besteht er nur gegenüber einem beschränkten Personenkreis, so haben nur die Mitglieder dieses Kreises einen Anspruch. So ist in dem RGZ. 127, 18 mitgeteilten Fall, der uns noch eingehend beschäftigen wird, die für die mangelhafte Beschaffenheit eines Gasbadeofens haftbare Gasgesellschaft nur den Familienangehörigen, dem Hauspersonal und wohl auch dem Besuch gegenüber haftbar, nicht aber einer Einbrecherbande, die in Abwesenheit der Wohnungsinhaber die Wohnung benützt (Oertmann LZ. 1931, 216).

Auch in der Behandlung der Unterlassung dürfte die amerikanische Rechtsprechung wenigstens der Tendenz nach der deutschen entsprechen, wenn auch, wie wir sogleich sehen werden, wohl die deutsche Rechtsprechung in der Ausdehnung der Domäne der allgemeinen Sorgfaltspflicht weiter geht als die amerikanische oder gar die englische.

Die Fälle der Unterlassung sucht nämlich das Reichsgericht in zahlreichen Entscheidungen und ihm folgend der Reichsgerichtsrätekommentar mit einer ungemein interessanten Formel zu meistern. Das Reichsgericht hat wiederholt ausgesprochen: „Wer es einem andern gegenüber vertraglich übernommen hat, a n d e s s e n S t e l l e Obliegenheiten zu erfüllen, deren Vernachlässigung geeignet ist, das Leben, den Körper oder die Gesundheit dritter Personen zu verletzen, macht sich einer unerlaubten Handlung im Sinne des § 823 schuldig, wenn er vorsätzlich oder fahrlässig unterläßt, für die Erfüllung jener Obliegenheiten zu sorgen." (RG. JW. 06, 59[11]; RG. Gruch 55, 971; RGZ. 127, 18 = JW. 1930, 905). Der RGRKomm. § 823 Ziff. 10 fügt erläuternd hinzu, daß der Vertragsschuldner sich nicht darauf berufen könne, daß er die Verpflichtung nicht der Allgemeinheit, sondern nur dem Vertragsgegner gegenüber übernommen habe, er habe vielmehr dem andern Vertragsteil gegenüber eine Pflicht gegen die Allgemeinheit übernommen. Mit Recht stützt sich der Kommentar auf die §§ 831 II, 832 II, 834, 838. Diese Bestimmungen sind kein singuläres Recht, vielmehr zeigen sie, daß nach der Verkehrsauffassung in den geregelten Fällen der Übernahme einer Aufsicht eine allgemeine Sorgfaltspflicht gegenüber allen mit der betreffenden Gefahr in Berührung kommenden Personen verbunden ist (vgl. auch v. Tuhr II 2 465, abweichend Oertmann LZ. 1931, 212).

Bisher hat das Reichsgericht die nachfolgenden Fälle entschieden:

In RG. JW. 1906, 59[11] wurde auf Grund der Formel der Ersatzanspruch des durch die mangelhafte Sicherung einer Treppe geschädigten Mieters gegen den früheren Hauseigentümer und dessen Ehefrau, die sich dem neuen Hauseigentümer gegenüber verpflichtet hatten, für die Sicherung des Verkehrs bis zu dessen Einzug zu sorgen, bejaht.

Nach englischem und amerikanischem Recht wäre wohl die Ersatzpflicht des früheren Hauseigentümers als occupier zu bejahen, dagegen schwerlich die Haftung der Frau auf Grund der Annahme einer general duty to take care.

In dem Fall bei Gruchot 55, 970 hatte sich ein Straßenreinigungsunternehmen Hausbesitzern gegenüber verpflichtet, für die durch Polizeiverordnung vorgeschriebene Reinigung und Bestreuung des Gehsteigs bei Glatteis zu sorgen. Das RG. bejahte eine Ersatzpflicht des Unternehmens gegenüber einem dritten Passanten, der durch die mangelhafte Bestreuung zu Schaden gekommen war. Auch hier wäre wohl nach nordamerikanischem Recht die direkte Ersatzpflicht des Unternehmers gegenüber dem Passanten zu bejahen (vgl. oben S. 99), dagegen wohl nicht nach englischem Recht. Nach englischem Recht hätte der Passant einen Anspruch gegen den Hausbesitzer, der sich seinerseits an dem Straßenreinigungsunternehmen schadlos halten könnte.

In der bei Warn. 11, 32 ff. mitgeteilten Reichsgerichtsentscheidung hatte eine Straßenbahngesellschaft dem mit der Stadt abgeschlossenen Vertrag zuwider die Instandsetzung des Straßenpflasters unterlassen und so einen Gefährdungszustand nicht beseitigt, der dem Kläger Schaden brachte. Auch hier nahm das Reichsgericht die Übernahme einer Sorgfaltspflicht gegenüber der Allgemeinheit an. Dies entspricht der anglo-amerikanischen Rechtsauffassung. Denn in einem solchen Fall haftet der Unternehmer dem Dritten direkt aus dem Delikt der public nuisance, d. h. in unserm Fall der Gefährdung einer Straße[1]). Die Gerichte nehmen wie das RG. an, daß ein solcher mit der Stadtgemeinde geschlossener Vertrag für das Publikum geschlossen ist, das also direkte Ansprüche aus ihm herleiten kann (Ruling Case Law 13 s. v. Highwys § 263 N. 17 ff. mit zahlreichen Nachweisen).

---

[1]) Siehe darüber Salmond 256.

Noch viel weiter geht aber neuerdings das Reichsgericht in der Entscheidung RGZ. 127, 18 = JW. 1930, 905. Nunmehr sagt das Reichsgericht ganz allgemein: „Wer fahrlässig eine gegenüber einem anderen übernommene Vertragspflicht nicht erfüllt, deren Verletzung geeignet ist, das Leben eines Dritten zu gefährden, macht sich einer unerlaubten Handlung dem Dritten gegenüber schuldig." In diesem Fall war eine Installationsfirma damit betraut, den Gasbadeofen in einer Wohnung in Ordnung zu bringen. Dies war auch geschehen, aber die Auftraggeberin war nicht oder zumindest nicht genügend darauf aufmerksam gemacht worden, daß der im Badezimmer bereits bemerkbare Gasgeruch möglicherweise nicht von einem Fehler des Ofens, sondern des Abzugsrohrs herrühre, dessen Instandhaltung nach der in der Stadt herrschenden Übung nicht Sache des Installateurs, sondern der Gasgesellschaft war. Als nun eine Hausangestellte der Bestellerin die Badewanne benützte, erstickte sie infolge des ausströmenden Gases und ihre Mutter nahm die Installationsfirma nunmehr gemäß § 844 BGB. in Anspruch. Das Reichsgericht hat dies unter Berufung auf den eingangs mitgeteilten Rechtssatz für berechtigt erklärt.

Dieser Entscheidung ist zuzustimmen. Darüber hinaus ist weiter entgegen der interessanten Kritik von Oertmann LZ. 1931 S. 204 zuzugestehen, daß das Ergebnis der reichsgerichtlichen Formel wohl meist angemessen sein wird; ja es erscheint sogar geboten, bei der Verletzung der vom Reichsgericht genannten Güter nicht halt zu machen, obwohl deren Schutzwürdigkeit besonders in die Augen springt [1]), vielmehr den Schutz auf alle in § 823 geschützten Güter auszudehnen: Zunächst ist eine Haftung gegenüber dem Dritten dann berechtigt, wenn, um die treffende, wohl im Anschluß an die Strafrechtslehre gewonnene [2]) Formel Oertmanns zu gebrauchen, der Vertragsbrüchige durch sein Versprechen die Beseitigung des Gefährdungszustandes verhindert hat (208); aber über diese Fälle hinaus dürfte das Ergebnis der reichsgerichtlichen Formel billigenswert sein. Dies gilt umso mehr, als selbstverständlich Verschulden auf Seiten des Vertragsbrüchigen, also Voraussehbarkeit und die Verletzung eines geschützten Rechtsgutes [3]) vorliegen müssen. So ist

---

1) Vgl. auch Race v. Krum, 222 N.Y. 410, 118 N.E. 855 (1918).

2) Statt aller Mezger, Strafrecht, 144 ff. mit vielen Nachweisungen.

3) Als Beispiel seines Fehlens diene der Konferenzfall bei Oertmann 211.

Oertmann wohl nicht beizupflichten, wenn er annimmt, daß der Apotheker dem Patienten eines Arztes nicht haftet, wenn er das vom Arzt, wie er weiß, zum sofortigen Gebrauch bestellte Arzneimittel infolge Nachlässigkeit zu spät liefert. Immerhin ist eine beträchtliche Zahl von Fällen, in denen die Anwendung der reichsgerichtlichen Formel zu weit gehen würde, denkbar. Man denke etwa an den Fall, daß ein Hauseigentümer einen Installateur zur Reparatur eines Blitzableiters bestellte und durch dessen vertragswidriges Nichtkommen nicht nur sein Haus durch Blitzschlag eingeäschert wird, sondern auch ein Nachbarhaus. Sehr zweifelhaft dürfte es z. B. sein, ob ein Chauffeur einem Kranken deliktisch unmittelbar haftet, weil er den Arzt so falsch fährt, daß dieser sich verspätet. Die deliktische Ersatzpflicht dürfte selbst dann zu verneinen sein, wenn er von dem Arzt auf das Risiko aufmerksam gemacht worden ist [1]).

Angesichts solcher Fälle muß auf das Gefährliche der Formel des Reichsgerichts hingewiesen werden, die verkennt, daß der bei einer Vertragsverletzung geschädigte Dritte nur dann einen deliktischen Ersatzanspruch hat, wenn außer der Vertragsverletzung eine allgemeine Sorgfaltspflicht verletzt ist, der Schuldige also auf Grund des Vertrages in einer Lebenssituation steht, die ihm eine allgemeine Sorgfaltspflicht über die Vertragspflicht hinaus auferlegt. Die Wurzel der deliktischen Ersatzpflicht ist also entgegen der reichsgerichtlichen Formel, welche die Grenzen von Vertrags- und Deliktsrecht verwischt, nicht das bestehende Vertragsverhältnis, vielmehr die Verletzung einer durch die Verkehrsanschauung begründeten Sorgfaltspflicht. Diese Selbständigkeit [2]) des Entstehungsgrundes der Ersatzpflicht hat die wichtige Folge, daß Vereinbarungen über den Haftungsausschluß unter den Vertragsparteien den Dritten nicht berühren, vgl. RGZ. 63, 308 [3]). Ebensowenig wird die dem Dritten gegenüber bestehende Sorgfaltspflicht durch die Gültigkeit des Vertrags berührt, vielmehr muß der tatsächliche Abschluß

---

[1]) Siehe über diesen Fall noch unten S. 110.

[2]) Die berühmte Frage, ob eine Konkurrenz zwischen deliktischen und vertraglichen Ansprüchen möglich ist (Literatur bei Oertmann, Vorbemerkung 5 zu § 823), berührt also die hier verfochtene Auffassung nicht (so auch Oertmann 5).

[3]) Abweichend jedoch RGZ. 70, 177; 77, 320; 92, 11 und dazu **Müller-Erzbach**, Reichsgericht und Interessenjurisprudenz in Die reichsgerichtliche Praxis im deutschen Rechtsleben 2, 162. Diese Urteile sind deshalb richtig, weil der Versender garnicht Dritter ist.

eines Vertrages durchaus genügen [1]). So würde die Installationsfirma in RGZ. 127, 18 entgegen der Ansicht von Oertmann JW. 1930, 905 der Hausangestellten oder deren Angehörigen auch dann deliktisch haften, wenn etwa der mit der Dienstherrschaft geschlossene Vertrag wegen Geisteskrankheit der Dienstherrin nichtig gewesen wäre [2]).

Es ist ohne weiteres zuzugeben, daß dieses Abstellen auf die Verkehrsauffassung eine gewisse Unsicherheit mit sich bringt. Aber diesem Nachteil steht der Vorteil der großen Elastizität gegenüber: Die Verweisung auf die Verkehrsauffassung macht es am ehesten möglich, den Umständen des Einzelfalles

---

[1]) So auch für die Ersatzpflicht nach § 832; Warneyer, § 832 II und sogar Oertmann, § 832 1 b; abweichend jedoch RGRKom. § 832, 9; Staudinger-Kober, § 832 II 2 RGRKom. begründet seine Ansicht unter Berufung auf ein obiter dictum des RG. in JW. 1905, 203 damit, daß ein rechtsungültiger Vertrag nicht verpflichte.

Dieses Bedenken zeigt, wie dringend einer Revision bedürftig unsere Nichtigkeitslehre ist. Dies kann hier nicht weiter verfolgt werden. Hier muß der Hinweis genügen, daß die schon von der Kanonistik ausgebildete und von der französischen Dogmatik übernommene Unterscheidung zwischen Nichtigkeit und Nichtexistenz außerordentlich fruchtbar erscheint, nicht minder die insbesondere von Krückmann mit vortrefflichen Argumenten verfochtene, meist indessen abgelehnte Lehre vom Rechtsbesitz (Rechtsschein), die insbesondere im Handelsrecht im steigenden Maße verwertet wird. Literatur bei Merk, Veräußerlichung und Durchschnittlichkeit im Recht in Beiträge zum Wirtschaftsrecht I, 132, denen noch Oertmann, Grundsätzliches zur Lehre vom Rechtsschein, Z. HR. 94, 443, Naendrup, Rechtsscheinwirkungen im Aktienrecht, ibid. 2, 825 ff. und mein Beitrag über die de facto Korporation in Rabels Z. 3, 465 ff. hinzuzufügen ist. Eine solche Revision der Nichtigkeitslehre ist in der deutschen Doktrin weiter angebahnt durch die Arbeit von Kipp, Doppelwirkungen im Recht, der nachgewiesen hat, daß es möglich und sinnvoll sein kann, ein nichtiges Rechtsgeschäft noch anzufechten; ebenso gehören in diesen Zusammenhang die Versuche der internationalen privatrechtlichen Dogmatik, die Judikatur des Reichsgerichts, welche das Zustandekommen von Schuldverträgen und ihre Anfechtung wegen Willensmangel dem Vertragsstatut unterwirft, zu rechtfertigen; vgl. hierüber die Arbeit von Wahl in Rabels Z. 3, 775 ff.

Wenn Anmerkung 9 zu RGRKomm. § 832 dem nicht rechtsgültigen Vertrag die einseitige, freiwillige, bloß tatsächliche Übernahme etwa seitens eines Familienangehörigen „gleichstellt", so ist dies insofern richtig, als bei einer solchen freiwilligen Übernahme wohl meist eine Gefälligkeit vorliegen wird, also selten auf Grund der Verkehrsanschauung eine allgemeine Sorgfaltspflicht annehmbar ist.

[2]) Ebensowenig kann zweifelhaft sein, daß der Dienstherrschaft, wenn sie zu Schaden gekommen wäre, trotz der Ungültigkeit des Vertrages ein deliktischer Anspruch zustehen würde.

Rechnung zu tragen, vor allem der „Zumutbarkeit“ [1]), ja viel leicht sogar dem geringen Entgelt, das dem Risiko gegenübersteht [2]). Auf der andern Seite kann so die soziale Wichtigkeit der Tätigkeit des Schuldners Berücksichtigung finden. Es ist kein Zufall, sondern in der Sache begründet, daß eine solche erweiterte Ersatzpflicht besonders häufig beim Vorliegen eines common calling von den angelsächsischen Gerichten angenommen wurde. In diesen Zusammenhang gehört auch die Vorschrift des § 839 BGB., die zudem von der Rechtsprechung dahin ausgelegt wird, daß der Beamte nicht nur dem unmittelbaren Antragsgegner haftet, sondern auch gegenüber demjenigen, dessen Interessen durch das Geschäft berührt werden [3]).

Es erscheint nun nicht angängig, in jedem Falle der Vertragsverletzung, die möglicherweise Dritte gefährdet, gleich die Verletzung einer allgemeinen Sorgfaltspflicht zu sehen, etwa mit der Begründung, daß in unserer auf Arbeitsteilung abgestellten Wirtschaft der Verkehr eine Beobachtung der Vertragspflichten im Sinne einer allgemeinen Sorgfaltspflicht erheischt. Das ist gewiß für bestimmte Betätigungen und Situationen richtig, aber nicht ganz generell. Je stärker allerdings

---

[1]) Über die Zumutbarkeit siehe unten S. 157.

[2]) Oertmann, Leipziger Zeitschr. 1931, 212; vgl. auch das interessante Urteil von Cardozo in Sache Moch v. Rensselaer Water Co. 247 New-York 160, 159 N.E. 896, 1928. Hier hatte sich ein Wasserwerk einer Stadt gegenüber verpflichtet, Wasser für deren Bedarf zu liefern, unter anderem auch für die Feuerhydranten. Weiter verpflichtete sich das Wasserwerk der Stadt gegenüber, den einzelnen Privatleuten für deren Gebrauch Wasser zu liefern. Als in der Stadt ein Brand ausbrach, stellte sich heraus, daß auf den Hydranten nicht genug Wasserdruck war, und nach dem Vorbringen des Klägers wurde das Wasserwerk rechtzeitig benachrichtigt, den Wasserdruck zu verstärken, was unterblieb. Nach der Darstellung des Klägers war diese Pflichtunterlassung schuld daran, daß der Brand nicht gelöscht werden konnte und auch sein Warenhaus vernichtete. Seine auf die Verletzung eines zu seinen Gunsten mit der Stadt geschlossenen Vertrages und auf die Verletzung einer allgemeinen Sorgfaltspflicht gestützte Ersatzklage wurde abgewiesen. Man könne nicht annehmen, daß das Wasserwerk bei dem geringen Wassergeld ein so großes Risiko habe auf sich nehmen wollen. Und deshalb sei die Behauptung eines Vertrages zugunsten des Klägers nicht schlüssig. Der Annahme einer allgemeinen Sorgfaltspflicht stehe ebenfalls das Bedenken entgegen, daß eine solche Annahme das Wasserwerk über das Maß des Zumutbaren hinaus belasten würde.

[3]) Z. B. den in dem Testament bedachten Personen nach RGZ. 58, 298, 95, 219, oder denen gegenüber, die im Vertrauen auf die Beurkundung Rechte erwarben, RGZ. 78, 243 JW. 1923, 1020.

die Entwicklung zur kollektivistischen[1]) Wirtschaft fortschreitet, umso mehr wird das Bestehen einer allgemeinen Sorgfaltspflicht zu bejahen sein. Kann man also, ohne den Begriff der allgemeinen Sorgfaltspflicht völlig zu verwässern und den Vertragsbrüchigen, für den damit auch die Möglichkeit der Freizeichnung entfällt, über alle Gebühr hinaus zu belasten, das Bestehen einer solchen nicht annehmen, so läßt sich eine deliktische Ersatzpflicht nicht rechtfertigen.

Ein für viele Fälle brauchbares Kriterium dürfte es sein, ob für das Maß der Haftung der Vertrag maßgebend bleibt. So dürften in dem Chauffeurfall nach der Verkehrsauffassung Arzt und Chauffeur es wohl in der Hand haben, die Haftung des Chauffeurs auszuschließen oder zu beschränken. Ist dies aber möglich, so zeigt sich, daß eine selbständige Diligenzpflicht gegenüber dem Patienten nicht besteht. Denn nunmehr regelt sich nach dieser Vereinbarung die Haftung des Chauffeurs überhaupt, also nicht nur gegenüber dem Arzt, während bei Annahme einer allgemeinen Diligenzpflicht man unterscheiden müßte zwischen der Vertragshaftung gegenüber dem Arzt und der davon unabhängigen Haftung gegenüber dem Patienten.

Eine ganz andere Frage ist es aber, ob der Arzt für die Verspätung des Chauffeurs nach § 278 dem Kranken haftet und er seinerseits vom Chauffeur Regreß nehmen kann, oder ob man annehmen will, daß der Arzt berechtigt ist, das Interesse des Kranken gegenüber dem Chauffeur zu liquidieren.

Dieser Fall zeigt also, daß aus der Ablehnung einer so weitgehenden allgemeinen Sorgfaltspflicht keinesfalls notwendig folgt, daß eine Ersatzpflicht dem Dritten gegenüber überhaupt nicht besteht, es besteht nur keine deliktische Ersatzpflicht.

dd) Die verschiedenen Möglichkeiten des Eingreifens der vertraglichen Ersatzpflicht sollen uns in einem kurzen Exkurs nunmehr an Hand einzelner Fälle noch beschäftigen. Es wird sich dabei zeigen, daß im deutschen Recht das Vertragsrecht und seine Rechtsbehelfe keineswegs stärker ausgebaut ist als im anglo-amerikanischen Recht. Man kann also kaum sagen, daß man im deutschen Recht eher als im anglo-amerikanischen Recht mit Hilfe der Rechtsinstitute des Vertragsrechts schon zu angemessenen Ergebnissen kommt. Vielmehr besteht ebenso wie im anglo-amerikanischen Recht ein Bedürfnis nach einer umfassenden Ausdehnung der allgemeinen Sorgfaltspflicht, be-

---

[1]) Vom Standpunkt dieser Wirtschaftsordnung ist die „Vertrags“-verletzung die Verletzung einer sozialen Funktion.

sonders solange die Anwendungsfälle der unentbehrlichen Lehre von der Liquidation des Drittinteresses so zweifelhaft sind. Im deutschen Recht hat die Annahme einer vertraglichen Beziehung allerdings den großen Vorzug, daß § 278 und nicht § 831 zum Zuge kommt. Jedoch bietet die Annahme des Bestehens einer allgemeinen Sorgfaltspflicht dem Verletzten auch erhebliche Vorzüge, denn in mancher Richtung reicht der Deliktschutz weiter. So setzt die Zubilligung von Schmerzensgeld das Vorliegen eines Delikts voraus, weiter — das gilt insbesondere gegenüber der Lösung durch Anwendung der Lehre vom Drittinteresse — bietet die Deliktslösung den Vorzug der Herstellung einer direkten, d. h. von den Vertragsparteien und deren Gläubigern völlig unabhängigen Beziehung. Auch die unterhaltsberechtigten Angehörigen sind nur dann geschützt, wenn das Deliktsrecht zum Zuge kommt. Endlich versagt der Vertragsschutz in den Fällen, in denen der gefährdete Personenkreis nicht geschlossen ist, vielmehr unbestimmte Personen, die Allgemeinheit gefährdet sind.

Unter diesen Umständen ist es verständlich, daß vornehmlich das Deliktsrecht hier der Pionier des Fortschritts ist.

Wenden wir uns nunmehr den einzelnen Fällen zu:

Daß im Buickfall und auch im Arzneimittelfall eine deliktische Haftung angenommen wurde, läßt sich auch vom Standpunkt des deutschen Rechts nach den bisherigen Ausführungen durchaus rechtfertigen. Denn das Inverkehrbringen eines so typisch gefährlichen Gegenstandes wie eines Automobils oder eines Arzneimittels begründet ganz allgemein dem Publikum gegenüber eine Sorgfaltspflicht, die ganz unabhängig von dem Vertrag mit dem unmittelbaren Abnehmer ist, also auch durch besondere Vertragsabreden, wie z. B. einen Haftungsausschluß, nicht berührt wird[1]).

---

[1]) Eine ganz andere Frage ist es, ob bei einem solchen Haftungsausschluß die Umstände nicht so liegen können, daß es an der Fahrlässigkeit fehlt. Nehmen wir an, eine Automobilfirma verkauft, wie es heute üblich ist, einen gebrauchten Wagen besonders billig und es wird ihr die Haftung für Fahrlässigkeit erlassen, während andererseits sich der Abnehmer verpflichtet, bei einem etwaigen Weiterverkauf den Haftungsausschluß mitzuteilen, so dürfte die Automobilfirma allen Abnehmern gegenüber alles an Vorsicht getan haben, was von ihr billigerweise erwartet werden kann und deshalb eine Klage des letzten Käufers, der durch einen Autodefekt zu Schaden kommt, ausgeschlossen sein. Mindestens dürfte dies dann gelten, wenn auf Wunsch der Automobilfirma die

Aber vom Standpunkt beider Rechtssysteme wäre in dem Buickfall und in dem Arzneimittelfall die Frage einer vertraglichen Haftung des Produzenten gegenüber einem weiteren Abnehmer nicht von vornherein von der Hand zu weisen.

Man könnte sich nämlich fragen, ob nicht zwischen dem endgültigen Käufer und dem Fabrikanten eine direkte vertragliche Beziehung bestanden hat, etwa auf Übernahme einer Gewähr für das tadellose Funktionieren des Automobils oder im Arzneimittelfall für den Inhalt der Verpackung, für die Echtheit, Unverfälschtheit und sorgfältige Zubereitung der in der Originalverpackung gelieferten Ware [1]). Dies gilt besonders dann, wenn man unterstellt, daß es sich um eine Arznei oder ganz allgemein einen Markenartikel handelt, bei dem die Herstellerfirma deutlich gekennzeichnet ist. Die Herstellung einer solchen unmittelbaren Vertragsbeziehung läßt sich in der Form vorstellen, daß die Garantie des Fabrikanten für Ungefährlichkeit der von ihm hergestellten Waren in der Sache selbst radiziert ist und mit ihr von Hand zu Hand wandert, und jedem rechtmäßigen Benützer zugute kommt. Eine solche Konstruktion liegt umso näher, als in immer stärkerem Maße den Waren vom Fabrikanten Gebrauchsanweisungen und insbesondere Zettel beigegeben sind, in denen der Fabrikant den Konsumenten auffordert, sich mit ihm selbst in Verbindung zu setzen, wenn die Ware irgendwie zu Reklamationen berechtigt. Weiter ist zu berücksichtigen, daß im modernen Güterverteilungsprozeß dem Händler häufig nicht mehr die selbständige Stellung zukommt wie früher, er vielmehr häufig nur noch die Stellung einer Durchgangsperson hat.

Von dieser Auffassung aus wäre jeder rechtmäßige Konsument durch einen direkten Anspruch gegen den Hersteller geschützt, und zwar selbst dann, wenn etwa die Kette der Erwerber vor ihm wegen Nichtigkeit eines Geschäfts unterbrochen

---

Automarke abgenommen ist. Ebenso fehlt es natürlich an der Fahrlässigkeit z. B. dann, wenn der Verkäufer eines gebrauchten Wagens damit rechnen durfte, daß sein Abkäufer den Wagen erst nach der Überholung wieder in den Verkehr bringt.

[1]) Daß eine solche Erwägung der amerikanischen Doktrin nicht fremd ist, zeigt die kurze Note von Cohen in Cornell Law Quarterly 16, 610, 615, der sich allerdings auf die nicht einschlägige englische Entscheidung Carcill v. Carbolic Smoke Ball Co. (1893) 1 Q.B. 256 beruft.

wäre. Ihm würde also weniger ein subjektiv-persönliches als ein subjektiv-sachliches [1]) Recht zustehen.

In der Tat läßt sich nun die neueste nordamerikanische Rechtsprechung von ähnlichen Erwägungen leiten, soweit es sich um das In-Verkehr-bringen von verdorbenen Lebensmitteln handelt. Hier anerkennt eine ständige Rechtsprechung eine direkte vertragliche Beziehung zwischen dem Fabrikanten und den Konsumenten, und geht damit über den Deliktsschutz insofern hinaus, als dem Konsumenten die vertraglichen Ansprüche auf Schadenersatz wegen Sachmangels ohne den Nachweis des Verschuldens gegeben werden. Dies soll an Hand einiger Urteile aus jüngster Zeit belegt werden [2]):

Im Jahre 1924 verurteilte der Supreme Court of Michigan in Sachen Hertzler v. Manshum, 200 N.W. 155, den Hersteller von arsenikhaltigem Weizenmehl, dessen Arsengehalt den Tod eines Konsumenten verursacht hatte, der das Mehl von einem Händler gekauft hatte, zu Schadenersatz: The ultimate contemplated destination of wheat flour is human consumption. The manufacturer knows this, and owes a duty to the ultimate consumer of his product to guard against poison therein, and when he markets it he impliedly warrants it free from poison, and the purchaser thereof for consumption has a right to, and must, of necessity, rely upon such implied warranty, and such duty, represented as performed, and relied upon as having been performed, brings the maker and consumer of such food product into privity, and for an injury arising out of a breach of such duty, impliedly warranted as performed, the sufferer may reach th one in fact inflicting the injury.

Vereinzelt haben weiter die Gerichte eine direkte vertragliche Beziehung dadurch hergestellt, daß sie den unmittelbaren Käufer als Vertreter des Konsumenten auffaßten (dies besonders bei Haushaltsgeschäften), und so dem Konsumenten als undisclosed principal die Rechte aus Vertragsverletzung zugestanden [3]).

[1]) Diese Ausdrücke sind Eckhardt, Reichsgericht und Wechseltheorie in Beiträge zum Wirtschaftsrecht 2, 1051, 1060 entnommen, der mit diesem Gedanken das Wesen von Wertpapierforderungen erklärt.

[2]) Vgl. auch Coca-Cola Bottling Works v. Lyons, 111 So. 305 (Miss. 1927); Coca-Cola Bottling Works v. Sipson, 130 So. 479 (Miss. 1930); weitere Nachweise bei Williston, I, § 244, Note 47.

[3]) Ryan v. Progressive Grocery Stock, 75 N.E. 105 (N.Y. 1931); Western Union Telegraph Co. v. Redding, 129 So. 743 (Fla. 1930).

Durch diese Rechtsprechung wird die seitherige Judikatur, welche bisher eine direkte Vertragsbeziehung zwischen Produzenten und Konsumenten verneint hat: „A manufacturer does not warrant the quality of a mixture to a buyer with whom he has no privity of contract“ [1]) erheblich eingeschränkt [2]).

Es ist interessant, daß die deutsche Rechtsprechung, der wir uns nun zuwenden wollen, noch zurückhaltender gewesen ist, als die amerikanische. So hat das Reichsgericht in der oben erwähnten Entscheidung, RGZ. 87, 1, die Frage einer direkten Vertragsbeziehung geprüft, aber angenommen, daß lediglich aus der Art und Weise der Versendung in Originalpackung ein stillschweigend eingegangenes Vertragsverhältnis zwischen dem Fabrikanten und dem Verkäufer kaum zu entnehmen und daß hierin eine genügend deutliche Äußerung eines Vertragswillens nicht zu erblicken sei. Entscheidungen, die eine solche direkte Vertragsbeziehung bejahen, sind anscheinend nicht ergangen. Walter Grau irrt sich, wenn er S. 361 annimmt, daß in RGZ. 103, 77 eine solche direkte Vertragsbeziehung bejaht wäre.

Verhältnismäßig selten wird, um zu einem weiteren konstruktiven Behelf überzugehen, von der Judikatur mit der Zession der Mängelansprüche operiert, die ihrerseits mit dem Problem der Liquidation des Drittinteresses aufs engste verwandt ist. Vereinzelt hat zwar die Rechtsprechung untersucht, ob mit der Weitergabe, insbesondere mit dem Weiterverkauf eines gefährlichen Gegenstandes die Gewährleistungsansprüche gegen den Vormann stillschweigend mit abgetreten werden, so daß also durch eine ununterbrochene Kette von Zessionen eine vertragliche Beziehung zwischen Konsument und Produzent hergestellt wird. Stets aber wurde die Annahme einer solchen stillschweigenden Zession abgelehnt [3]), so daß es also nicht verwunderlich ist, daß die bisher behandelten Fälle diese Frage gar nicht erörtern.

Gegen diesen Behelf spricht nach Williston 1, § 244 einmal das Bedenken, daß in der Weitergabe eine solche still-

---

[1]) Roberts v. Anheuser Bush Assoc., 211 Mass 449, 450, 98 N.E. 95 (1912).

[2]) Vgl. auch Williston 1, §§ 244, 244a und nunmehr Illinois Law Review 26, 99.

[3]) Vgl. Gearing v. Berkson, 223 Mass. 257, 111 N.E. 785, L.R.A. 1916 D. 1006; Williston § 244 mit weiteren Nachweisen.

schweigende Zession nicht ohne weiteres gesehen werden könne, im Gegenteil vielmehr anzunehmen sei, daß der Vormann die ihm zustehenden Ansprüche behalten wolle. Zu diesem, den Ausführungen in RGZ. 59, 239 verwandten Gedankengang komme ein weiteres Bedenken: die (ausdrückliche oder gesetzliche — implied —) Garantie für Mängelfreiheit müsse wie der Versicherungsvertrag aufgefaßt werden als die Verpflichtung, den Erstkäufer (Vertragsgegner) schadlos zu halten. Daher könne zwar der Erstkäufer seinen Ersatzanspruch abtreten, sobald in seiner Person der Schaden eingetreten sei [1]). Dagegen könne er nicht den Umfang des Ersatzanspruches dadurch verändern, daß er ihn an seinen Abkäufer abtritt, und dieser dann seinen Schaden geltend macht, vielmehr bleibe der Gewährleistungsanspruch immer durch den Schaden des Versprechensempfängers begrenzt. Williston schwächt aber die Beweiskraft seines Arguments selbst ab, indem er darauf hinweist, daß ein Käufer den Schaden, den er seinem Abkäufer ersetzen muß, seinem Vormann in Rechnung stellen kann und damit im Ergebnis der Vormann so steht, als wenn er direkt in Anspruch genommen würde. Gegen die Versagung der Liquidation des Drittinteresses spricht in der Tat, daß der Schade in zahlreichen Fällen genau so gut beim Vormann hätte eintreten können und daß es daher nicht angängig ist, daß der Produzent aus der Tatsache lukriert, daß nicht sein unmittelbarer Vertragsgegner den Schaden erlitten hat.

Nicht untersucht wurde anscheinend bisher die Frage, ob der durch den Gebrauch eines dangerous thing Geschädigte dadurch einen Ersatzanspruch erwerben kann, daß ihm nach Schadenseintritt ausdrücklich von seinem Vormann dessen Rechte abgetreten werden. Diese Möglichkeit ist in Smith v. Williams 45 S.E. 394, einem Eviktionsfall, untersucht worden mit dem Ergebnis, daß der Zessionar nur die Rechte seines Vormannes geltend machen könne. (Williston Sales I § 244 N. 39.)

Das Reichsgericht hat, um zu der deutschen Rechtsprechung überzugehen, bisher anscheinend nur in RGZ. 87, 1 die Möglichkeit einer stillschweigenden Zession der Ersatz-

[1]) Vgl. hierüber Standard Sewing Mach. Co. v. New State &c. Mfg. Co., 42 Okl. 554. 141. Pac. 1111 und Olson v. Hurd, 20 Idaho, 47, 116 Pac. 358.

ansprüche [1]) mit der Weitergabe der Ware erörtert, aber diese Möglichkeit aus tatsächlichen Gründen kurz abgetan. Damit hat es sich ebenso wie die amerikanische Judikatur erspart, zu der heiklen Frage Stellung nehmen zu müssen, wie der Erwerb von Schadensersatzansprüchen durch den Konsumenten zu konstruieren ist [2]). Erwirbt dieser dadurch Rechte gegen den ersten Verkäufer, daß sein Vormann stillschweigend den ihm zustehenden vorläufig allerdings inhaltlosen Ersatzanspruch, die actio inanis [3]) abtritt, oder steht dem Vormann des Geschädigten ein Anspruch auf Schadloshaltung seines Abkäufers gegen den Produzenten zu [4])?

Oder läßt sich endlich die von Rabel für den Fall der Unmöglichkeit vertretene Ansicht, daß trotz des Vertragsbruchs der Erfüllungsanspruch bestehen bleibt, dessen Abtretung dem Dritten die Möglichkeit gibt, den Schaden in sein Vermögen zu projizieren (19), auf die hier in Frage stehenden Fälle der positiven Vertragsverletzung oder der culpa in contrahendo übertragen? Rabel selbst weist in diese Richtung, indem er (S. 21, Note 3) seine Lehre auf den Anspruch des Käufers aus arglistigem Verschweigen und wegen Mangels zugesicherter Eigenschaften ausdehnt.

Eine klare Stellungnahme zu diesem Problem wird auch in

[1]) Daß dem Käufer neben den Gewährleistungsansprüchen Schadensersatzansprüche wegen positiver Vertragsverletzung und Fahrlässigkeit beim Vertragsschluß zustehen, wird von der Doktrin zwar nicht selten abgelehnt (Lit. bei Oertmann, Vorb. 2 vor § 459) und ist von der Judikatur bisher anscheinend auch nur für den Gattungskauf entschieden (RGZ. 52, 18; 53, 200; 56, 166; 66, 289; 68, 192). An der Anerkennung einer solchen Ersatzpflicht auch beim Spezieskauf besteht aber ein dringendes Bedürfnis (s. RGR.-Kom. § 459, 6 g). Ein ideales Vorbild ist das österreichische Allgemeine bürgerliche Gesetzbuch. Nach § 932 haftet der Verkäufer für den verschuldeten Schaden.

[2]) Die auftauchenden Fragen sollen nicht näher behandelt werden, da sie den Gegenstand einer demnächst erscheinenden Schrift von Eduard Wahl bilden.

[3]) So vor allem H. A. Fischer, Schaden, 101 ff. Dagegen vor allem von Tuhr, Eigenes und fremdes Interesse bei Schadensersatz aus Verträgen, Grünhuts Z. 25, 529, 559 ff.; Rabel, Unmöglichkeit der Leistung, in der Festgabe für Bekker, S.A. 17 ff.; Kunze, Haftung des Schuldners für den Schaden des Drittbeteiligten.

[4]) So von Tuhr, Eigenes und fremdes Interesse bei Schadensersatz aus Verträgen in dem oben angeführten Aufsatz, 565 ff., stark einschränkend Krückmann, Schadensliquidation aus fremdem Interesse, Iherings J. 56, 245, 252.

RGZ. 59, 238 vermieden, wo sich das Reichsgericht mit der Wirkung einer ausdrücklichen Zession der Gewährleistungsansprüche n a c h Schadenseintritt befaßt und umgekehrt als das amerikanische Gericht entschieden hat: Hier hatte eine Bank wertlose Aktien von einem Bösgläubigen gekauft und zu ihrem Einkaufspreis weiter verkauft. Das Reichsgericht nahm an, daß die Bank schon dadurch einen Vermögensschaden erlitten hatte, daß sie für ihr gutes Geld nur wertlose Aktien erhalten hatte. Dieser einmal eingetretene Vermögensschaden sei durch die Veräußerung grundsätzlich nicht aufgegeben worden. Die Bank sei zwar infolge ihrer Gutgläubigkeit rechtlich nicht verpflichtet gewesen, die Aktien zurückzunehmen, aber nach Treu und Glauben berechtigt gewesen, ihren Anspruch an den Dritten abzugeben und damit ihm dazu zu verhelfen, seinen Schaden zu liquidieren.

Diese Argumentation hat es dem RG. erspart, zu dem von Krückmann 253 ff. aufgeworfenen Problem eindeutig Stellung zu nehmen, ob im Moment der Schadenszufügung das Interesse des Dritten schon als berechtigtes vorhanden gewesen sein muß.

Damit sind aber die Zweifelsfragen der Lehre keineswegs erschöpft. So ist, um damit abzuschließen, der Kreis der Dritten, deren Interesse liquidiert werden kann, über die Fälle der mittelbaren Stellvertretung hinaus durch die Rechtsprechung nicht abgegrenzt, da die Judikatur sich des Rechtsinstituts nur sehr zögernd bedient.

Noch seltener wird, um zu der letzten möglichen Konstruktion überzugehen, mit der Annahme eines Vertrags zugunsten Dritter von den anglo-amerikanischen Gerichten operiert. Daß dies z. B. in Devlin v. Smith oben S. 97 nicht geschehen ist, erklärt sich wohl daraus, daß zu der Zeit, als das Urteil erging, die Gerichte erst zögernd den Vertrag zugunsten Dritter anerkannten. Das hat sich seitdem vor allem im amerikanischen Rechtsgebiet sehr geändert, wie Corbin[1]) nachgewiesen hat und durch die Aufnahme des contract for the benefit of a third person in das Restatement of the Law of Contracts des American Law Institute bestätigt wird[1]). Diese Wandlung wird bestätigt durch das 1928 ergangene Urteil Ward

[1]) Contract for the benefit of a third person, Law Quarterly Rev. 46.

Baking Co. v. Trizzino 161 N.E. 557. Hier gab der Oberste Gerichtshof von Ohio der Ersatzklage eines Konsumenten gegen eine Brotfabrik, der dadurch zu Schaden kam, daß das vom Händler gekaufte Brot eine Nadel enthielt, mit der Begründung statt, daß der Händler zugunsten des Konsumenten den Vertrag auf Lieferung ungefährlicher Ware geschlossen habe: „The Baking Company, when it delivered the cake in question to the groceryman, to say the least, impliedly represented to the pu'lic, who is the ultimate consumer, that this cake is free from injurious substances and fit for consumption as food. There is no doubt that an implied warranty arises between the groceryman who purchased the cake and the Baking Company. Since the Baking Company was fully aware that the groceryman did not purchase the cakes for his own consumption, but purchased the same instead for the purpose of selling the same to members of the public, who are the ultimate consumers, this implied obligation which unquestionably arose in favor of the groceryman may be legally said to have also arisen for the benefit of the consumer. The groceryman, who is in effect merely a distributing medium for the articles of food furnished by the Baking Company, and the Baking Company having full knowledge of that fact, dealt with each other and entered into a contractual relationship for the benefit of the public, which is the ultimate consumer. In other words, this contract between the groceryman and the Ward Baking Company to all intents and purposes was a contract entered into for the benefit of a third party, to wit, the ultimate consumer. Whatever implied warranty arises in favor of the groceryman, who established the contractual relationship with the Baking Company, is for the benefit of this third party, namely, the ultimate consumer."

Auch das deutsche Reichsgericht neigt dazu, in ähnlich gelagerten Fällen mit der Annahme eines Vertrages zugunsten Dritter zu helfen, wie die unlängst ergangene Entscheidung des Reichsgerichts vom 10. Februar 1930 (RGZ. 127, 218 JW. 1930, 3092) zeigt. In diesem ungemein interessanten Falle war die

[1]) Vgl. hierüber Neuner, Einführende Bemerkungen zum Restatement of the Law of Contracts, Rabels Z. 5, 32 ff., 53.

[2]) Kress v. Lindsey, 262 Fed. 331 (1919); Nelson v. Armour Packing Co., 76 Ark. 352, 90 S.W. 288 (1905).

Klägerin — eine Aufwartefrau — dadurch zu Schaden gekommen, daß der Monteur einer Installationsfirma den von der Dienstherrschaft gegebenen Auftrag auf Verlegung der Gasuhr mangelhaft ausgeführt hatte. Nach Ansicht des Reichsgerichts steht in einem solchen Falle der Anspruch auf Beobachtung der Sorgfalt und damit der Anspruch auf Ersatz des durch eine Vernachlässigung der Sorgfaltspflicht verursachten Schadens nicht nur der Dienstherrschaft als der Vertragsgegnerin beim Werkvertrag zu, sondern auch der Klägerin, da insoweit ein Vertrag zugunsten Dritter anzunehmen sei.

Das Interessante und wohl auch dogmatisch Bedenkliche der Entscheidung besteht darin, daß, wenn man den zugrundeliegenden Vertrag nicht ganz gewaltsam streckt, man im entschiedenen Fall unmöglich sagen kann, daß die Klägerin einen Leistungsanspruch habe. Der Klägerin wird dennoch ein Sorgfaltsanspruch zugestanden, also in bedenklicher Weise (vgl. Siber, Rechtszwang im Schuldverhältnis, 169 ff.; Oertmann, LZ. 1931, 205, Kommentar § 241, 4 c) der Anspruch auf Sorgfaltsanwendung von dem Leistungsanspruch abgespalten. Diese Begründung der im Ergebnis beifallswerten Entscheidung läßt sich letzten Endes nur aus dem Bestreben erklären, den § 831 zu umgehen [1]) und tut dar, wie berechtigt der oben S. 54 gemachte Vorschlag ist, die absolute Haftung des Geschäftsherrn insoweit einzuführen, als der Wirkungskreis des Bestellers und damit auch die Gefährdungsmöglichkeit Dritter objektiv voraussehbar sind.

4. Sorgfalt und Voraussehbarkeit.

a) Aus der Definition des § 166 in Verbindung mit § 169, der ein nachlässiges Verhalten als ein solches bezeichnet, das die ungebührliche Chance der Gefährdung der geschützten Rechtsgüter eines anderen mit sich bringt, ergibt sich, daß für die Nachlässigkeit die Voraussehbarkeit eines rechtswidrigen Erfolges wesentlich ist. Nach der Definition des Draft genügt aber nicht jedes Risiko einer Gefährdung anderer. Vielmehr muß es sich um ein unreasonable risk handeln. Die Voraussehbarkeit eines rechtwidrigen Erfolges macht also allein

[1]) So richtig W. Grau, Zusammenhängende Rechtsverhältnisse in der Gedächtnisschrift für Emil Seckel 354 und wohl auch Leonhard, Allgemeines Schuldrecht 353.

nicht das Wesen der Nachlässigkeit aus. Hierüber enthält der Draft in § 172 folgende interessante Bestimmung:

„When an act is one which a reasonable man would recognize as involving a risk of harm to another, the risk is unreasonable if it is of such magnitude as to outweigh what the law regards as the utility of the act or of the particular manner in which it is done."

Bei der Beurteilung der Frage, ob ein unreasonable risk vorliegt, ist außer dem Wahrscheinlichkeitsgrade des Risikos nach dem Draft der Wert der Handlung und des durch sie gefährdeten Gutes gegeneinander abzuwägen. Der Draft versucht ganz eingehende Richtlinien aufzustellen, die in einer Note wiedergegeben werden sollen [1]).

Aus § 172, der darauf abstellt, ob ein reasonable man die Chance einer Gefährdung gegeben sah, läßt sich der richtige auch in der deutschen Literatur und Judikatur (Oertmann S. 276, 26 und unten S. 158) vertretene Gedanke entnehmen, daß ein Verhalten nicht deshalb schon nachlässig ist, weil ein Schaden als Folge voraussehbar war. Es ist weiter erforderlich, daß dem Täter ein Vorwurf zu machen ist, weil er sich durch die Voraussehbarkeit eines Schadens nicht von seinem gefährlichen Verhalten hat abhalten lassen. Damit fallen alle die Fälle heraus, in denen zwar ein Schade voraussehbar war, ein vernünf-

---

[1]) § 173.

In determining what the law regards as the utility of the actor's conduct, the following factors are important:

(a) the value which the law attaches to the interest which is to be advanced or protected by the conduct,

b) the extent of the chance that this interest will be advanced or protected by the particular course of conduct, and

(c) the extent of the chance that such interest can be adequately advanced or protected by another and less dangerous course of conduct.

§ 174.

In determining the magnitude of the risk the following factors are important:

(a) the value which the law attaches to the interests which are imperiled;

(b) the extent of the chance that the actor's conduct will cause an invasion of any interest of the other or of one of a class of which the other is a member;

(c) the extent of the harm likely to be caused to the interests imperiled; and

(d) the number of persons whose interests are likely to be invaded if the risk takes effect in injury.

tiger, pflichtmäßig handelnder Mensch aber dennoch gehandelt hätte, z. B. weil die Wahrscheinlichkeit eines Schadens zu entfernt war oder ganz allgemein ein Andershandeln ihm nicht zuzumuten war.

Wenn darüber hinaus die §§ 173, 174 auch die Fälle mit zu umfassen scheinen, die wir dem Notstand oder der Notwehr zurechnen würden, so handelt es sich vom Standpunkt der Systematik des BGB. in diesen Fällen nicht mehr um ein Fehlen der Fahrlässigkeit oder allgemein der Schuld, vielmehr um ein Fehlen der Rechtswidrigkeit (Enneccerus §§ 221, 222).

b) aa) In § 155 des Draft wird das Erfordernis der Voraussehbarkeit eines rechtswidrigen Erfolges noch weiter dahin spezialisiert, daß verlangt wird, der Täter müsse in Bezug auf das verletzte oder ein diesem gleichwertiges Rechtsgut nachlässig gewesen sein, d. h. also die Möglichkeit der Beeinträchtigung des verletzten oder eines diesem gleichwertigen Rechtsguts muß voraussehbar gewesen sein.

Für den deutschen Juristen liegt es bei der Auslegung dieser Bestimmung nahe zu fragen (vgl. v. Tuhr II 2, 487 N. 52; Oertmann § 276, 1 b $\gamma\gamma$) einmal, ob nach dem Draft negligence im konkreten Fall nur dann zu bejahen ist, wenn die konkrete Gestaltung des rechtswidrigen Erfolges voraussehbar gewesen ist, und sodann, ob für die aus dem rechtswidrigen Erfolg sich ergebenden weiteren schädlichen Folgen nur dann Ersatz zu leisten ist, wenn auch diese Folgen voraussehbar gewesen sind. Beides ist nach deutschem Recht nicht erforderlich. Vielmehr genügt es, daß der Erfolg „als Ganzes", nicht seine konkrete Ausgestaltung voraussehbar war (RG. JW. 1915, 577; Oertmann § 276, 1 b $\gamma\gamma$; (Planck)-Siber § 276, 26 b α; v. Tuhr II 2, 487), und weiter muß sich die Voraussehbarkeit nur auf den „näheren Erfolg" beziehen, nicht auf die weiteren schädlichen Wirkungen; insoweit muß nur adaequatur Kausalzusammenhang vorliegen (Enneccerus-Lehmann § 228 III 1).

Die gleiche Auffassung vertritt, nachdem diese Fragen längere Zeit offen waren, nunmehr auch die neuere[1]) anglo-

---

[1]) Anders noch für Bejahung des Erfordernisses der konkreten Voraussehbarkeit Gilman v. Noyes (1876) 57 N.H. 627: Der Beklagte ließ nachlässig ein Weidengatter offen, sodaß die Schafe des Klägers aus dem geschützten Weideplatz entwichen und von Bären gefressen wurden. Nach dem Urteil hängt die Haftung des Beklagten davon ab, ob unter Würdigung der Umstände des Einzelfalles es als wahrscheinlich voraus-

amerikanische Rechtsprechung und Doktrin[1]), indem sie die beiden Fragen nicht trennt, sondern unter dem Gesichtspunkt der measure of damages behandelt (Holdsworth 8, 462), wenigstens für das Deliktsrecht. Insoweit ist, wie Holdsworth 8, 463 mit Recht betont, die Verschuldenshaftung durchbrochen. Grundlegend ist das bekannte, auch von amerikanischen Gerichten beifällig zitierte englische Urteil in Re Polemis.

Im Polemisfall (1921) 3 K.B. 560 wurden die Charterer eines Dampfers verurteilt, den Eigentümern Schadensersatz zu zahlen für die Vernichtung des Dampfers durch Feuer. Dieses war dadurch entstanden, daß ein Arbeiter beim Umladen von Waren durch Nachlässigkeit eine Planke in den mit Benzinfässern gefüllten Lagerraum hatte fallen lassen, was zu einer Benzinexplosion führte. Trotzdem ausdrücklich hervorgehoben wurde, daß eine Explosion nicht voraussehbar gewesen sei, sondern nur eine Beschädigung des Schiffes, wurden die Charterer verurteilt, da die konkrete Gestaltung des Kausalverlaufes nicht voraussehbar gewesen sein müsse, damit er einer negligence zugeschrieben werden könne. „To determine whether an act is negligent, it is relevant to determine whether any reasonable person would foresee that the act would cause damage; if he would not, the act is not negligent. But if the act would or might probably cause damage, the fact that the damage that it in fact causes is not the exact kind of damage one would expect is immaterial, so long as the damage is in fact directly traceable to the negligent act, and not due to the operation of independent causes having no connection with the negligent act, except that they could not avoid its results. Once the act is negligent, the fact that its exact operation was not foreseen, is immaterial."

Die Entscheidung führt als Präjudiz das bekannte Urteil Smith v. L.R.Co (1870) L.R. 6 C.P. 14 an, dem folgender Tatbestand zugrunde lag: Arbeiter der beklagten Eisenbahngesellschaft schichteten längs des Bahnkörpers Haufen von Kohlen-

---

sehbar anzusehen gewesen sei, daß die Schafe von Bären gefressen wurden. Vgl. auch Ryan v. New York Cent R Co. (1866) 35 N.Y. 210, Noag. v. Lake Shore etc. R Co. (1877) 85 Pa. St. 203, Bunling v. Nogsett (1891) 139 Pa. St. 30. — Ebenso war in England vor dem Polemisfall nach dem Urteil von Pollock, L.Q.R. 38, 165 und von Holdsworth 8, 462 es durchaus zweifelhaft, ob nicht der Umfang der Ersatzpflicht auf den voraussehbaren Schaden beschränkt war.

[1]) Beven, 105—108; Jeremiah Smith, Legal Cause in Actions in Actions of Tort Harv. Essays 698.

schlacken auf, die 14 Tage lang während eines sehr heißen August dort liegen blieben. Durch Funkenflug wurde ein Haufen angesteckt, das Feuer breitete sich über ein Stoppelfeld und eine Landstraße aus und erreichte so das Haus des Klägers, das 200 Yards vom Bahnkörper entfernt lag. Die Mehrzahl der Richter war der Ansicht, daß der Eisenbahngesellschaft eine fahrlässige Verursachung des Brandes deshalb zur Last falle (Holmes 92, Goddart 110), weil dieser Erfolg für einen reasonable prudent man voraussehbar gewesen sei. Einige Richter gingen noch weiter, indem sie die Ansicht aussprachen, daß auch dann, wenn die Angestellten den Brand nicht voraussehen konnten, die Gesellschaft hafte. Es genüge, daß die Angestellten als wahrscheinlich den Brand der Kohlenhaufen voraussehen konnten. War dies der Fall, so mußten sie für allen natürlicherweise eintretenden Schaden einstehen (14, 20, 21).

Cardozo geht im Palsgraffall sogar so weit, allerdings nur als obiter dictum, auszusprechen, daß „negligence ... would entail liability for any and all consequences, however novel and extraordinary."

Es ist nun nicht sicher, inwieweit der Draft von dieser feststehenden Judikatur abweichen will. Dem Kommentar (Comment g zu § 165) läßt sich nur entnehmen, daß die Ersatzpflicht wegen negligence auf Grund von § 165 in dem seltenen Fall zu verneinen ist, daß nur ein Sachschaden voraussehbar gewesen ist, während unglücklicherweise ein Personenschaden eintritt, der unvoraussehbar gewesen ist. Umgekehrt wird zufolge des Kommentars gehaftet, wenn statt der voraussehbaren Körperverletzung der Tod eintritt. Ob aber, um den Palsgraf-Fall zu variieren, nach § 165 b die Ersatzpflicht zu verneinen wäre, wenn die Paketexplosion den Träger selbst verletzt hätte, ist sehr fraglich. Sicher hätte nach der von Cardozo vertretenen Ansicht die Bahn für diesen consequential damage aufzukommen.

bb) Die bisher behandelten Grundsätze dürften nur für das Deliktsrecht gelten [1]). Der Einfluß der Voraussehbarkeit auf

---

[1]) Pollock 37 ff.; Green, Negligence and Proximate Cause (1922), Texas Law Rev. 1, 245. Zweifelnd Winfield, The Province of the Law of Torts, 42 ff., der mit Recht darauf hinweist, daß im Polemis-Fall aus einer Charte-partie, also aus Vertrag geklagt wurde. Winfield weist aber darauf hin, daß das Gericht 1. Instanz und wohl auch der Court of Appeal die Klage als Deliktsklage aufgefaßt haben.

den Schadensumfang im Falle einer Vertragsverletzung, insbesondere die Bedeutung der Entscheidung Hadley v. Baxendale, scheidet hier aus, da eine Darstellung dieser Lehre ohne eine Behandlung der Theorie vom Kausalzusammenhang nicht möglich ist. Denn vom Standpunkt der anglo-amerikanischen Systematik handelt es sich hier um das Problem der proximity of causation [1]).

5. Der Maßstab der Beurteilung.

§ 167 des Draft bestimmt: „Unless the actor is a child or an insane person, the standard of conduct to which he must conform is that of a reasonable man under like circumstances".

a) Zunächst ist die Vorfrage zu beantworten, wer das Maß der Sorgfalt aufstellt, dem der Täter entsprechen muß, um dem Vorwurf mangelnder Sorgfalt nicht ausgesetzt zu sein. Diese Frage beantwortet § 168 des Draft, der bestimmt: „The standard conduct of a reasonable man

(a) may be established by a legislative enactment or a judicial decision, or

(b) may be applied to the facts of the case by the trial judge or the jury, if there be no such legislative enactment or judicial decision".

§ 168 des Draft zeigt also die richtige Erkenntnis, daß es unmöglich ist, den Standard des Verhaltens nach den gesetzlichen Vorschriften (worunter auch polizeiliche Verordnungen fallen) oder der Rechtsprechung zu beurteilen. Es kommt vor allem auf die konkrete Einzelsituation bei der Beurteilung an. Mit Recht betont deshalb die Rechtsprechung ganz allgemein, „negligence is the absence of care according to the circumstances" (Palsgraf v. Long Island Ry. Co. 162 N.E. 99 ff.; Salmond 29). — § 168 verweist also ebenso wie der § 276 BGB., der die Fahrlässigkeit als Außerachtlassung der im Verkehr erforderlichen Sorgfalt bezeichnet, auf die „Lebensordnung" (Heck 77).

Hierin liegt der richtige Gedanke, daß der Sorgfaltsmaßstab sich entscheidend nach der Art der vorgenommenen Handlung richtet. Denn der Verkehr verlangt in einzelnen Fällen eine erhöhte Aufmerksamkeit, ein größeres Maß von Nachdenken und Überlegen, von Zeitaufwand als in Normalfällen.

---

[1]) Nur so viel sei bemerkt, daß nach allgemeiner Auffassung die Ersatzpflicht nicht so weit geht wie im Deliktsrecht, was aus dem mangelnden Verpflichtungswillen hergeleitet wird. Statt aller Winfield, 41.

Von Bedeutung sind unter diesem Gesichtspunkt oft auch die örtlichen Verhältnisse. So kann in einer Großstadt als schuldhaft unvorsichtig oft schon ein Verhalten zu beurteilen sein, das in einem Landstädtchen noch als genügend sorgfältig angesehen werden kann. So hat das Reichsgericht in der Entscheidung RGZ. 113, 425 mit Recht hervorgehoben, daß in Berlin mit Rücksicht auf die besonderen Gefahren der Großstadt für die Kleiderablage Marken verwendet werden müssen, die einen diese Gefahren berücksichtigenden Schutz gegen Fälschungen bieten (vgl. auch RGZ. 125, 87).

b) Es fragt sich, ob der Satz, daß der Richter bei der Prüfung der Frage, ob negligence vorliegt, die Umstände des einzelnen Falles berücksichtigen soll, den Richter in die Lage versetzt, bei der Würdigung der gesamten Umstände auch die Persönlichkeit des Täters zu berücksichtigen, oder ob ihm dies verwehrt ist. Diese Frage liegt dem deutschen Juristen deshalb besonders nahe, weil seit der Arbeit von Franz Leonhard, „Fahrlässigkeit und Unfähigkeit", in der Festschrift für Enneccerus, im deutschen Schrifttum sich die Zahl derer mehrt, die annehmen, daß der abstrakte Maßstab zwar für die Sorgfalt, d. h. für die Frage in Betracht komme, ob mit der erforderlichen Sorge, Aufmerksamkeit und Beharrlichkeit verfahren sei, bezüglich aller aber nicht vom Willen abhängigen geistigen oder körperlichen Eigenschaften nur die Individualität der betreffenden Person entscheidend sein könne [1]).

Die Antwort auf diese Frage gibt der schon eingangs erwähnte § 168, indem er bestimmt, daß der Sorgfaltsmaßstab das Verhalten eines ordinary prudent man ist, sofern es sich nicht um ein Kind oder um einen Geisteskranken handelt.

Daraus kann der Schluß gezogen werden, daß im übrigen die Individualität des Täters nicht berücksichtigt wird.

Welchen Standpunkt die Rechtsprechung einnimmt, wird nunmehr zu zeigen sein.

aa) Sicher ist nach den vorhandenen Entscheidungen zunächst, daß die Frage, welches Maß an Sorgfalt im einzelnen Fall zu leisten war, danach beurteilt wird, wie ein reasonable prudent man sich verhalten hätte, und nicht nach der indivi-

---

[1]) Enneccerus § 197, 3; von Tuhr II 2, 489; (Planck)-Siber § 276, 1b; Leonhard Allgemeines Schuldrecht 439 ff.; Dölle, Verhandlungen des 34. Deutschen Juristentages 1, 115; Enneccerus-Nipperdey § 197 I 3a.

duellen Anschauung des Täters vom Erforderlichen. So wurde in der berühmten englischen Entscheidung Vaughan v. Menlowe (1837) 3 Bing. N.C. 468 der Beklagte mit seinem Einwand nicht gehört, daß „he had acted bona fide to the best of his judgment", und betont: „The care taken by a prudent man has always been the rule laid down ... Instead, therefore, of saying that the liability for negligence should be co-extensive with the judgment of each individual, which would be as variable as the length of the foot of each individual, we ought rather to adhere to the rule which requires in all cases a regard to caution such as a man of ordinary prudence would observe" (Chief Justice Tindal).

Die Rechtsprechung ist zur Ausbildung der nachfolgenden Einzelregeln gelangt:

Entspricht das Verhalten des Täters dem eines reasonable man, so ist er von dem Vorwurf der negligence auch dann befreit, wenn ein bestimmtes Verhalten noch vernünftiger gewesen wäre (Cartright v. Chicago & STR. Co., 52 Mich. 606, 18 N.W. 380 [1884]; Metropolitan Ry. Co. v. Wright LR. 11 App. Cas. 152 [1880], Pollock 443).

Sieht sich der Täter einer plötzlich drohenden Gefahr gegenüber, die auch einen normalen Menschen der kühlen Überlegung berauben würde, so ist es unschädlich, wenn er sich anders verhält, als er sich bei ruhiger Überlegung verhalten würde. Aber auch hier muß sich der Täter wie ein normaler Mensch benehmen (New-Orleans SL. & C.R.R. Co. v. Burke, 53 Miss. 200 [1876] Pennsylvania R.R. Co. v. Snyder, 55 Ohio St. 342, 45 N.E. 559 [1896]). Diese Regel ist ebenso wie die andere, daß die Voraussehbarkeit eines schädlichen Erfolges das Wesen der negligence allein nicht ausmacht (oben S. 120) von besonderer Bedeutung für die Dogmatik der Nachlässigkeit, sie wird uns unten S. 158 noch näher beschäftigen.

Der Standard des ordinary man wechselt nach der Berufsklasse, welcher der Täter angehört. So wird von einem Arzt „that reasonable care, skill and diligence as physicians in the same neighbourhood, in the same general line of practice ordinarily have and exercise in like cases" verlangt (Nelson v. Sandell, 202 Jova 109, 111, 209 N.W. 440, 441, 46 A.L.R. 1447).

Nimmt der Täter eine Handlung vor, zu deren Vornahme besondere, über die eines normalen Menschen hinausgehende Fähigkeiten erforderlich sind, so ist er zur Aufwendung dieser

Fähigkeit verpflichtet, zu allem „that any skilful person could reasonably be required to do in such a case“. Es gilt also der Satz imperitia culpae adnumeratur (so Pollock 28). Eine Ausnahme gilt für Fälle der sogenannten first aid, also für Hilfeleistung in besonderen Notfällen.

Normalerweise ist dem Standard eines reasonable man genügt, wenn der Täter bei seinem Verhalten davon ausgeht, daß die anderen Rechtsgenossen ihrerseits vernünftig und sorgfältig verfahren, aber dies gilt nicht, wenn dem Täter das Gegenteil bekannt war (Seavy, Harvard Law Rev. 41, 19). Verhält sich der Täter entsprechend einem ständigen Verhalten, so liegt darin ein Indiz dafür, daß sein Verhalten nicht unreasonable ist. Natürlich kann sich der Täter nicht damit verteidigen, daß er sich regelmäßig so zu verhalten pflege. Jedoch ist nur der „gesunde Verkehr“ maßgeblich, nicht Nachlässigkeiten, auch wenn sie noch so allgemein üblich sind: „While in some jurisdictions the ordinary usage or custom of the business or occupation is made the test of negligence, the weight of authority is that as negligence is the failure or doing to do what a reasonable would do under like circumstances, the test of ordinary custom, while relevant and admissible in evidence is not controlling, especially when the custom is clearly a careless and dangerous one“ (Sea Board Air Line Ry. Co. v. Walson, 113 So. 716, 718 [Fla. 1927]; Commanche Duke Oil Co. v. Texas & Pac. C. & C. Co., 298 S.W. 554, 563 [Tex. Com. App. 1927]). Auch dies entspricht der deutschen Rechtsprechung: RGZ. 102, 49; JW. 1920, 564; RGZ. 625, 99.

bb) Dagegen läßt sich nicht mit völliger Sicherheit die Frage beantworten, ob nach der Rechtsprechung dieser objektive Maßstab auch dann noch gilt, wenn der Täter nach seinen subjektiven Fähigkeiten diesem Maßstab nicht entsprechen konnte [1]).

Nicht einmal für Kinder [2]) und Geisteskranke ist eine sichere Antwort möglich, da Entscheidungen fehlen. Es gibt nur Entscheidungen, welche die Haftung bejahen füu vorsätzlich

[1]) Edgerton, Negligence, Inadvertence and Indifference: The Relation of Mental State to Negligence, 39 Harvard Law Rev. 849, 1916; Seavey, Negligence-Subjective or Objective, 41 Havard Law Rev. 1 ff., 1927).

[2]) Bohlen, Studies in the Law of Torts 543, 571; Cooley, Torts 2, 1469 (1906). Terry, Negligence, Harvard Law Rev. 29, 40, 47 (1915); Shulman, The Standard of Care Required of Children (1927).

begangene unerlaubte Handlungen von Kindern (Magee v. Willing, 31 L.I. 37, Pa. 1874; Nectove v. Palama, 15 Hawai, 127; in beiden nach Bohlen, Liability in Tort of Infants and Insane Persons, Michigan Law Rev. 23, 9 N.I. zitierten Entscheidungen handelt es sich um Kinder unter 7 Jahren).

Doch läßt sich meines Erachtens aus diesen Entscheidungen, die den Vorsatz bei Kindern bejahen, ein Schluß dahin nicht ziehen, daß Kinder und Geisteskranke ohne jede Berücksichtigung ihrer geistigen Reife für ein gefährliches Verhalten haften, da Vorsatz und Fahrlässigkeit in ihrem Unwertgehalt zu verschieden sind.

Eher dürfte es zulässig sein, aus den zahlreichen Entscheidungen über das mitwirkende Verschulden von Kindern und Geisteskranken mit dem Draft (§ 167) den Schluß zu ziehen, daß Kinder nur die ihrer Altersstufe entsprechenden subjektiven Fähigkeiten haben müssen [1]), und Geisteskranke überhaupt nicht haften.

Ganz allgemein dürfte man aus den Entscheidungen über contributory negligence den Schluß ziehen, daß körperliche Gebrechen, wie z. B. Blindheit, Lahmheit, Altersschwäche berücksichtigt werden, sofern nicht dem Täter ein Vorwurf daraus zu machen ist, daß er sich in die gefahrbringende Situation begeben hat. Doch ist bei der Verwertung der zahlreichen Entscheidungen aus dem Recht der contributory negligence, in denen bei der Beurteilung, ob dem Verletzten eine solche zur Last fällt, die körperliche Gebrechlichkeit berücksichtigt [2]) wird, Vorsicht geboten. Einmal stehen diesen Entscheidungen zahlreiche Entscheidungen mit der Gegenansicht gegenüber [3]), sodann lassen die Entscheidungen deshalb ein sicheres Urteil nicht zu, weil eine contributory negligence des Verletzten, wie unten S. 160 behandelt wird, jeden Ersatzanspruch ausschließt. Es

---

[1]) So nunmehr auch Charbonnau v. Mc Rury, 153 Atl. 457 (N. H. 1931) und dazu die Noten in Pensylvania Law Rev. 79. 1153 und Virginia Law Rev. 17, 698; ferner Briese v. Maechtle, 146 Wis. 89, 130 N.W. 893 (1911).

[2]) „If we apply to her the standard of what ordinarily careful women of her age and experiance would do under like circumstances, how can we conclude that she was careless“ (Kilsap County Trans. Co. v. Harvey, 15 F. (2 d) 166, 168 (C.C.A. 1927).

[3]) Worthington v. Mencer, 11 So. 72 (1892); Georgia Cotton Co. v. Jackson, 37 S.E. 873 (1901); Taylor v. Richard R.R. 13 S.E. 736 (1891); Bessemer Land Co. v. Campbell 25 So. 793 (1898).

ist also durchaus möglich, daß die Gerichte bei der Beurteilung der contributory negligence einen anderen Maßstab anlegen als bei der Prüfung, ob dem Täter negligence zur Last fällt.

Die Annahme, daß andere subjektive Fehler, z. B. Dummheit, von der Rechtsprechung nicht berücksichtigt werden, wird durch die Entscheidungen belegt, in denen dem Täter zur negligence angerechnet wird, daß ihm ein allgemeines Erfahrungswissen unbekannt ist. So wurde in Linnehan v. Sampson, 126 Mass. 506 (1878) vom Gericht zwar ausgesprochen, daß der Halter eines Bullen nur dann hafte, wenn ihm die Gefährlichkeit des Bullen bekannt sei, aber weiter ausgeführt, daß die Jury ohne besondere Beweiserhebung unterstellen dürfe, daß der Beklagte die in der Nachbarschaft bekannte Gefährlichkeit des Bullen auch kenne. Ebenso wurde in Commonwealth v. Pierce, 138 Mass. 165, 179 (1884) von Holmes ausgesprochen, daß: „if the dangers are characteristic of the class according to common experience, than he who uses an article of the class upon another cannot escape on the ground that he had less than common experience".

Endlich wurde in Hammond v. Melton, 42 Ill. App. 186, 189 (1891) entschieden, daß der Halter eines Zuchthengstes die Gefährlichkeit von Zuchthengsten kennen müsse.

Die Annahme, daß mangelnde geistige Fähigkeiten nicht berücksichtigt werden, wird (worauf Edgerton 854 mit Recht hinweist) endlich durch die Tatsache bestätigt, daß in dem Index von Wigmore „On Evidence" auf keinen Einzelfall hingewiesen wird, in dem ein wegen negligence Verklagter sich zum Beweis dafür erboten hat, daß er es an keiner Willensanspannung habe fehlen lassen. Der selbe Index weist aber eine ganze Spalte von Fällen auf, in denen Beweis dafür angetreten wurde, daß es dem Täter an der intention gefehlt habe.

Ein sicheres Urteil ist dennoch nicht möglich, weil über die Frage, ob der Täter nachlässig gehandelt hat, die Jury entscheidet und dieser nur die Frage vorgelegt wird, ob der Täter wie ein ordinary prudent man under like circumstances[1]) gehandelt habe[2]).

Ein anschauliches Beispiel hiefür findet sich in der Ent-

[1]) Dieser Zusatz ist unerläßlich: Yerkes v. Northern Pac. Co, 88 N.W. 33, 36 (1901).

[2]) Unzählige Beispiele bei Randall, Instructions to Juries (1922) §§ 40 49 ff.

scheidung Grand Trunk Ry. v. Ives 144 U.S. 408, 416 (1892): „You fix the standard for reasonable, prudent and cautious men under the circumstances of the case as you find them, according to your judgment and experience of what that class of men do under these circumstances, and then test the conduct involved and try it that standard; and neither the judge who tries the case nor any other person can supply you with the criterion of judgment by any opinion he may have on that subject". Diese Instruktion wurde ausdrücklich vom Supreme Court gebilligt: „But it seems to us that the instruction was correct, as an abstract principle of law, and was also applicable to the facts brougt out at the trial of the case. There is no fixed standard in the law by which a court is enabled to arbitrarily say in every case what conduct shall be considered reasonable and prudent, and what shall constitute ordinary care, under any and all circumstances. The terms „ordinary care", „reasonable prudence", and suchlike terms, as applied to the conduct and affairs of men, have a relative significance and cannot be arbitrarily defined. What may be deemed ordinary care in one case, may, under different surroundings and circumstances be gross negligence. The policy of the law has relegated the determination of such questions to the jury under proper instructions from the court.

Es ist also durchaus möglich, daß die Geschworenen bei der Berücksichtigung der Umstände auch die subjektiven Fähigkeiten des Täters berücksichtigen, sofern dies ihrem „konkreten, ethisch oder politisch oder sozialpolitisch bedingten Gefühl" [1]) entspricht. Jedoch ist dies häufig ebensowenig festzustellen, wie bei unseren alten Schwurgerichten ersichtlich war, aus welchem Grunde der Wahrspruch der Geschworenen erfolgte.

Die Doktrin ist in ihrer Mehrheit wohl gegen die Berücksichtigung der subjektiven Fähigkeiten. So betont Edgerton mit aller Deutlichkeit: „The individual's actual mental caracteristics and qualities, capacities and habits, reactions and processes, are not, then among the „circumstances" which the law considers in determining whether his conduct was, under the circumstances, reasonably safe. He must behave as well (as safely) as if he were in all mental respects normal, though

[1]) Max Weber, Wirtschaft und Gesellschaft, 2, 470.

he may be in some respects subnormal. In fact the broad proposition that no mental fact about the (same) individual is material would seem to require only one substantial qualification; his special knowledge is highly material.“

Besonders deutlich ist auch Holmes 107: „Suppose that a defendant were allowed to testify that, before acting, he considered carefully what would be the conduct of a prudent man under the circumstances, and, having formed the best judgement he could, acted accordingly. If the story was believed, it would be conclusive against the defendant's negligence judged by a moral standard which would take his personal caracteristics into account. But supposing any such evidence to have got before the jury, it is very clear that the court would say „Gentlemen, the question is not whether the defendant thought his conduct was that of a prudent man, but whether you think it was.“ “

Seavey befürwortet in einem Artikel in der Harvard Law Review, welcher der Vorbereitung des Draft diente, die Unkenntnis des Täters von Tatsachen des allgemeinen Erfahrungswissens nicht als Fahrlässigkeit anzusehn, so, wenn jemand mit Dynamit spiele, ohne den gefährlichen Sprengstoff zu kennen (18).

Der Draft hat sich diese Einschränkung nicht zu eigen gemacht: In Anlehnung an Holmes 57 vertritt er die Auffassung, daß jedermann die gefährlichen Eigenschaften von Dingen und Kräften, soweit sie dem breiten Publikum bekannt seien, kennen müsse und eine Unkenntnis zu vertreten habe: „For the purpose of determining whether the actor should recognize that his conduct involves a risk, he is assumed to know

a) the qualities and habits of human beings and animals and the qualities, caracteristics and capacities of things and forces in so far as they are matters of common knowledge at the time and in the community.

. . . .

Geht man davon aus, daß die herrschende objektive Kulpa-Doktrin in der angelsächsischen Judikatur ihre Stütze findet, so entspricht die negligence auch in der Art ihrer Bemessung der Fahrlässigkeit des deutschen bürgerlichen Rechts. Denn nach der herrschenden Lehre liegt Fahrlässigkeit schon dann vor, „wenn objektiv nicht die von der Verkehrssitte für das vorliegende Verhältnis erforderte Sorgfalt angewendet ist, ohne daß es darauf ankommt, daß der Handelnde „seinerseits verstanden und erfaßt hat, was der Verkehr von ihm zur Verhütung des Schadens verlangt" (Oertmann § 226 1 b; Adler, Unverschuldetes Unrecht 1910; Dernburg § 63 II 2 c; Linkelmann, Schadenersatzpflicht 37; Rabel, Haftpflicht des Arztes 81 ff.; Rümelin, Verschulden im Straf- und Civilrecht 37 ff.; Oertmann, Leipziger Zeitschrift 24, 241). Auch das Reichsgericht hat in zahlreichen Entscheidungen ausgesprochen, daß bei der Beurteilung die individuellen Fähigkeiten außer Betracht bleiben (so in Gruchot 48, 784; 50, 931 f.; RGZ. 68, 423; Seuff 64, 393; RG. JW. 1928, 1049; abweichend jedoch WarnRspr. 10, 7), ohne daß man allerdings sagen könnte, daß die Entscheidungen bei Anwendung der Gegenmeinung anders ausgefallen wären [1]). Diese Rechtsprechung, die auch nicht in neuerer Zeit aufgegeben worden ist, wie die Marburger Dissertation von Unverzagt, Fahrlässigkeit 26, zu Unrecht annimmt, ist zu billigen.

Die Argumente der Gegner der objektiven Kulpatheorie sind nicht überzeugend: den Gegnern, die sich auf die Unbilligkeit der Durchführung des objektiven Maßstabes berufen (Leonhard, Allgemeines Schuldrecht 445), ist entgegenzuhalten, daß bei dem Ausgleich der einander widerstreitenden Interessen der Allgemeinheit [2]) an einem objektiven und des Einzelnen an einem subjektiven Maßstab, im Zivilrecht das Interesse der Allgemeinheit als das schutzwürdigere vorgehen muß. Die Mitglieder der menschlichen Gesellschaft sollen einer berechenbaren Größe gegenüberstehen, dem diligens pater familias, dem ordinary prudent man. Dies betont mit Recht Holmes, Common Law 108: „The standards of the law are standards of general application. The law takes no account of the infinite varieties of temperament, intellect, and education which make the internal character of a given act so different in different men. It does not attempt to see men as God sees them, for more than one sufficient reason. In the first place, the impossibility of nicely measuring a man's powers and limitations is far clearer than that of ascertaining his knowledge of law, which has been thought to account for what is called the presumption that every man knows the law. But a more satisfactory explanation is, that, when men live in society, a certain average of conduct, a sacrifice of individual pecularities going beyond a certain point, is necessary to the general welfare. If, for instance, a

[1]) Vgl. zu RG. JW. 1928 1049 = RGZ. 119, 400 die Note von Pappenheim. [2]) Über das Vertragsrecht siehe aber S. 134.

man is born hasty and awkward, is always having accidents and hurting himself or his neighbors, no doubt his congenital defects will be allowed for in the courts of Heaven, but his slips are no less troublesome to his neighbors than if they sprang from guilty neglect. His neighbors accordingly require him, at his proper peril, to come up to their standard, and the courts which they establish decline to take his personal equation into account."

Die Gegner wenden ein, daß die Durchführung des objektiven Maßstabes im Interesse des Verkehrs deshalb nicht nötig sei, weil in der freiwilligen Übernahme einer Handlung ohne die dazu erforderliche Kenntnis, Geschicklichkeit oder Kraft schon ein Verschulden liege. Denn die Sorgfaltspflicht verlange, daß man sich nicht mit Geschäften befasse, denen man nicht gewachsen sei. Dieser Einwand ist nicht stichhaltig, denn das Übernahmeverschulden, will man es nicht zu einer Fiktion verflüchtigen, versagt gerade in den Fällen, da jemand zu dumm ist, seine eigenen Fähigkeiten zu erkennen. Gegen den Satz: „Wer sich einem anderen gegenüber zu einer Handlung verpflichtet, hat auch für das erforderliche Wissen und Können einzustehen", durch den Enneccerus die von ihm vertretene subjektive Theorie einschränkt, lassen sich genau dieselben Bedenken erheben wie gegen die von ihm angegriffene objektive Kulpatheorie [1]).

Dagegen ist die Lehre vom Übernahmeverschulden wohl geeignet, bei körperlichen Gebrechen den Gegensatz zwischen der Leonhardschen Lehre und der hier vertretenen zu überbrücken.

Erforderlich ist also nicht einmal, obwohl dies häufig der Fall sein wird, daß der Fahrlässige in einem der Tat vorausgehenden Zeitpunkt das Bewußtsein hatte, er hätte anders handeln sollen [2]).

Wenn Leonhard, „Fahrlässigkeit" 9 ff., und ihm folgend Planck einwenden, daß in der Abstufung der Sorgfaltspflicht nach Berufsklassen eine verschleierte Anwendung des subjektiven Maßstabes liege, so trifft dieser Einwand nicht zu, denn von jedem Berufsstand erwartet man ein anderes Maß von Sorgfalt. Es wird also immer noch ein objektives, typisches Kriterium angewandt. Allerdings ist zuzugeben, daß

---

[1]) Heck, § 26, 6; Stoll, in JW. 28, 2318; Oertmann, LZ. 24, 245 ff.

[2]) Das wird für die strafrechtliche Fahrlässigkeit häufig gefordert. Vgl. Mezger, Lehrbuch 355 ff.; Goldschmidt, Notstand 23.

die weitgehende Möglichkeit der Gruppenbildung nach den allerverschiedensten Maßstäben die Möglichkeit gibt, die Individualität zu berücksichtigen. Hier hat die Rechtsprechung darauf zu achten, daß sie das objektive Kriterium nicht verläßt[1]).

Weiter ist eine gewisse Unsicherheit dadurch bedingt, daß sich von vornherein keine festumrissenen Typen aufstellen lassen, die dann auf die einzelnen Tatbestände angewandt werden können.

In gewissem Sinne spricht dies auch gegen den Versuch von Titze, „Unmöglichkeit" 79 zwischen öffentlichem und privatem Verkehr, d. h. einem solchen, bei dem der einzelne als Unbekannter mit der ihm unbekannten Menge in Berührung kommt, und dem anderen, bei dem die Parteien sich kennen, zu unterscheiden; im öffentlichen Verkehr sei der Maßstab abstrakt und objektiv, im privaten sei die Individualität zu berücksichtigen. Aber diese Unterscheidung enthält den fruchtbaren Gedanken, daß im rechtsgeschäftlichen Verkehr die Grundsätze, die für die „im Verkehr" erforderliche Sorgfalt gelten, „nur insoweit zur Anwendung kommen, als keine spezielleren Normierungen getroffen sind" (Rümelin, Das Verschulden im Straf- und Zivilrecht 46 ff.)[2]).

Mit der objektiven Theorie ist es durchaus vereinbar, daß bei Kindern unter einer gewissen Altersstufe und bei Geisteskranken eine Haftung für Nachlässigkiet verneint wird. Es handelt sich um eine objektive Grenze der Verantwortlichkeit (Heck 79). Der Einwand, daß diese Lehre zu einer willkürlichen Verursachungshaftung führe, wird uns noch unten bei der Untersuchung der Frage, ob die Haftung für Fährlässigkeit, wenn man die objektive Kulpatheorie zugrunde legt, eine Verschuldenshaftung ist, beschäftigen (unten S. 148).

6. Stufen der negligence.

In richtiger Erkenntnis der Vorzüge einer elastischen, auf das im Verkehr erforderliche abstellenden Regelung lehnt die

---

[1]) So wurde in RG. vom 14. Juni 1928, JW. 1928, 1049 es mit Recht vom Reichsgericht abgelehnt, zwischen der Sorgfalt eines besonders erfahrenen und eines unerfahrenen Segelschiffskapitäns zu unterscheiden, und der Maßstab eines ordentlichen Segelschiffskapitäns zugrunde gelegt. Vgl. auch die Note von Stoll zur Entscheidung in JW. 1928, 2318.

[2]) Damit läßt sich auch die von Siber Grundr. 44 im Falle des fast blinden Klavierstimmers geforderte Lösung rechtfertigen.

herrschende Rechtsprechung und Doktrin [1]) es ab, schematisch für bestimmte Geschäftstypen den Grad der Sorgfalt zu regeln. Besonders deutlich bringt dies Salmond 28 zum Ausdruck: „The law does not recognise different standards of care or different degrees of negligence in different classes of cases. The sole standard is the care that would be shown in the circumstances by a reasonably careful man, and the sole form of negligence is a failure to use this amount of care. It is true, indeed, that this amount will be different in different cases, for a reasonable man will not show the same anxious care when handling an umbrella as when handling a sword. But this is a different thing from recognising different legal standards of care; the test of negligence is the same in all cases." Diese Ablehnung von Nachlässigkeitsgraden ist durchaus zu billigen und der Regelung unseres bürgerlichen Gesetzbuches vorzuziehen. Dies definiert zwar in § 276 die Fahrlässigkeit als Außerachtlassung der im Verkehr erforderlichen Sorgfalt, begnügt sich aber nicht mit dieser elastischen Regelung, sondern macht ganz schematisch bisweilen den Schuldner nur für grobe Fahrlässigkeit, bisweilen nur für diejenige Sorgfalt verantwortlich, die er in eigenen Angelegenheiten zu beobachten pflegt. Damit wird dem Richter die Bewegungsfreiheit, die er braucht, um zu dem jeweilig sachlich befriedigendsten Ergebnis zu kommen, genommen (vgl. Rabel, Haftpflicht des Arztes 81 ff., Titze, Recht der Schuldverhältnisse 58).

Als ein Anwendungsfall des Grundsatzes, daß sich die Sorgfaltspflicht nach den Umständen des einzelnen Falles richte, ist die Regel anzusehen, nach der der common carrier, insbesondere die Eisenbahn, für allen Personenschaden, der bei Aufwendung äußerster Sorgfalt — the utmost human skill and foresight — hätte vermieden werden können, haftet; denn nach der Rechtsprechung sind die Eisenbahnen zwar verpflichtet, Verbesserungen und neue Erfindungen, die sich bewährt haben, einzuführen, nicht dagegen neue Erfindungen auszuprobieren (Shearman and Readfield I § 51). Es gilt also nicht der Satz, daß der Betrieb der Eisenbahn „immer eine Fahrlässigkeit be-

---

[1]) Wilson v. Brett (1843) 11 M.&W. 115; Grill v. Iron Screw Collier Co (1866) L.R. 1 C.P. 612; Hinton v. Dibbin (1842) 2 Q.B. 661; Austin v. Manchester & Rly Co (1850) 10 C.B. 474; The Steamboat New World v. King, 16 How. (US.) 474; Pollock 446, Street 1, 98.

deutet“, wie es in einem oft zitierten[1]) Urteil des Ober-Appellationsgerichts von München vom 16. April 1861 heißt.

Die Haftung des Transportunternehmers für Personenschaden geht also nicht soweit, wie bei uns und wie im angelsächsischen Recht für den Schaden an beförderten Gütern, denn die Haftung für Personenschaden ist nur eine gesteigerte Sorgfaltshaftung, während die Haftung für Sachschaden eine Zufallshaftung ist, die nur dadurch begrenzt ist, daß diejenigen Fälle des Zufalls, die nicht mehr als spezifische Betriebsgefahren angesehen werden können, ausscheiden[2]).

Als eine Ausnahme von der Regel[3]), daß es keine verschiedenen Grade der Sorgfalt gibt, wird die Rechtsprechung angesehen, nach der der unentgeltliche Verwahrer nicht schon für leichte Fahrlässigkeit, vielmehr nur für gross negligence haftet[4]). Nicht einheitlich beantwortet wird die Frage, worin das Wesen der gross negligence besteht. Nach einigen Entscheidungen, die sich auf die Autorität von Blackstone stützen, entspricht die gross negligence der fraud (Foster v. Essex Bank, 17 Mass 479); nach anderen Entscheidungen liegt gross negligence nur dann vor, wenn jemand nicht einmal die Sorgfalt aufwendet, die er in eigenen Angelegenheiten aufzuwenden pflegt (Merchants Nat. Bank of Savannah v. Guilmartin), sie entspricht also unserer culpa in concreto[5]).

7. Prozessuales.

a) Beweislast (burden of proof).

Beweispflichtig für das Vorliegen von negligence im Deliktsrecht ist wie im deutschen Recht der Kläger (Parrot v. Wells, 15 Wall [US] 524; Bridges v. North London R.Co., L.R. 6 Q.B. 377).

Eine Beweiserleichterung, keine Umkehrung der Beweis-

---

[1]) Müller-Erzbach, Gefährdungshaftung und Gefahrtragung im AzPr. 106, 328. Jung, Rechtswidrige Schädigung eines fremden Vermögens und rechtloser Erwerb aus fremdem Vermögen (Schadensersatz und Bereicherung) in Jherings Jahrb. 69, 133.

[2]) Das ist der richtig verstandene Sinn der in Ruling Case Law 4, 707 ff. s. v. carriers zusammengetragenen Judikatur. Der Begriff der höheren Gewalt im angloamerikanischen deckt sich also mit dem des deutschen Rechts (über dieses: Titze 60).

[3]) Salmond 29.

[4]) Ruling Case Law 3, 99 s. v. Bailment mit zahlreichen Nachweisungen in Note 19.

[5]) Vgl. nunmehr J. B. Thayer, Die Pflichten des Verwahrers u.s.f. in Rabels Z. 5, 882, 884.

last [1]) gewährt die Regel res ipsa loquitur. Nach dieser Regel genügt zum Nachweis des Verschuldens, daß der Kläger Tatsachen anführt, die nach allgemeinem Erfahrungswissen das Vorliegen eines Verschuldens sehr wahrscheinlich machen. So wurde in Byrne v. Bradle, 2 H. & C. 733 (1863) ausgesprochen, die Tatsache, daß aus einem Warenspeicher ein Sack Mehl fällt und einen Passanten verletzt, erbringe den Nachweis für Nachlässigkeit [2]).

Die Maxime res ipsa loquitur entspricht also der von der deutschen Rechtsprechung (RGZ. 119, 353; 120, 263) herausgearbeiteten prima facie Regel [3]).

Eine andere der unseren gemäß § 282 BGB. entsprechende Regelung dürfte im Vertragsrecht gelten. So gebraucht Pollock folgendes Beispiel, um den Unterschied der Beweislast im Vertrags- und im Deliktsrecht zu illustrieren. Bei dem Zusammenstoß einer Kutsche mit einem anderen Fahrzeug muß der Fahrzeugeigentümer, dessen Fahrzeug beschädigt ist, Nachlässigkeit des Kutschers beweisen. Der verletzte Insasse der Kutsche braucht dagegen die Nachlässigkeit des Kutschers nicht zu beweisen. Er kann sagen: „You promised for gain and reward to bring me safely to my journey's end, as far as reasonable care and skill could attain it. Here am I thrown out on the road with a broken head. Your contract is not performed: it is for you to show that the misadventure is due to a cause for which you are not answerable".

b) Die Abgrenzung der Zuständigkeit des Gerichts und der Jury bei der Entscheidung, ob Nachlässigkeit vorliegt, soll nur ganz kurz behandelt werden.

---

[1]) Salmond 34; besonders eingehend Wigmore, Evidence 5 § 2509.

[2]) Nach Wigmore 5 § 2509 ist die Regel res ipsa loquitur wie folgt zu begrenzen: (1) „The apparatus must be such that in the ordinary instance no injurious operation is to be expected unless from a careless construction, inspection, or user; (2) Both inspection and user must have been at the time of the injury in the control of the party charged; (3) The injurious occurrence or condition must have appened irrespective of any voluntary action at the time by the party injured."

Vgl. auch die kurze Note in Texas Law Rev. (1931) 9, 459 und nunmehr Riezler, Haftung für Schädigung durch Sachen nach französischem und englischem Recht, Rabels Z. 5, 612.

[3]) Über diese Rabel, Umstellung der Beweislast, insbesondere der prima-facie-Beweis in Rhein. Z. 12, 428 ff.

Nach der von Holmes wiederholt vertretenen Auffassung ist die Entscheidung der Frage, ob Nachlässigkeit vorliegt, logisch die Entscheidung einer Rechtsfrage; er räumt aber ein, daß es angemessen sein kann, bei streitigem Sachverhalt die Entscheidung der Jury zu überlassen (Guvell v. Man & L.Ry. Co., 16 Gray [2 Mass.] 501, 1860).

Im allgemeinen dürften aber die amerikanischen Gerichte nicht geneigt sein, einen negligence case der Jury vorzuenthalten, wie das Urteil des United States Supreme Court in Sachen Patton v. Texas, etc. Ry. Co., 179 U.S. 685, 1910 beweist: „Jurors are the recognized triers of questions of fact, and, ordinarily, negligence is so far a question of fact as to be properly submitted to and determined by them. At the same time the judge is primarily liable for the just outcome of the trial. He is not a mere moderator of a town meeting, submitting questions to the jury for determination, nor simply ruling on the admissibility of testimony, but one who in our jurisprudence stands charged with full responsibility. He has the same opportunity that the jurors have for seeing the witnesses, for noting all those matters in a trial not capable of record, and when in his deliberate opinion there is no excuse for a verdict save in favour of one party, and he so rules by instruction to that effect, an appellate court will pay large respect to his judgment".

Am besten dürfte die Verteilung der Zuständigkeit ersichtlich werden aus dem bekannten Urteil des Supreme Court von Connecticut in Sachen Farrell v. Waterbury Horse Ry. Co., 60 Conn. 239, 21 Atl 675 (1891), dessen Syllabus die nachfolgende Unterscheidung entnommen werden kann: „The conception of negligence involves the idea of a duty to act in a certain way towards others and a violation of that duty by acting otherwise. It involves the existence of a standard with which the given conduct is to be compared and by which it is to be judged.

Where this standard is fixed by law, the question whether the conduct in violation of it is negligence, is a question of law. And where the standard is fixed by the general agreement of men's judgments, the court will recognize and apply the standard for itself.

But where it is not so prescribed or fixed but rests on the particular facts of the case and is to be settled for the occasion by the exercise of human judgment upon these facts, as where the standard is the conduct in the same circumstances of a man of ordinary prudence, there the question is one of fact and not of law".

II. Negligence (Fahrlässigkeit) und Schuldlehre.

Nunmehr ist das Wesen der negligence dogmatisch zu erfassen.

1. Die dogmatische Einordnung der negligence ist durchaus strittig: zwei Ansichten über das Wesen der negligence stehen sich in der angelsächsischen Doktrin gegenüber: die mental und die conduct Theorie, die im nachfolgenden kurz geschildert werden sollen:

a) aa) Die mental Theorie wird insbesondere von Salmond vertreten [1]), der ausführt: „Negligence and wrongful intent are the two alternative forms of m e n s r e a, one or other which is commonly required by law as a condition of liability. Each consists in a certain mental attitude of the defendant towards the consequences of his act. He intends those consequences when he foresees and desires them, and therefore does the act in order that they may happen. He is guilty of negligence, on the other hand, when he doies not disire the consequences, and does not act in order to produce them, but is nevertheless indifferent or careless whether they happen or not, and therefore does not refrain from the act notwithstanding the risk that they may. The care-les man ia he who does not care who is not anxious or not sufficiently inxious that his activities shall not be the cause of loss to others. The wilful wrongdoer is he who desires to do harm; the negligence wrongdoer is he who does not suffiently desire to avoit doing it."

Die negligence ist also für Salmond ein Willensfehler, d. h. eine vorwerfbare seelische Beziehung des Täters zur Tat gleich dem Vorsatz, denn bei beiden liegt eine bestimmte seelische Einstellung hinsichtlich der Folgen des Verhaltens vor. Während der vorsätzlich Handelnde den Erfolg herbeiführen will, will zwar der Nachlässige den Erfolg nicht herbeiführen, aber er will auch nicht genügend stark ihn vermeiden. Der Täter kann also nicht der negligence geziehen werden, wenn er es an keiner Willensanspannung hat fehlen lassen (Edgerton 853).

---

[1]) Ebenso von C h a p i n, Torts 409: Negligence presupposes inadvertance; W h a r t o n, Negligence [2] § 3 (zitiert in Dean v. KanRK. 109 No. 386, 407; 97 S.W. 910, 917, 1906).

Zur Begründung seiner Ansicht behauptet Salmond, wie schon vor ihm Austin, Jurisprudence 5, 476 den Strafcharakter der Schadensersatzpflicht: „The reason of this rule is that the ultimate purpose of the law in imposing liability on those who do harm to others is to prevent such harm by punishing the doer of it. He is punished by being compelled to make pecuniary compensation to the person injured. It is clear, however, that it is useless to punish any person, either civilly or criminally, unless he acted with a guilty mind in the sense already explained. No one can be deterred by a threat of punishment from doing harm which he did non intend and which he did his best to avoid. All that the law can hope to effect by way of penal discipline is to make sure that men will not either wilfully or carelessly break the law and inflict injuries upon others."

Gegenüber der herrschenden Meinung, die negligence sei kein Willensfehler, behauptet Salmond, daß nur seine Ansicht es ermögliche, die Haftung für negligence von der Erfolgshaftung zu unterscheiden: „To cause harm by a failure to take precautions is not necessarily want of care or negligence, for it may be intentional wrong doing or a mere accident. Which of these three things it is cannot be ascertained save by looking into the m i n d of the defendant in order to see w h a t h i s m e n t a l a t t i t u d e w a s t o w a r d s t h e a c t a n d i t s c o n s e q u e n c e s. To mix poison in food and leave it where it will probably be eaten by some one who thereby comes to his death is not necessarily a negligent act; for the result may have been intended or it may have been a mere accident due to ignorance that the substance was poisonous. How can we tell whether it was wilful, negligent, or accidental, save by reference to the mental attitude of the doer? So also with the suggestion that negligence is reasonable conduct, and therefore a purely objective fact. There is no purely objective test of reasonableness. No man can be judged in this respect, save by reference to what he knew or foresaw, or would have known or foreseen, had he been in his own heart sufficiently careful and anxious to do no harm to others."

bb) Gegen Salmonds Auffassung vom Wesen der negligence sprechen nun eine Reihe von gewichtigen Bedenken; zunächst wird der Ausgangspunkt der Lehre Salmonds, daß die Schadensersatzverpflichtung Strafcharakter trage, durch die Tatsache widerlegt, daß der Schadensersatz im angelsächsischen Recht genau wie im deutschen [1]) grundsätzlich auf Reparation geht und nicht auf Bestrafung des Täters [2]). Das zeigt sich besonders deutlich darin, daß punitive damages, also ein Schadensersatz über den Betrag des wirklich erlittenen Schadens hinaus (s. oben S. 73) nur ausnahmsweise bei besonders verwerflicher Gesinnung des Täters gewährt werden. Es gilt also auch für das angelsächsische Recht der Satz, den Binding Normen 1, 168 — 172 mit Recht gegen Adolf Merkel (Krim.Abh. 1872) [3]) verfochten hat: „Die Strafe soll eine Wunde schlagen, der Schadensersatz eine andere heilen, womöglich ohne eine zweite zu verursachen" [4]).

Es ist auch nicht richtig, wenn Salmond behauptet, daß nur seine Lehre es ermögliche, die Haftung für negligence von der Erfolgshaftung zu unterscheiden. Ob in dem von ihm gebildeten Giftfall (oben S. 140) ein unglücklicher Zufall oder Nachlässigkeit vorliegt, hängt davon ab, ob ein reasonable prudent man Anlaß hatte, das den Speisen beigemengte Pulver für Gift oder beispielsweise für Salz zu halten.

Durchschlagend ist weiter der Einwand, daß nach Salmonds Lehre der Vorwurf der negligence dann entfallen müßte, wenn der Täter subjektiv, d. h. seiner Individualität nach es an keiner Willensanspannung habe fehlen lassen, während die Entscheidungen, insbesondere die Urteile, in denen ein mangelndes Erfahrungswissen dem Täter zum Vorwurf gemacht wurde, diese Frage garnicht prüfen, sondern die Frage, ob dem Täter Nach-

---

[1]) Kadecka, Verhandlungen des 34. Deutschen Juristentags 469, abweichend freilich v. Liszt, Deliktsobligationen 3.

[2]) Morris, Punitive Damages in Tort Cases, Harvard Law. Rew. 44, 1183.

[3]) Nach Merkel ist jedes Unrecht seinem Wesen nach ein Zwiespalt zwischen dem zurechnungsfähigen Einzelwillen und dem im Rechte objektivierten Gemeinwillen. Der gegen das Unrecht gerichtete Rechtszwang ist sowohl in seiner Gestalt als Strafzwang wie auch als Entschädigungszwang auf Aufhebung dieses Gegensatzes, d. h. gegen den unrechtsetzenden Willen gerichtet.

[4]) Binding geht aber in der schroffen Gegenüberstellung von Reparationsverbindlichkeit und Strafe zu weit. Denn auch er muß zugeben, daß das Leid des Bestraften nicht der ausschließliche Zweck der Strafe ist, vielmehr auch die Wiederherstellung der gestörten Achtung vor dem Gesetz (Grünhuts Zeitschrift für das Privat- und öffentliche Recht der Gegenwart 4, 428 ff.).

lässigkeit zur Last fällt, nach objektiven, typischen Kriterien beurteilen.

Die h. M. geht sogar soweit, Salmonds Lehre als einen Ausläufer des im 19. Jahrh. unternommenen unzulässigen Versuchs zu bezeichnen, das Common Law zu romanisieren, indem man alle Ersatzpflicht auf einen schuldhaften Willen [1]) zurückzuführen versucht habe (Edgerton 869, Pound 187 ff.). Auch wird den Vertretern der mental Theorie gegenüber eingewandt, die Richtigkeit ihrer Ansicht lasse sich nicht daraus herleiten, daß die negligence ein fault sei, denn der Begriff des fault stehe garnicht eindeutig fest (Edgerton 869 ff.).

Endlich ist die Lehre Salmonds, daß der Nachlässige den Erfolg zwar nicht wie der vorsätzlich Handelnde herbeiführen, aber ihn auch nicht genügend stark vermeiden wolle, psychologisch nicht sicher nachweisbar. Deshalb hat die auch in der deutschen Fahrlässigkeitstheorie wiederholt vertretene Ansicht, daß auch bei der Fahrlässigkeit eine rein psychologische Beziehung zwischen der Seele des Täters und dem Erfolg bestehe, immer mehr an Einfluß verloren. So wird der zuletzt besonders eindringlich unternommene Rechtfertigungsversuch der psychologischen Schuldlehre von Exner, der das Wesen der Fahrlässigkeit darin zu sehen vermeint, daß der Täter den Erfolg zwar nicht will, aber das verletzte Rechtsgut pflichtwidrig gering wertet (Fahrlässigkeit 177) [2]) heute fast allgemein abgelehnt (v. Liszt-Schmidt; Kohlrausch, Reform 1, 194). Und es hat Stooss mit seiner Kritik (Schweiz. Zeitschr. für Strafr. 23, 392 ff.), daß der Schuldvorwurf nicht eine pflichtwidrige Geringschätzung des verletzten Rechtsgutes, sondern der Gefahr zum Ausgangspunkt hat, allgemeine Anerkennung erfahren [3]).

Ob dieser Einwand heute noch in vollem Umfang stichhaltig ist, ist angesichts der ungeheuren Vertiefung unseres psychologischen Wissens durch die Freudsche Psychoanalyse, die uns, was hier besonders bedeutsam ist, das Verständnis der Fehlhandlungen aus den Situationen unseres Unbewußten er-

---

[1]) Schon Austin, Jurisprudence [3] 440 ff., 474, 484.

[2]) Vgl. schon Binding, Normen 4, 454, der die Fahrlässigkeit als das unvorsätzliche Wollen einer vermeidbaren rechtswidrigen Handlung definiert. Engisch, Untersuchungen über Vorsatz und Fahrlässigkeit im Strafrecht 273, 328 ff., 475 ff.; Mezger 356 ff.; Grünhut, Gefährlichkeit als Schuldmoment 92.

[3]) Goldschmidt, Der Notstand ein Schuldproblem, Sonderabdruck aus Öst. Z. f. Strafr. 1913, 23 mit vielen Literaturangaben.

öffnet hat [1]), sehr zweifelhaft. Von hier aus ist es durchaus naheliegend mit Alexander und Staub, „Der Verbrecher und seine Richter“ 56 ff., viele [2]) Fälle auch der unbewußten Fahrlässigkeit als Fehlhandlungen aufzufassen und aus unbewußten Wünschen zu erklären. Daß diese Deutung viele Fälle der unbewußten Fahrlässigkeit verständlich macht, ist richtig; auf alle Fälle ausgedehnt, würde sie eine „Überlastung des Unbewußten“ [3]) bedeuten. Trifft die psychoanalytische Deutung zu, so ist die herrschende Theorie, wenn sie einwendet, daß die von Salmond behauptete psychologische Analogie im Aufbau von negligence und intention nicht bestehe, nur insoweit im Recht, als selbst in den analytisch deutbaren Fällen bei der Fahrlässigkeit im Gegensatz zum Vorsatz die Beteiligung des „Ich“ am Erfolg nur in der Form gegeben ist, als seine Wachsamkeit gegenüber den drängenden Tendenzen des „Es“ im Augenblick nachläßt [4]).

Wie dem auch sei: Die psychologische negligence-Lehre Salmonds hat vor der Ansicht der Gegner einen großen Vorzug. Sie trägt der Tatsache Rechnung, daß selbst in den meisten Fällen der unbewußten Fahrlässigkeit ein Moment bewußt pflichtwidrigen Wollens gegeben ist, insofern als der Täter in einem gewöhnlich der Tat vorausgehenden Moment bewußt seine Sorgfaltspflicht vernachlässigt hat [5]) und dadurch der Erfolg eingetreten ist. Allerdings ist eine solche bewußte Pflichtverletzung nicht in allen Fällen zivilrechtlicher Fahrlässigkeit gegeben. Im Gegenteil: sie fehlt in den Fällen, in denen die geistige Entwicklung des Täters hinter der des Normalmenschen, an dessen Motivation sein Verhalten gemessen wird, zurückbleibt. Deshalb ist für die zivilrechtliche Fahrlässigkeit eine

---

[1]) In diesem Zusammenhang interessieren vor allem Freud, Die Fehlleistungen in Vorlesungen zur Einführung in die Psychoanalyse (Gesammelte Schriften 7, 18 ff.; weiter zur Psychopathologie des Alltagslebens (Gesammelte Schriften 4, 1 ff.).

[2]) Daß nicht alle Fälle unbewußter Fahrlässigkeit so analysiert werden können, ist ebenso selbstverständlich, wie nicht alle Fehlhandlungen Fehlleistungen im technischen Sinne sind.

[3]) Vgl. die interessante Arbeit von Max Friedemann, die diesen Titel trägt, in Allg. ärzt. Zeitschr. für Psychotherapie I, 2, 65 ff. mit weiteren Literaturangaben.

[4]) Alexander-Staub 56; über die Terminologie siehe vor allem Freud, Das Ich und das Es (Gesammelte Schriften 6, 351 ff).

[5]) Vgl. die instruktiven Fälle bei Mezger, GS. 89, 240 ff., Lehrbuch 354 ff.

solche psychologische Beziehung des Täters zur Tat, d. h. eine generelle Erfolgsvorstellung nicht begriffswesentlich[1]), und deshalb läßt sich die Lehre, daß die Fahrlässigkeit ein Willensfehler sei, nicht aufrecht erhalten.

b) Nach der herrschenden conduct Theorie ist daher die negligence ein unreasonable conduct, ein Verhalten, das von dem eines reasonable prudent man abweicht. Vom Standpunkt dieser Theorie ist die negligence kein Willensfehler, d. h. keine psychologisch erfaßbare Beziehung zwischen Wille und Erfolg. Die herrschende Lehre erkennt zwar an, daß in zahlreichen Fällen derjenige, der der negligence geziehen wird, der Sorglosigkeit wird geziehen werden können. Aber begriffswesentlich ist das Vorliegen einer solchen Sorglosigkeit nicht, denn der Täter haftet auch dann, wenn ihm eine solche Sorglosigkeit nicht zur Last fällt. Erforderlich ist nur, daß sein Verhalten unreasonable ist. Dies kommt sehr deutlich bei Edgerton 852 zum Ausdruck, wenn er sagt: „Freedom from negligence (commonly called due care) does not require care or any other mental phaenomenon but requires only that ones conduct be reasonbly safe — as little likely to cause harms to another as the conduct of a normal person would be.“

Besteht das Verdienst der psychologischen negligence-Lehre darin, das Moment der bewußten Pflichtwidrigkeit betont zu haben, so kann diese negligence-Lehre geltend machen, daß nunmehr erklärt werden kann, warum die Gerichte die negligence auch dann bejaht haben, wenn ein Willensfehler nicht vorlag. Vor allem ist es ihr Verdienst, den von der psychologischen negligence-Lehre vernachlässigten normativen[2]) Gehalt der negligence besonders deutlich zum Ausdruck zu bringen, indem sie betont, daß das Verhalten an dem eines ordinary prudent man gemessen und danach als pflichtgemäß oder pflichtwidrig bewertet wird.

Wenn sich aber die anglo-amerikanische Theorie vielfach mit der Widerlegung der Salmondschen mental-Theorie begnügt und feststellt, die negligence sei ein unreasonable conduct, so

---

[1]) Ob dieses Problem bei der strafrechtlichen Fahrlässigkeit anders liegt, kann hier nicht untersucht werden. Vgl. statt aller Mezger, Lehrbuch 354 ff. mit weiteren Nachweisen.

[2]) Diese Erkenntnis ist vor der normativen Schuldlehre wiederholt schon in der deutschen Dogmatik verfochten worden; so vor allem von Seuffert, Ein neues Strafgesetzbuch für Deutschland 45 ff.

bleibt sie auf halbem Wege stehen. Eine endgültige Lösung des dogmatischen Problems wird nicht erbracht. So unterläßt es die Theorie, darauf hinzuweisen, daß mit Salmonds Auffassung vom Wesen der negligence als einer Form der mens rea es nicht vereinbar ist, als einen Fall ausgeschlossener negligence z. B. den Fall des Fehlens eines geschützten Rechtsgutes zu behandeln. Diese Überlegung führt dazu, das Verhältnis der negligence zur Rechtswidrigkeit zu untersuchen (hierüber unter 2). Sodann ist die Beziehung der Haftung für negligence zur Erfolgshaftung einerseits und zur Verschuldungshaftung andererseits zu klären (hierüber unter 3).

2. Auch der anglo-amerikanischen Systematik ist die Kategorie der Rechtswidrigkeit, wenigstens in ihren Ansätzen, bekannt. So bezeichnet sie die Notwehrhandlung als lawful (Salmond 216). Ja, sie verlangt ganz allgemein als Tatbestandsmerkmal des Delikts die injury (Heymann 337). Es genügt nicht das Vorliegen eines Schadens, vielmehr muß weiter ein wrongful act vorliegen; fehlt es an diesem, so liegt ein damnum absque injuria vor, und es besteht keine Ersatzpflicht (Salmond 8 ff.).

Dennoch spricht Salmond — das bildet unsern Ausgangspunkt — wie die oben S. 76 wiedergegebenen Ausführungen zeigen, auch dann von einem Fehlen der negligence, wenn vom Standpunkt der Systematik des deutschen Rechts es nicht nur an der Fahrlässigkeit, vielmehr schon an der Rechtswidrigkeit fehlt.

Salmond unterscheidet also (wenigstens in diesem Zusammenhang) nicht zwischen negligence und Rechtswidrigkeit.

Das erklärt sich wohl aus der engen Verknüpfung, welche zwischen negligence (Schuld) und Rechtswidrigkeit besteht. Denn die von Salmond gebrachten Beispiele zeigen deutlich, daß eine zum Ersatz verpflichtende Nachlässigkeit sich auf einen rechtswidrigen Erfolg beziehen muß. Diese enge Berührung von Rechtswidrigkeit und negligence zeigt sich weiter darin, daß nicht nur die negligence, wie dies die angelsächsische Jurisprudenz hervorragend herausgearbeitet hat, sondern auch die Rechtswidrigkeit, wie dies die deutsche Dogmatik nachgewiesen hat, ein relativer Begriff ist. D. h. nicht nur das Erfordernis der Fahrlässigkeit zwingt zu der Untersuchung, gegen welche konkrete Sorgfaltspflicht der Täter verstoßen hat[1]),

[1]) Siehe oben S. 82 und unten S. 159.

auch bei der Prüfung, ob ein rechtswidriger Erfolg vorliegt, ist zu untersuchen, ob die verletzte Norm gerade das im konkreten Fall geschädigte Rechtsgut schützt [1]).

Sind indes diese Gründe nur geeignet, eine möglichst enge Beziehung zwischen negligence und Rechtswidrigkeit darzutun, so besteht weiter in der Tat für Salmonds Vorgehen ein allerdings von ihm bei seiner psychologischen negligence-Lehre nicht verwertbares Argument: daraus nämlich, daß bei der Fahrlässigkeit das Moment der bewußten Pflichtswidrigkeit fehlt [2]), folgt, daß die Fahrlässigkeit ein rein normativer Begriff ist. Von hier aus scheint die Konsequenz unausbleiblich, daß die Fahrlässigkeit und die Rechtswidrigkeit nicht unterschieden werden können, oder anders ausgedrückt, die Fahrlässigkeit werden können, oder anders ausgedrückt, die Fahrlässigkeit ein zwischen Rechtswidrigkeit und Schuld liegendes Grenzgebiet ist [3]).

Das ist nicht zutreffend.

Dagegen spricht die Tatsache, daß es Fälle ausgeschlossener Fahrlässigkeit gibt, in denen dennoch die Rechtswidrigkeit zu bejahen ist. Man denke nur an die Handlungen Geisteskranker [4]), deren Behandlung im englischen Recht allerdings nicht völlig sicher ist, vgl. Burdick, Torts 92 ff. Dieses Argument wäre nur dann nicht stichhaltig, wenn die auf den ersten Blick bestechende Auffassung richtig wäre, daß nur eine schuldhafte Normwidrigkeit Unrecht ist. Diese insbesondere in einem glänzenden Aufsatz von Adolf Merkel [5]) vertretene Auffassung ist indes abzulehnen.

---

[1]) Vgl. die instruktiven Fälle bei Ehrenzweig, System des österreichischen allgemeinen Privatrechts, II, 1, 44 und vor allem auch 37 ff. vgl. auch Mezger, 122 ff., und nunmehr die von M. Wolff, Theodor Kipp, mitgeteilten Fälle Kipps (20). Diese Lehre ermöglicht, wie Rabel, Rechtsvergleichende Vorlesung über das Schuldrecht übereinstimmend mit Ehrenzweig 37 mit Recht betont, eine viel brauchbarere Art der Begrenzung der Ersatzpflicht als die Lehre vom adäquaten Kausalzusammenhang.

[2]) Darüber oben S. 133.

[3]) Daß es solche Grenzgebiete zwischen Schuld und Rechtswidrigkeit in der Tat gibt, lehren die von der deutschen Doktrin herausgearbeiteten subjektiven Unrechtselemente. Vgl. darüber H. A. Fischer, Die Rechtswidrigkeit; Hegler, Die Merkmale des Verbrechens, Zschr. f. Rw. 36, 19, 31 ff.; Mezger, Die subjektiven Unrechtselemente, Gs. 89, 270 ff., Lehrbuch, 168 ff. mit weiteren Literaturangaben.

[4]) Kipp, Über den Begriff der Rechtsverletzung, Berliner Festgabe für Gierke 2, 6 ff., 10; Goldschmidt, Notstand 5 ff.

[5]) Kriminalistische Abhandlungen 1, 42. Binding, Normen 2, 117 ff. Weitere Nachweise bei Mezger, GS. 89, 208 ff.

Gegen diese schuldloses Unrecht und Naturzufall gleichsetzende Lehre spricht vor allem die Erwägung, daß Naturzufall und schuldloses Unrecht nicht gleich bewertet werden. Während der Landmann, so stark man auch die Nachwirkung des magischen Denkens einschätzen mag, nicht daran denkt, daß der Blitzschlag, der seine Scheune vernichtet, ihm Unrecht tut. empfindet er es als Unrecht, wenn ein Wahnsinniger seine Scheune ansteckt. Und zwar deshalb, weil auch der Wahnsinnige Mitglied der Gemeinschaftsordnung ist, sein Verhalten also an den Normen der Gemeinschaft gemessen wird.

Die Merkel-Bindingsche Lehre verkennt, daß das Unrecht nicht nur ein Komplex von Bestimmungsnormen ist und sich insoweit nur an den Willensfähigen wendet, sondern auch eine Bewertungsfunktion hat [1]).

Es ist also innerlich berechtigt, daß die herrschende deutsche Lehre (vgl. v. Liszt-Schmidt § 33 II 1 a N. 4) die Verteidigung gegen den Angriff eines Tieres nicht als Fall von Notwehr behandelt, vielmehr als Fall des Notstandes, und damit den Tierangriff als Naturereignis qualifiziert, wohl aber die Verteidigung gegen den Angriff eines Geisteskranken als Fall der Notwehr behandelt und damit den Unzurechnungsfähigen dem Zurechnungsfähigen gleichstellt.

Dem praktischen Bedenken gegen die Notwendigkeit einer solchen Unterscheidung, das daraus hergeleitet werden könnte, daß man sich auch gegen einen Tierangriff verteidigen kann, es also garnicht notwendig sei, die Handlung eines Geisteskranken als rechtswidrig zu klassifizieren, ist folgendes entgegen zu halten: Der große Vorzug einer Unterscheidung zwischen negligence und Rechtswidrigkeit besteht darin, daß deutlich zum Ausdruck kommt, daß bei der Untersuchung darüber, ob eine Handlung zum Schadenersatz verpflichtet, es nicht genügt, daß ein geschütztes Rechtsgut verletzt, vielmehr weiter zu prüfen ist, ob ein ordinary prudent man sich in der konkreten Gefahrsituation anders verhalten hätte. Die Prüfung, ob Rechtswidrigkeit vorliegt, ist ganz unabhängig von dem seelischen Verhalten des Täters, also ob der Täter vorsätzlich oder nur nachlässig gehandelt hat, sie betrifft nur den objektiven Erfolg. Die Prüfung dagegen, ob Fahrlässigkeit vorliegt, betrifft die

---

[1]) G. Jellinek, Die Klassifikation des Unrechts in: Ausgewählte Schriften 1, 92 ff.; Mezger G.S. 89, 216 ff. mit weiteren Nachweisen. Lehrbuch 166 ff. v. Liszt-Schmidt 219. Siehe auch unten S. 154.

Motivation des Täters und ist insofern psychologischer Natur, als der gedachte Normalmensch, an dessen Verhalten das des Täters gemessen wird, den Erfolg vorausgesehen hätte. Nur wenn dies zu bejahen ist, ist der Vorwurf der Fahrlässigkeit gegeben. Hinzu kommt endlich, daß nach früher Ausgeführtem in den meisten Fällen auch der unbewußten Fahrlässigkeit tatsächlich bewußte Pflichtwidrigkeit vorliegt und sich damit die Fahrlässigkeit von der Rechtswidrigkeit psychologisch abhebt.

3. Es bleibt nun das Verhältnis der Negligencehaftung zur Verschuldenshaftung zu klären.

Für Salmond, der die negligence als einen Willensfehler auffaßt, ist es selbstverständlich, in ihr gleich dem Vorsatz eine Schuldart zu sehen: „Negligence and wrongful intent are the two alternative forms of mens rea." Die negligence ist eine Form des „guilty mind", also eine W i l l e n s s c h u l d (Salmond 11).

Wie aber ist es, wenn die negligence keine Willensschuld ist, da die Individualität des Täters nicht berücksichtigt wird?

Die wohl herrschende Lehre[1]) trägt ebenso wie die deutsche Doktrin keine Bedenken, auch die negligence als unreasonable conduct eine Schuldart zu nennen und hervorzuheben, daß an die Stelle der Erfolgshaftung die Verschuldenshaftung getreten sei mit dem Augenblick, da sich der Gedanke durchgesetzt hat, daß die negligence Haftungsvoraussetzung ist. Dieser Verschuldenshaftung wird die Gefährdungshaftung als liability without fault gegenübergestellt und deren Ausnahmecharakter betont (Jeremiah Smith, Tort and Absolute Liability — Suggested Changes in Classification, Harvard Law Rev. 30, 241 ff.; Draft Comment e zu § 166). Diese Auffassung ist indes nicht unangefochten geblieben. So hat neuerdings Seavy in seiner schon mehrfach erwähnten Arbeit seine Bedenken gerade auf die Nichtberücksichtigung der Individualität des Täters gegründet. Auch Holmes, der nach den oben S. 132 wiedergegebenen Ausführungen die negligence grundsätzlich als Schuldart auffaßt, hat schon ähnliche Bedenken geäußert, obwohl er anerkennt, daß die Maßstäbe des Rechts typische Maßstäbe (standards of general application) sind: „The rule that the law

[1]) A m e s, Law and Morals, Harvard Law Rev. 22, 97, 99 f.; W h i t t i e r in dem oben S. 41 angeführten Artikel S. 336; E. R. T h a y e r, Harvard Law Rev. 29, 801, 815; H o l m e s, 107 f.

does, in general, determine liability by blameworthiness, is subject to the limitation that minute differences of character are not allowed for. The law considers, in other words, what would be blameworthy in the average man, the man of ordinary intelligence and prudence, and determines liability by that. If we fall below the level in those gifts, it is our misfortune; so much as that we must have at our peril, for the reasons just given. But he who is intelligent and prudent does not act at his peril, in theory of law. In the contrary, it is only when he fails to exercise the foresight of which he is capable, or exercises it with evil intent, that he is answerable for the consequences." Ebenso gibt Pound 179 der Meinung Ausdruck, daß eine streng durchgeführte objektive negligence Theorie den Verschuldenscharakter der negligence zu einer dogmatischen Fiktion mache.

Damit wird also von seiten namhafter Vertreter der amerikanischen Doktrin derselbe Einwand erhoben, der von der deutschen Theorie, insbesondere von Siber § 276 b β, Litten, Haftung des Tierhalters 69, Brodmann A. z. Pr. 99, 370, 374, 378, neuerdings wieder von Dölle [1]) gemacht wird und dahin geht, daß eine Haftung nach der objektiven, d. h. einer von der Individualität des Täters absehenden Kulpa-Theorie, eine Erfolgshaftung sei [2]), so daß sich also „mitten im Gebiet der Verschuldenshaftung eine Enklave von Verursachungshaftung, die willkürlich und prinziplos abgegrenzt wäre", fände (Planck)-Siber § 276 b β.

Eine Widerlegung der von der deutschen Theorie vorgebrachten und insbesondere von der deutschen Strafrechtstheorie eingehend entwickelten Bedenken dürfte also auch für die allem Anschein nach nicht entwickelte Schuldlehre des angelsächsischen Rechts Geltung haben: Das nötigt zu einer Stellungnahme zum Schuldproblem.

a) Der Einwand Leonhards, Allgemeines Schuldrecht 426, 436, daß man die Dummen und Unwissenden nur bedauern, aber ihnen keinen Vorwurf, also sie nicht ersatzpflichtig machen könne, mithin eine auf die geistige Individualität des Täters nicht Bedacht nehmende Verschuldenslehre nicht begründet sei, ist nicht schlüssig, denn das schuldhafte Handeln ist nicht, wie

---

1) Verhandlungen des 34. deutschen Juristentages 1, 114.

2) Litten spricht in Jherings Jahrbüchern 49, 442, 443 von einer fikticischen Schuld; cgl. auch Heck, Grundriß § 26.

Leonhard annimmt, ein ethisch vorwerfbares Handeln, denn Recht und Ethik decken sich nicht (Mezger, Lehrbuch 251).

b) Das nächstliegende Argument für den Schuldcharakter der Fahrlässigkeit, nämlich, daß der Schuldbegriff als Oberbegriff von Vorsatz und Fahrlässigkeit sich nach einem objektiven Kulpabegriff richten müsse, ist nicht schlüssig, obwohl er vielfach gemacht wird. So von Hold von Ferneck, „Die Idee der Schuld", für den die Schuld als Oberbegriff von Vorsatz und Fahrlässigkeit generelle Voraussehbarkeit ist. Denn hier kommt es nicht darauf an, einen solchen formalen Verschuldensbegriff aufzustellen, sondern zu entscheiden, ob die objektive Kulpa-Haftung eine Erfolgs- oder eine Verschuldenshaftung ist, also ob die Schuld wirklich der Oberbegriff von Vorsatz und Fahrlässigkeit ist.

Aber diese nicht gangbare Erwägung führt zu einem ernsten Einwand gegen die Bedenken der Gegner, sobald man diese Bedenken in ihre Konsequenzen verfolgt.

Ausgangspunkt muß die Erkenntnis bilden, daß Schuld Vorwerfbarkeit ist [1]). Das Schuldurteil ist ein Urteil rechtlich-sozialer Mißbilligung [2]). Das Verhalten des Täters wird an den rechtlich-sozialen Wertungen der Gemeinschaft gemessen und verurteilt [3]). Wenn nun Graf zu Dohna (Verhandlungen des 34. Deutschen Juristentags 2, 492)- geltend macht, der Ausgangspunkt der Erwägungen, daß man im bürgerlichen Recht

---

[1]) Frank, Über den Aufbau des Schuldbegriffs 11 ff., Kommentar 17. 133 ff.; v. Liszt-Schmidt, 215 Anm. 9; Mezger, Strafrecht 248 ff.

[2]) von Liszt-Schmidt 26, 234.

[3]) Da die Rechtsgemeinschaft andauernd solche Maßstäbe hervorbringt, kann ganz dahin gestellt bleiben, ob das Schuldurteil auf „objektive Wertgebiete" im absoluten Sinne gegründet werden kann (darüber Erik Wolf im Archiv des öffentlichen Rechts (N.F.) 20, 105, 107), oder ob die Erkennbarkeit objektiver Werte mit Felix Kaufmann, die philosophischen Grundprobleme der Lehre von der Strafrechtsschuld zu leugnen ist. Eine Auseinandersetzung mit dem Versuch von Kaufmann, auf Grund einer in unserer Zeit nicht weiterführenden „Widerlegung" der materialen Wertlehre Schelers und Hartmanns den Schuldbegriff streng „phänomenologisch" zu erklären, würde hier zu weit führen. (Vergl. darüber Erik Wolf a. a. O.) Kaufmanns Versuch fordert die gleiche Frage heraus, die W. Köhler in seinem in der Kant-Gesellschaft in Berlin am 23. Januar 1932 gehaltenen Vortrag „Wesen und Tatsachen" seinen geistvollen Diskussionspartner an sich richten läßt: Warum Husserl nicht aus dem Reich der Wesen(sschau), in das er sich zurückgezogen habe, in das Reich der Tatsachen zurückkehre.

einen die objektive Kulpa umfassenden Schuldbegriff brauche, sei offensichtlich die Annahme, daß eine Haftung von einem Verschulden abhängig sei, es beständen aber doch keine Bedenken, die Haftung für objektive Fahrlässigkeit als Erfolgshaftung aufzufassen, so ist dies bei unserem Ausgangspunkt nicht zutreffend [1]).

Zunächst besteht zwischen der Erfolgshaftung und der Haftung auf Grund einer objektiven Kulpa ein dogmatisch faßbarer Unterschied: das Verhalten des Täters, das nach der Erfolgshaftung schon ersatzpflichtig machen würde, wird, sobald die Kulpa-Haftung gilt, noch zusätzlich daraufhin untersucht, ob ein ordinary prudent man sich anders verhalten hätte. Es kommt also zu den Tatbestandsmerkmalen, die bei der Erfolgshaftung vorliegen müssen, noch ein weiteres Tatbestandsmerkmal hinzu, wenn eine Haftung begründet ist.

Besonders deutlich wird die Berechtigung, die Haftung für objektive Kulpa von der Erfolgshaftung abzugrenzen, wenn man den wohl heute praktisch bedeutsamsten Fall [2]) der Erfolgshaftung, nämlich die Gefährdungshaftung, mit der Kulpahaftung

---

[1]) Gegen die Ansicht, in der Haftung für Fahrlässigkeit eine Erfolgshaftung zu sehen, mit Recht auch Larenz, Hegels Zurechnungslehre und der Begriff der objektiven Zurechnung 97.

[2]) Es ist Enneccerus (so schon 1. Aufl. § 120, jetzt § 199), Gierke, Deutsches Privatrecht 2, 909 N. 14 und Traeger, Kausalbegriff 294 ff., Leonhard, Besonderes Schuldrecht des BGB. 646 ff. darin zuzustimmen, daß aus dem Prinzip der Gefährdungshaftung, „wenn es nicht gewaltsam gestreckt wird" (Gierke), durchaus nicht alle Fälle der Erfolgshaftung, z. B. die Haftung eines Unzurechnungsfähigen, erklärt werden können. Wie berechtigt die dogmatische Trennung von Gefährdungshaftung und Verschuldenshaftung ist, zeigen deutlich die gewaltsamen Versuche in den bei Merkel, „Interessenkollision" 112 ff. gesammelten Fällen, das Kulpaprinzip so auszuweiten, daß es die Gefährdungshaftung mit umfaßt. Es sei nur an das berühmte schon oben S. 136 wiedergegebene Urteil des Ober-Appellationsgerichts in München vom 16. April 1861 (Seufferts Archiv 14 Nr. 208) erinnert, das die Haftung der konzessionierten Eisenbahn für den durch Funkenflug entstandenen Schaden bei Fehlen eines dem preußischen Eisenbahnhaftpflichtgesetzes von 1838 entsprechenden Haftpflichtgesetzes damit begründet, daß „der Betrieb einer Eisenbahn durch Lokomotiven notwendig und unzertrennlich eine kulpose Handlungsweise mit sich führe". Müller-Erzbach (Gefährdungshaftung und Gefahrtragung, A. z. Pr. 106, 326) hat Recht, wenn er betont, daß es sich bei dieser Begründung um eine Schuldfiktion handelt, die von dem Gericht aufgestellt wurde, um auf Grund des geltenden Verschuldensprinzips zu einer sachlich richtigen Entscheidung zu kommen.

vergleicht. Der Inhaber eines gefährlichen Betriebes, der einen anderen schädigt, haftet diesem, obwohl alle Maßnahmen getroffen sind, welche die Schädigung anderer ausschließen. Der objektiv fahrlässig Handelnde haftet umgekehrt, weil er nicht alle Maßnahmen getroffen hat, welche er treffen sollte, um eine Schädigung anderer auszuschließen. In dem einen Fall besteht also eine Haftung, obwohl eine Pflichtwidrigkeit nicht vorliegt, in dem anderen Fall, gerade weil eine solche vorliegt.

Sehr gut kommt dieser Unterschied in dem Draft zum Ausdruck, wenn Comm. e des Draft zu § 166 betont: „The fact that negligence as here defined is conduct which falls below the standard of behaviour established by law for the protection of others carries with it the idea of social fault. Therefore it does not include acts which, although done with every precaution which it is practicably to demand, involve an irreducible minimum of danger to others, but shich are so far justified by their utility or by traditional usage that even the most perfect system of preventive law would not forbid them. These may for convenience be termed „acts which create liability without fault".

Die Gefährdungshaftung ist also dogmatisch etwas grundsätzlich anderes als die Haftung für objektive Fahrlässigkeit.

Umgekehrt zeigt diese Gegenüberstellung das Wesen des Fahrlässigkeitsurteils als eines Vorwurfs besonders deutlich. Auch wenn man dem Fahrlässigen seiner Individualität nach keinen Vorwurf machen kann, macht man ihm, indem man sein Verhalten an dem eines ordinary prudent man mißt, den Vorwurf, daß er hätte anders handeln sollen. „Das Können anderer wird für den Täter zum Sollen" (Mannheim, Maßstab der Fahrlässigkeit 43).

Bevor man sich daher bei dieser dogmatisch faßbaren Verschiedenheit von Erfolgshaftung und Haftung für Fahrlässigkeit zu der Dreiteilung[1]) Verschuldenshaftung, Haftung für Fahrlässigkeit, Erfolgshaftung entschließt, ist es entgegen den Bedenken von Graf zu Dohna dogmatisch durchaus empfehlenswert, im Zivilrecht einen Schuldbegriff aufzustellen, der die Fahrlässigkeit mitumfaßt, sofern dem nicht erhebliche Bedenken entgegenstehen.

---

[1]) So konsequent Kohlrausch, Reform 1, 194, da alle Schuld Willensschuld sei, für die unbewußte Fahrlässigkeit.

c) Die Bedenken gegen eine solche Einbeziehung der Fahrlässigkeit in den Verschuldensbegriff führen bei aller Verschiedenheit der Schuldkonstruktion [1]) im einzelnen letzten Endes auf das Grundbedenken [2]) zurück, daß alles Sollen und damit aller Schuldvorwurf an dem Können des Täters seine Grenzen hat (statt aller v. Liszt-Schmidt 217), also Fälle der Haftung, in denen die Individualität des Täters nicht berücksichtigt wird, auf das Schuldprinzip nicht zurückgeführt werden können. Zur Begründung dieser These verwertet die moderne Strafrechtslehre die Erkenntnis, daß „neben die Funktion des Rechts als Bewertungsnorm die gleich bedeutsame Funktion als Bestimmungsnorm trete", d. h. daß die Rechtsordnung, indem sie die eine Handlung als rechtmäßig, die andere als rechtswidrig bewertet, den Einzelnen zu pflichtgemäßem Verhalten zu bestimmen suche. Von hier aus wird gelehrt, daß die Bewertungsfunktion jeglichem menschlichem Handeln gegenüber Platz greife, ohne Rücksicht auf die persönliche Artung des Handelnden, die Bestimmungsfunktion dagegen ihre Grenzen an dem psychophysischen Können des Einzelnen finde und daher auch in ihrer normativen Geltung begrenzt sei. Denn als ein an den inneren Menschen gerichtetes Sollen, als Pflicht trete das Recht nur solange und insoweit auf, als mit Rücksicht auf die menschliche Natur ein Sichrichten möglich sei (von Liszt-Schmidt § 36 Note 4). Daraus ergibt sich nach der herrschenden Lehre, daß ein Verschulden nur gegeben ist, wenn der Täter mindestens die Möglichkeit hatte, sich den tatbestandsmäßigen Erfolg vorzustellen, und ihm ein rechtmäßiges Verhalten zuzumuten gewesen ist.

Es ist der herrschenden Lehre zuzugeben, daß eine Bestimmungs- und eine Bewertungsfunktion der Norm zu unterscheiden ist [3]), weil in der Mißbilligung durch die Norm auch

---

[1]) Vgl. die Übersichten bei Mezger 247 ff., v. Liszt-Schmidt 209 ff. und Erik Wolf, Strafrechtliche Schuldlehre I.

[2]) Über die Konsequenzen der Auffassung der Schuld als Willensschuld für die Fahrlässigkeit vgl. Kohlrausch 196.

[3]) Oben S. 147. Das ist aber keineswegs herrschende Meinung. Kohlrausch, „Sollen und Können, als Grundlagen der strafrechtlichen Zurechnung" 22, 24, 26 faßt z. B. das Recht nur als einen Komplex von Bestimmungsnormen auf, während umgekehrt Steinitz, „Über die Vereinbarkeit von Determinismus und Verantwortung", Zeitschrift für Philosophie und philosophische Kritik 153, 64 ff. das Recht als einen Komplex von Bewertungsnormen auffaßt.

die Forderung, ein der Norm widerstreitendes Verhalten zu unterlassen, liegt [1]. Aber ihre Folgerung aus dieser Erkenntnis, daß nämlich die beiden Funktionen der Rechtsnorm getrennt werden könnten, in dem Sinne, daß zwar die Bewertungsnorm zu einer objektiven Bestimmung der Rechtswidrigkeit führe (Mezger 242, von Liszt-Schmidt 219 N. 14), daß aber die Bestimmungsnorm ihre Grenze darin finde, daß der Einzelne seiner Individualität nach sich nach den Normen richten könne, ist ja gerade zu beweisen. Es muß zu denken geben, daß Kohlrausch, der das Recht als Komplex von Bestimmungsnormen auffaßt, nicht zu dieser Konsequenz kommt, sondern den Einzelnen als schuldig ansieht, wenn er zu denjenigen gehört, auf deren Typus sich die Rechtsnormen beziehen: „Nicht darum wird gestraft, weil dieser Täter unter den konkret gegebenen inneren und äußeren Umständen anders handeln konnte, sondern weil ein solcher Täter unter solchen inneren und äußeren Umständen recht handeln konnte". Das „Anderskönnen" ist für Kohlrausch eine staatsnotwendige Fiktion. Weiter ist nicht einzusehen, warum nicht auch das psychologische Verhalten genau so wie das äußere Verhalten Gegenstand der Bewertungsnorm sein kann, also nach objektiven Kriterien bewertet wird (Marcetus 19, Goldschmidt, Normativer Schuldbegriff 437). Aus einer Scheidung der Norm in ihre Bestimmungs- und Bewertungsfunktion läßt sich also allein nicht herleiten, daß das Sollen seine Grenzen an dem Können des Einzelnen habe.

Es dürfte zur Rechtfertigung dieser Schuldlehre nur ihre praktische Konsequenz vorgebracht werden können: vom Standpunkt einer Schuldlehre, die den objektiven Maßstab der Fahrlässigkeit fordert, zieht ein Verhalten auch dann Straffolgen nach sich, wenn dem Täter seiner Individualität nach kein Vorwurf gemacht werden kann. „Das Problem der (strafrechtlichen) Schuld wurzelt im Problem der Strafe" [2]. Aus diesem Grund betont Kadecka (Verhandlungen des 34. deutschen Juristentages 2, 468), daß im Strafrecht man genötigt sei, Schuld mit sittlicher Schuld gleich zu setzen, und zwar sowohl vom

---

[1]) Kelsen, Hauptprobleme, 16 ff., 89 ff., Allgemeine Staatslehre 51 ff.; Mezger, Die subjektiven Unrechtselemente G.S. 89, 207, 240 ff.; K. Wolff, Verbotenes Verhalten, 142; Heinitz, Materielle Rechtswidrigkeit 6 ff., 12 ff.; Marcetus, Der Gedanke der Zumutbarkeit 18 ff.

[2]) Exner, Fahrlässigkeit, 1; Löffler, Schuldformen 1, 4; M. E. Mayer, Schuldhafte Handlungen, 125.

indeterministischen als auch vom deterministischen Standpunkt aus. Vom indeterministischen Standpunkt deshalb, weil nur sittliche Schuld vergolten werden könne, vom deterministischen Standpunkt, weil durch das Mittel der Strafe nur Willensfehler, nicht aber andere Mängel oder Gebrechen der Persönlichkeit korrigiert werden könnten. Unwissenheit und Dummheit könne man nur durch Ablehnung bekämpfen, nicht aber durch Strafe. Für das Strafrecht gelte daher der Satz: keine Strafe ohne sittliche Schuld.

Aber selbst diese Rechtfertigung ist fragwürdig, d. h. sie gilt nur vom Standpunkt einer individualethischen, nicht dagegen vom Standpunkt einer sozialethischen Betrachtungsweise [1]). So läßt sich geltend machen, daß die Fahrlässigkeit ein Verhalten ist, „das von dem sozialen Durchschnittsideal abweicht, auf dessen Verwirklichung die Strafe in ihrer generalpraevenierenden wie in ihrer spezialpraevenierenden Funktion hinzuwirken hat" (so Baumgarten, Die Wissenschaft vom Recht und ihre Methode 2, 388). Schon oft ist daher eine Bestrafung der sogenannten Verstandesschuld unter dem Gesichtspunkt des „Denkzettels" [2]) oder des „Merks" [3]) vertreten worden. Weiter hat Kohlrausch, Reform 1, 22 mit Recht darauf hingewiesen, daß von der herrschenden Strafrechtstheorie der subjektive Maßstab gar nicht durchgeführt wird, denn, um das von ihm gebrachte Beispiel wiederzugeben, der Autolenker, der nicht wie ein durchschnittlicher Automobilfahrer fahre und einen Passanten töte, werde nicht wegen schlechten Autofahrens bestraft, vielmehr wegen fahrlässiger Tötung, und zwar auch dann, wenn er, nachdem er das Automobil einmal in Bewegung gesetzt hatte, gar nicht mehr anders als schlecht fahren konnte. Endlich wird auch von den Anhängern der hier abgelehnten Schuldlehre anerkannt, daß das Schuldelement der Zumutbarkeit objektiv zu bestimmen sei (von Liszt-Schmidt § 42, 2), wenn anders nicht der Vorwurf Schuhmachers, „Um das Wesen der Strafrechtsschuld" 59 und zahlreicher Vorgänger berechtigt sein soll, durch die Einführung des Elements der Zumutbarkeit in den Schuldbegriff verlören die Schutzobjekte des Strafrechts ihren absoluten Schutz. Der Grundsatz, daß das Sollen seine

[1]) Jellinek, Die sozialethische Bedeutung von Recht, Unrecht und Strafe, 28 ff.; Hold v. Ferneck, Z.St.W. 32, 257 ff.

[2]) v. Almendingen, Untersuchungen über das kulpose Verbrechen.

[3]) Löffler, Schuldformen 9.

Grenze an dem Können des Einzelnen habe, wird also gar nicht konsequent durchgeführt. Mit Recht betont Goldschmidt, „Normativer Schuldbegriff" 453, daß damit das Können von einem Sollen abhängig gemacht wird.

Endlich hält Mannheim (42) nicht nur allein den objektiven Maßstab dem Zweck der Strafe entsprechend, sondern darüber hinaus das Messen „nach eingenem Maß" für „logisch" unmöglich (39), ein keineswegs schlüssiges Argument.

Eine Entscheidung der Frage, welche strafrechtliche Schuldlehre richtig ist, ginge weit über den Rahmen dieser Arbeit hinaus. Hier genügt es, darauf hinzuweisen, daß eine Schuldlehre, die sich, wenn überhaupt, nur daraus herleiten läßt, daß schuldhafte Handlungen eine Bestrafung nach sich ziehen, auf das Strafrecht beschränkt ist. Die privatrechtliche Schuldlehre wird durch eine solche dem Strafrecht eigene Erwägung nicht präjudiziert, da der Schadensersatzanspruch, um schon früher Gesagtes zu wiederholen, nicht auf Bestrafung, also letzten Endes auf Vergeltung [1]), sondern auf Reparation, auf Vermögensausgleich, geht. Deshalb ist es auf dem Gebiete des Zivilrechts durchaus berechtigt, ein zum Schadensersatz verpflichtendes Verhalten wie die objektive Fahrlässigkeit als schuldhaft zu bezeichnen, obwohl es im Sinne der herrschenden Strafrechtstheorie nicht schuldhaft und daher nicht strafbar ist, da hierzu ein dogmatisches Bedürfnis besteht. Ist also die herrschende Strafrechtstheorie im Recht, so folgt daraus nur die schon wiederholt behauptete Verschiedenheit des zivilrechtlichen und strafrechtlichen Schuldbegriffs [2]).

4. Akzeptiert man dies, so ist in Fortbildung der Rümelinschen Schuldlehre, die im Verschulden ein Abweichen vom Normalen sieht, das Verschulden das Abweichen des tatsächlich erfolgten vom gesollten Motivationsprozeß [3]). Daraus ergeben sich die nachfolgenden Einzelfolgerungen, welche die dogmatische Berechtigung, die objektive Kulpa dem Verschulden zuzurechnen, weiter dartun.

a) Die Fahrlässigkeit ist gleich dem Vorsatz eine Schuld-

---

[1]) Nagler, Die Strafe 557 ff.; Eugen Huber, Recht und Rechtsverwirklichung 366 ff.

[2]) Rümelin, Das Verschulden im Zivil- und Strafrecht 36 ff.; Exner, Fahrlässigkeit 191.

[3]) Siehe auch Goldschmidt, Verhandlungen des 34. Deutschen Juristentages, 2, 432.

art, genauer ein Schuldelement[1]) (Schuldform), der Unterschied ist psychologischer Natur, d. h. erst wo das Gebiet des Vorsatzes einschließlich des dolus eventualis aufhört, beginnt das Gebiet der Fahrlässigkeit.

aa) Gemeinsam ist der vorsätzlichen wie der fahrlässigen Schuld das Erfordernis der Pflichtwidrigkeit, das sog. normative Schuldelement. Diese Erkenntnis ist der normativen Schuldlehre, insbesondere den Arbeiten von Frank, Goldschmidt und Freudenthal[2]) zu danken, die nachgewiesen haben, daß das Schuldurteil sich nicht in der Feststellung einer psychologischen Gegebenheit erschöpft, vielmehr auch ein Unwerturteil enthält, nämlich die Feststellung, daß die Motivation des Täters der gesollten Motivation nicht entsprochen hat, pflichtwidrig ist.

Diese der Strafrechtstheorie und Praxis[3]) zu dankende Vertiefung der Schuldlehre ist für die zivilrechtliche Schulddogmatik besonders fruchtbar. Denn sie ermöglicht es, das durch eine psychologische Schuldlehre nicht zu erlangende gemeinsame Merkmal von Vorsatz und Fahrlässigkeit im zivilrechtlichen Sinn zu gewinnen. Dies ist nur kein psychologisches, vielmehr ein normatives, die Pflichtwidrigkeit, und es ermöglicht, Vorsatz und Fahrlässigkeit als Schuldarten zu erfassen. Vor allem ermöglicht die normative Schuldlehre, indem sie betont, daß das Schuldurteil ein Urteil der Mißbilligung enthält, in den Fällen, in denen dem Täter eine andere Motivation nicht zuzumuten war, das Verschulden zu verneinen.

Diese Vertiefung des Schuldbegriffs durch Einführung des Elements der Zumutbarkeit von Seiten der strafrechtlichen Schuldtheorie ist um so wertvoller, als sie auf denselben Grundgedanken zurückführen dürfte wie die von der Zivilistik ausgebildete Lehre, daß nicht nur die „logische" Unmöglichkeit den

---

[1]) Karl Schmitt, Über Schuld und Schuldarten, Mezger, Lehrbuch 266 mit vielen Angaben.

[2]) Frank, Über den Aufbau des Schuldbegriffs; Goldschmidt, Der Notstand ein Schuldproblem, Freudenthal, Schuld und Vorwurf. Tarnowski, Die systematische Bedeutung der adäqualen Kausalitätstheorie für den Aufbau des Verbrechensbegriffs 285 ff.

[3]) Daß das Fehlen der Zumutbarkeit die Schuld ausschließt, wird auch von der Strafrechtsjudikatur des Reichsgerichts in immer steigendem Maße anerkannt, und, was das Bedeutsame ist, nicht nur für die fahrlässigen Delikte, wie den bekannten Leinenfängerfall, RGSt. 30, 27 (vgl. auch RGSt. 36, 81; 36, 341), sondern auch für vorsätzliche Straftaten vertreten (RGSt. 58, 97; 60, 101; 63, 233).

Schuldner befreit, vielmehr auch eine nicht zumutbare Leistung nicht zu erbringen ist[1]) oder mindestens im Falle der Nichtzumutbarkeit dem Schuldner eine exceptio gegeben ist[2]), nämlich den Gedanken, daß die Zumutbarkeit die Grenzen der Pflichtwidrigkeit bildet. Erst diesseits der Zumutbarkeit beginnt der Bereich der Pflichtwidrigkeit sowohl im Vertrags- als auch im Delikts- und Strafrecht. Im Vertragsrecht bedeutet die Zumutbarkeit die äußerste Grenze der an die Leistungspflicht des Schuldners zu stellenden Anforderungen. Im Delikts- und Strafrecht bedeutet die Zumutbarkeit die äußerste Grenze der an die Motivation des Täters gestellten Anforderungen.

Das Vorsatz und Fahrlässigkeit gemeinsame normative Schuldelement zeigt sich bei der Fahrlässigkeit darin, daß es nicht ausreicht, daß ein ordinary prudent man den Erfolg sich hätte vorstellen können, es ist vielmehr weiter erforderlich, daß dem Täter als ordinary prudent man ein Andershandeln zuzumuten gewesen ist[2a]). Deshalb ist, wie wir oben S. 120 gesehen haben, eine Handlung nicht schon dann fahrlässig, wenn die Möglichkeit einer Schädigung anderer als Folge der Handlung voraussehbar ist, es muß vielmehr hinzukommen, daß dem Täter daraus ein Vorwurf zu machen ist, daß er sich durch die Voraussehbarkeit nicht zu einem anderen Verhalten hat motivieren lassen. Weiter erklärt sich aus dem Fehlen des Vorwurfs der Pflichtwidrigkeit, daß vom Täter in Notfällen, wie wir oben S. 126 gesehen haben, eine andere Sorgfalt verlangt wird als in normalen Situationen.

Damit entfallen nun auch die Bedenken Leonhards gegen die hier vertretene Auffassung, daß es unbillig sei, jemanden, der in Notfällen zur Hilfeleistung aufgefordert sei, wegen etwaiger Kunstfehler haften zu lassen (Allgemeines Schuldrecht 445). Es ist richtig, daß hier eine Haftung nicht besteht, aber dies folgt daraus, daß der Täter hier garnicht pflichtwidrig handelte, da ihm keine größere Sorgfalt zuzumuten gewesen ist.

bb) Außer diesem normativen Schuldelement, das Goldschmidt[3]) mit Recht als allgemeines, d. h. Vorsatz und Fahrlässigkeit gemeinsames normatives Schuldelement bezeichnet, eignet der Fahrlässigkeit im Zivilrecht[4]) noch ein besonderes,

[1]) Titze, Unmöglichkeit 2 ff. [2]) Oertmann Vorbem. 3 vor § 275.

[2a]) Über das entsprechende Problem beim Vorsatz siehe Oertmann § 276, 1.

[3]) Goldschmidt 10 N. 37, 21 ff.

[4]) Ob bei der strafrechtlichen Fahrlässigkeit nicht auch ein psychologisches Schuldelement nachweisbar ist, kann hier nicht untersucht werden (siehe Mezger 352 ff. mit weiteren Angaben).

d. h. beim Vorsatz nicht vorhandenes normatives Schuldelement, das mit dem psychologischen Schuldelement des Vorsatzes verglichen und deshalb als psychologisches Schuldelement bezeichnet werden kann. Es besteht abweichend vom Vorsatz nicht darin, daß der Täter den Erfolg wollte, sondern darin, daß der Täter als ordinary prudent man den Erfolg hätte voraussehen und gleich dem ordinary prudent man sich durch die Erfolgsvorstellung von dem Handeln hätte abhalten lassen sollen.

b) Durch dieses besondere normative Element wird die Fahrlässigkeit bezogen auf den konkreten rechtswidrigen Erfolg und nicht losgelöst vom Erfolg. Dies würde dazu führen, daß die Fahrlässigkeit ein selbständiges Delikt ist. Diese Auffassung ist von Winfield neuerdings in dem schon oben S. 11 erwähnten Aufsatz unter Berufung auf den Sprachgebrauch der Gerichte, die oft von einer action for negligence sprechen (oben S. 58), vertreten worden. Dieser Auffassung steht wohl auch die Ansicht der Gerichtsminorität in der oben erwähnten Entscheidung Palsgraf v. Long Island Ry. Co. nahe, die dahin ging, daß es ein an sich fahrlässiges Verhalten gebe, und deshalb die Eisenbahn haften müsse ohne Rücksicht darauf, ob der Erfolg voraussehbar gewesen sei.

Diese angelsächsische Lehre hat ihr Gegenstück auch in der deutschen Fahrlässigkeitstheorie (vgl. Bekker, Theorie 332; v. Bar, Gesetz und Schuld 2, 444). Diese Lehre geht auf die irrige Grundvorstellung zurück, daß die Fahrlässigkeit sich in der Verletzung einer allgemeinen Sorgfaltspflicht erschöpft. Dies ist, wie schon oben betont wurde, unrichtig: Die Vorsichtsgebote, gegen die der Fahrlässige verstößt, sind die aus der jeweiligen Gefahrsituation sich ergebenden besonderen Sorgfaltspflichten (so mit Recht v. Liszt-Schmidt § 41, Goldschmidt 28).

Mit Recht wird daher die Ansicht von Winfield abgelehnt, so besonders deutlich von Sir John Miles in Jenk's Digest 1, 545:

„The treatment of negligence as a special kind of tort is a survival of a classification of torts based on the forms of action — a classification which has now disappeared in favor of a division based mainly on the value of the interest affected; and negligence has no logical place among torts divided into such classes as torts in respect of property, the person, the reputation, and the like.“

Contributory negligence.[1])

I. Das common Law.

Im common law gilt mit Ausnahme weniger Staaten der nordamerikanischen Union, wo eine dem Admiralitätsrecht entsprechende abweichende Regelung gilt (unten S. 174) der Grundsatz, daß ein durch deliktische Nachlässigkeit Verletzter dann keinen Ersatzanspruch hat, wenn ihm selbst contributory negligence zur Last fällt.

Handelte dagegen der Täter vorsätzlich unter Einschluß des dolus eventualis (wanton negligence, oben S. 73 ff.), so wird durch eine contributory negligence des Verletzten dessen Ersatzanspruch nicht berührt (Hawks v. Slusher, 55 Ore. 1, 104 Pac. 883), weitere Nachweise in Ruling Case Law 20, 104 N. 18 s. v. negligence und Pennsylvania Law Rev. 79, 678 N. 1, 2).

Im Nachfolgenden soll zunächst die Geschichte der contributory negligence dargestellt, alsdann die einzelnen Regeln gegeben und abschließend ein Vergleich zum deutschen Recht gezogen werden. Schon jetzt muß betont werden, daß die Rechtsprechung so wenig durchsichtig ist, wie sonst nur auf wenigen Gebieten des Rechts, sodaß es sehr schwierig ist, aus den oft schwer oder überhaupt nicht zu vereinbarenden Entscheidungen allgemeine Grundsätze abzuleiten. Das Gebiet der contributory negligence bestätigt auf das trefflichste, daß das angelsächsische Recht

---

[1]) Street 1, 124 ff.; Bohlen, Contributory Negligence, Harvard Law Rev. 21, 233 ff. = Harv. Essays 469 ff.; Shearman & Readfield 1, 146 ff.; Salmond 35 ff.; Pollock 474 ff.; Beven, 165 ff.; Schofield, Davies v. Mann: Theory of Contributory Negligence (1896), Harvard Law Rev. 3, 263 = Harvard Essays 543; Bohlen, Voluntary Assumption of Risk (1906), Harvard Law Rev. 20, 14 ff. = Selected Essays 497 ff.; Green, Contributory Negligence and Proximate Cause (1927) 6 North Carolina Law Rev. 3, 11 ff. Besonders aufschlußreich, zumal für den kontinentalen Juristen, sind die kritischen Ausführungen von O'Connor, Contributory Negligence in Law Quarterly Rev. 38, 17 ff. (1922). Neuerdings Riezler, Haftung für Schädigung durch Sachen nach französischem und englischem Recht, Rabels Z. 5, 609.

nicht entfernt so stark durchrationalisiert ist [1]) wie die kontinentalen Rechte. Dies gilt für das amerikanische Recht nicht im selben Maße wie für das englische Recht, dem ein so ausgezeichneter Sachkenner wie Lord Justice O'Connor [2]) das Zeugnis ausstellt, daß es den englischen Richtern außerhalb des House of Lords nur schwer verständlich sei. An dieser Feststellung muß trotz des Optimismus eines so hervorragenden Sachkenners wie Lord Sumner in British Columbia Elektric Railway Co. v. Loach [1916] 1 A.C., festgehalten werden, der ausführt: „The whole law of negligence in accident cases is now very well settled, and, beyond the difficulty of explaining it to a jury in terms of the decided cases, its application is plain enough." Es kommt hinzu, daß über die Frage, ob im konkreten Einzelfall contributory negligence vorgelegen hat, die jury auf Grund der aus der nachfolgenden Darstellung sich ergebenden Rechtsbelehrung entscheidet [3]).

Die Unübersichtlichkeit der Rechtsprechung dürfte mit der Starrheit des an die Spitze gestellten Prinzips zusammenhängen, das die an die Präjudizien gebundene Judikatur nach Kräften bemüht ist aufzulockern.

1. Die allgemeinen Regeln.

a) Begreiflicherweise ist den englischen Entscheidungen des Mittelalters die Vorstellung einer contributory neglige n-

---

[1]) Max Weber, Wirtschaft und Gesellschaft 2, 510, 662 ff.

[2]) It is proposed to show, with great deference, tha the law of negligence, if well settled, is certainly not well understood by Judges outside the House of Lords; to show the reason why; and to suggest a remedy.

Let the reader refer to the following cases: Grand Trunk Railway v. McAlpine [1913] A.C. 838; British Columbia Electric Railway Co, Lim. v. Loach [1916] 2 A.C. 472; Grayson v. Ellerman [1920] A.C. 466; and Neenan v. Hosford [1920] 2 I.R. 258: „What will he find? That, in so far as the Courts inferior to the House of Lords were concerned, there was an extraordinary divergence of judicial opinion. This divergence, too, was upon matters of principle and not upon questions of fact. And, in view of these cases, it is certainly not going too far to say that the law requires either further elucidation or amendment."

„It is submitted that this divergence of opinion is not surprising in view of (1) judicial dicta, in the House of Lords and elsewhere, which, taken in their ordinary signification, it is difficult to reconcile; and (2) the use of a formula which has become an intellectual tyranny, giving rise to confusion, embarassment and injustice."

[3]) Über die Bedeutung der jury siehe oben 130.

ce solange fremd, als die Haftung nicht von einem Verschulden des Beklagten abhängt, vielmehr die bloße Veranlassung des Schadens genügt (oben S. 23 ff.).

Aber auch unter der Herrschaft des Veranlassungsprinzips kamen die Gerichte zu Entscheidungen, die den späteren Urteilen über contributory negligence entsprechen, und zwar auf Grund des schon oben S. 25 hervorgehobenen Satzes des mittelalterlichen Rechts, daß der Verletzte dann keinen Ersatz verlangen konnte, wenn nicht die Handlung des Beklagten, sondern seine eigene Handlung die proximate cause für den Schaden gesetzt hatte (Holdsworth 3, 378 f., 8, 479; Salmond 51).

Sehr lehrreich ist hierfür eine in den Year Books berichtete Entscheidung aus der Regierungszeit Eduards IV. (Y.B. 10 Edw. 4 Pash. pl. 19), der folgender Tatbestand zugrunde lag: der Kläger, der einen an die königliche Straße angrenzenden Hof besaß, verklagte den Beklagten auf Schadensersatz, weil dessen Vieh in den Hof eingebrochen war und Schaden angerichtet hatte. Der Beklagte verteidigte sich damit, daß der Hof nicht sorgfältig verschlossen war und deshalb das Vieh habe eindringen können. Es sei also nicht seine Handlung, die den Schaden angerichtet habe. Das Gericht hielt diese Verteidigung für schlüssig und wies die Klage ab.

b) Als es aufkam, daß negligence Haftungsvoraussetzung sei, wurde die Regel, daß der Verletzte, der selbst den Schaden verursacht hatte, keinen Ersatzanspruch habe, durch die Regel ersetzt, daß der Verletzte dann keinen Ersatzanspruch habe, wenn er selbst die Verletzung verschuldet habe (Holdsworth 8, 461). Ob dies zu einer Änderung des bisherigen Rechtszustandes führte oder der bisherige Rechtszustand nur in einer dem veränderten Rechtsdenken angepaßten Terminologie aufrechterhalten wurde, wird aus der nachfolgenden Darstellung der Rechtsprechung ersichtlich:

So findet sich schon in einer aus dem Jahre 1606 berichteten Entscheidung (Baly v. Merrell, Cro. Jac. 386) ein Dictum, daß der Verletzte dann keinen Ersatzanspruch habe, wenn der von ihm erlittene Schaden seiner eigenen Nachlässigkeit zuzuschreiben sei. Die Klage wegen Täuschung (action on the case for deceit) wurde mit der Begründung abgewiesen, daß der Kläger den wahren Sachverhalt selbst hätte erfahren können, wenn er sorgfältig genug gewesen wäre („it was a matter which lay within his own view and conusance and if he doubted of the weight thereof he might have weighed it; and was not bound to give credence to another's speech: and being his own negligence he is without remedy").

Als grundlegendes Präjudiz des Rechts der contributory negligence wird meist[1]) die berühmte Entscheidung Butterfield v. Forester (11 East 60) aus dem Jahre 1809 angeführt: Der Beklagte hatte nachlässig eine Barriere quer über einem Teil der Straße aufgerichtet, über die der Kläger stürzte und sich verletzte. Die Jury wurde dahin instruiert, die Klage abzuweisen, wenn ein Reiter bei Aufwendung vernünftiger Vorsicht das Hindernis hätte sehen und vermeiden können, der Verletzte hingegen mit außerordentlicher Schnelligkeit die Straße entlang geritten sei. Auf Grund dieser Instruktion wurde die Klage abgewiesen.

Der Antrag auf Bewilligung einer neuen Verhandlung wurde von Lord Ellenborough abgewiesen, der ausführte: „One person being in fault will not dispense with another's using ordinary care for himself. Two things must concur to support this action, an obstrution in the road by the fault of the defendant and no want of ordinary care to avoid it on the part of the plaintiff."

Darin, daß Lord Ellenborough darauf abstellt, daß der Kläger bei Aufwendung von ordinary care den Schadeneintritt hätte verhindern können, zeigt sich der Einfluß der negligence-Lehre deutlich. Aber die alte Regel, daß der Verletzte, der selbst den Schaden verursacht habe, keinen Ersatzanspruch habe, lebt insoweit noch fort, als der Kläger ganz abgewiesen und keine Schadensverteilung vorgenommen wird.

Zu einer Schadensverteilung ist das Common Law (über Ausnahmen s. unten S. 175) wohl infolge der bindenden Kraft von Butterfield v. Forester in der Folgezeit denn auch nicht gekommen[2]). Ein Fortschritt war nur in der Weise möglich, daß man auf Grund der negligence-Lehre eine contributory negligence bei Kindern und Geisteskranken nur dann annahm, wenn

---

[1]) So von Lord Esher in The Bernina (1887) 12 P.D. 70, Beven on Negligence 1, 166; Shearman & Readfield 1, 146.

[2]) Über die Frage, ob die Gerichte die Schwere des Verschuldens auf beiden Seiten dergestalt berücksichtigen, daß sie dem den Schaden aufbürden, den das schwerere Verschulden trifft, s. unten S. 169.

diese es an der innen möglichen Sorgfalt hatten fehlen lassen [1]): „Children are to be held responsible only for the discretion of children“ (Rauch v. Lloyd, 31 Pe.St. 358). Ebenso haben wiederholt die Gerichte auch bei der Prüfung, ob dem Verletzten eine contributory negligence zur Last fällt, dessen subjektive Fähigkeiten berücksichtigt, doch besteht auch hier keine einheitliche Rechtsprechung. Abgesehen hiervon konnten die Gerichte nur die starre Regel immer mehr verfeinern und differenzieren. Das ist denn auch im Anschluß an die meist als Leading Case zitierte Entscheidung des House of Lords in Davis v. Mann (1842) 10 M. & W. 546 geschehen [2]).

c) Der Tatbestand der Entscheidung war folgender: Der Kläger ließ seinen an den Vorderfüßen gefesselten Esel auf der Landstraße frei umherlaufen. Das Gespann des Beklagten, das in einem schnellen Tempo einher kam und hinter dem der Beklagte in einiger Entfernung kam, überrannte den Esel und tötete ihn. Obwohl das Gericht das Verhalten des Klägers

---

[1]) Railroad Co. v. Gladmon, 15 Wall. 401, Rauch v. Lloyd, 31 Pe. St. 358. Sehr zweifelhaft ist jedoch, ob bei der contributory negligence von Kindern ein genereller Maßstab angelegt wird oder ein rein individueller (für die Annahme eines generellen Maßstabes: Shulman, The Standard of Can Required for Children (1927), Yale Law Journal 37, 618 ff., für den individuellen Maßstab: eine Note in Pennsylvania Law Rev. 74, 79, 80 1925).

Selbstverständlich haftet, trotzdem es an einer contributory negligence des verletzten Kindes fehlt, der Beklagte nur dann, wenn seine Handlung als kausal, und wenn dies der Fall ist, als proximate cause zu bewerten ist (Salmond 50). Besteht, um ein von Salmond 50 gebrachtes Beispiel wiederzugeben, die Nachlässigkeit eines Zugführers darin, daß er es vorschriftswidrig unterließ, beim Herannahen des Zuges an einem Bahnübergang zu läuten, so ist diese Unterlassung für das Überfahren eines Kindes, das so taub ist, daß es das Läuten nicht gehört hätte, nicht kausal. Weiter muß dem Täter natürlich negligence zur Last fallen. So haftet der Kutscher nicht, wenn ihm ganz unversehens ein kleines Kind vor den Wagen springt und er nicht mehr ausweichen kann (Hartfield v. Rooper, 21 Wend. 615, dazu Shearman & Readfield, 182 N. 65).

[2]) Die Bedeutung, die der Entscheidung beigemessen wird, zeigt sich schon darin, daß Salmond in seinem bekannten Lehrbuch der Entscheidung ein besonderes Kapitel und Schofield ihr einen längeren Artikel: Davis v. Mann: Theory of Contributory Negligence, Harvard Law Rev. 3, 263 ff. = Harv. Ess. 543 ff. gewidmet hat. Siehe auch Green, Contributory Negligence, North Carolina Law Rev. 6, 21 mit Angaben zahlreicher Entscheidungen, die sich mit Davis v. Mann auseinandersetzen (Note 38 a).

als nachlässig ansah, gab es seinem Ersatzanspruch statt, da der Beklagte den Eintritt des Schadens hätte verhindern können, wenn das Gespann nicht in einem so übermäßig schnellen Tempo entlang gejagt wäre: „Although the ass may have been wrongfully there, still the defendant was bound to go along the road at such a pace as would be likely to prevent mischief. Were this not so, a man might justify the driving over goods left on a public highway, or even over a man lying asleeps there or the purposely running against a carriage going on the wrong side of the road.“ (10 M. & W. 549.)

Interessant ist nun der Versuch vieler Gerichte, meist auf Grund von Davis v. Mann, eine „last clear chance“ — Doktrin herauszuarbeiten und zu unterscheiden, ob dem Beklagten die letzte Chance zustand, den Schaden abzuwenden, oder dem Kläger, oder ob beide die gleichzeitige Möglichkeit hatten. Nur dann kann jedoch nach der Ansicht von Lord Birkenhead gesagt werden, daß dem Beklagten die letzte Chance zustand, den Schaden abzuwenden, wenn das Gericht in der Lage ist, zwischen dem nachlässigen Verhalten des Klägers und des Beklagten zeitlich zu unterscheiden (Lord Birkenhead in Admiralty Commissioners v. S.S. Volute [1922] 1 A.C. 129, 144; Salmond 48).

Nach der last clear chance-Doktrin gelten folgende Regeln:

aa) Hatte der Beklagte die letzte Chance, den Schaden abzuwenden, so ist er ersatzpflichtig.

Ein besonders wichtiger Anwendungsfall der Regel, daß der Beklagte ersatzpflichtig ist, wenn ihm die letzte Chance zustand, den Schaden abzuwenden, ist der Fall, daß dem Beklagten allein die Gefahr bekannt war. So in dem Fall, da der Führer eines Straßenbahnwagens einen Menschen auf dem Bahnkörper sieht, der offensichtlich die Gefahr, die mit dem Herannahen der Bahn verbunden ist, infolge Nachlässigkeit nicht sieht, trotzdem aber nicht hält. (Doctrine of discovered peril) [1]. Oft wird in solchen Fällen die Ersatzpflicht des Beklagten trotz der contributory negligence des Klägers damit begründet, daß gesagt wird, der Beklagte habe sich eines wanton und reckless conduct schuldig gemacht. (Alger Etc. Co. v. Duluth Superior Traction Co. 93 Min. 314.)

---

[1]) Anglo-Newfoundland Development Co. v. Pacific Steam Navigation Co. (1924) A.C. 420; Paul v. Great EasternRly. Co. (1920) 36 T. L.R. 344.

Von amerikanischen Gerichten ist wiederholt die Regel, daß der Beklagte dann hafte, wenn ihm die letzte Chance zustand, den Schaden abzuwenden, auf die Fälle der „discovered peril“ eingeschränkt worden, ja sogar vereinzelt auf die Fälle, in denen dem Beklagten ersichtlich war, daß der Verletzte aus der Gefahr nach menschlicher Berechnung aus eigenen Kräften nicht entkommen konnte.

Die herrschende Rechtsprechung geht jedoch weiter und läßt den Beklagten auch dann haften, wenn ihm die Gefahr zwar nicht bekannt war, aber er sie bei Aufwendung gehöriger Sorgfalt hätte erkennen können, und wenn er bei Aufwendung gehöriger Sorgfalt die letzte Chance gehabt hätte, den Schaden zu vermeiden (Shearman & Readfield 1, 251, N. 251).

Diese Rechtsprechung ist mit Davis v. Mann in Einklang, denn nach dem mitgeteilten Tatbestand dieses Urteils ist anzunehmen, daß der Beklagte keine positive Kenntnis von der Gefahr hatte, sondern ihm die Gefahr nur bei Aufwendung gehöriger Sorgfalt bekannt gewesen wäre.

Eine interessante Durchbrechung der last clear chance doctrine zu Gunsten des Verletzten nimmt die Entscheidung des Privy Council in Sachen British Columbia Electric Railway Company v. Loach (1916) 1 A.C. 719 vor [1]). Der Tatbestand dieser Entscheidung ist folgender: Der Führer eines elektrischen Zuges der verklagten Gesellschaft sah in einer Entfernung von 400 Metern von einem Bahnübergang einen langsam einherfahrenden Wagen, der auf den Bahnübergang zuhielt. Er versuchte, den Zug zum Halten zu bringen, aber dies gelang ihm nicht, weil die Bremse kaputt war. Hätte die Bremse funktioniert, so wäre es dem Führer gelungen, den Zug vor dem Bahnübergang zum Halten zu bringen. So aber wurde der Insasse des Wagens getötet. Obgleich dem Getöteten der Vorwurf gemacht werden konnte, daß er sich nicht umgeschaut hatte, wurde die Gesellschaft verurteilt. Lord Sumner, der die Entscheidung des Privy Council begründete, wendete sich gegen das von der Beklagten vorgebrachte Argument, daß dann, wenn man annähme, daß die Nachlässigkeit des Zugsführers zur Zeit des Unfalls fortbestanden habe, man auch die Fortdauer der Nachlässigkeit des Getöteten annehmen müsse [2]). „The consequences of decea-

---

1) Bohlen: The Rule in British Columbia Railway Company v. Loach, Studies 536 ff.

2) Bohlen 540, 541.

sed's contributory negligence continued, it is true, but after he had looked, there was no more negligence, for there was nothing to be done and his contributory negligence will not disentitle him to recover if the defendant might by the exercise of care on his part have avoided the consequences of the neglect or carelessness of the plaintiff."

Faktisch hatte fraglos im vorliegenden Falle der Getötete die letzte Chance, den Zusammenstoß zu vermeiden (Salmond 46, Holdsworth 8, 462). Denn, wenn er aufgepaßt hätte, hätte er den langsam fahrenden Wagen noch kurz vor dem Bahnkörper zum Halten bringen können und damit den Zusammenprall noch zu einer Zeit verhindern können, zu der dem Zugführer dies nicht mehr möglich war. Aber der Führer des Zuges würde den Zusammenstoß vermieden haben, wenn die Bremse intakt gewesen wäre, und deshalb hat er nach Ansicht von Lord Sumner die „decisive cause" gesetzt.

Ebenso wird von einigen amerikanischen Urteilen die last clear chance doctrine zugunsten eines von einer Eisenbahn Überfahrenen, der nachlässig in die Bahn hineingelaufen ist, auch dann durchbrochen, wenn der Wagenführer die Nachlässigkeit des Verletzten nicht gesehen hat und nicht einmal gesagt werden kann, daß der Führer bei Aufwendung gehöriger Sorgfalt die letzte Chance gehabt hätte, den Unfall zu verhindern, vielmehr weit eher angenommen werden muß, daß der Verletzte bei Aufwendung gehöriger Sorgfalt noch im letzten Augenblick den Gleiskörper hätte verlassen und so den Unfall verhindern können[1]) (sog. humanitarian doctrine).

bb) Hatten der Kläger und der Beklagte gleichzeitig Gelegenheit, den Eintritt des Schadens zu verhindern, so besteht keine Ersatzpflicht. So haben, wenn zwei unbeleuchtete Fahrzeuge, die auf der Mitte der Straße in entgegengesetzter Richtung fahren, aufeinander stoßen, die Lenker gegeneinander keine Ersatzansprüche (Salmond 43). Als Beispiel hierfür diene die berühmte Entscheidung Admiralty Commissioners v. S. S. Volute (1922) 1 A.C. 129, die zugleich zeigt, daß die last clear chance doctrine kein Allheilmittel darstellt: Ein Handelsschiff, die Volute, hatte, ohne das vorgeschriebene Signal zu geben, den Kurs geändert und war mit einem Torpedobootzerstörer, der

---

[1]) Birmingham L. & P. Co. v. Brantley, 141 Ala. 614 37 So. 698 (1904). Murphy v. Wabash 228 Mo. 56, 128 S.W. 481 (1910).

Radstock, zusammengestoßen, die unmittelbar nach der Kursänderung des Handelsschiffes Volldampf gegeben hatte, obwohl der leitende Offizier schon wußte, daß dadurch die Gefahr eines Zusammenstoßes mit dem seinen Kurs ändernden Schiff erhöht wurde. Das Gericht entschied, daß die Leitung beider Schiffe schuld wäre an dem Zusammenstoß, und daß nicht gesagt werden könne, daß die Leitung des Zerstörers die letzte Chance hatte, den Schaden abzuwenden, denn es habe keine „sufficient separation of time, place or circumstances between the negligent navigation of the Radstock and that of the Volute to make it right to treat the negligence of the Radstock als the sole cause of the collision" vorgelegen. Interessant sind die Ausführungen von Lord Birkenhead zu der Frage, ob nur dann gesagt werden könne, daß die Chance beider Teile gleichzeitig gewesen sei, wenn beider Teile nachlässiges Verhalten absolut zeitlich zusammenfalle. Das verneint er: „Is it to be the rule that in all cases if the tribunal can find a period at which A's negligence has ceased and after which B's negligence has begun that then the negligence of A is to be disregarded? If such should be the rule it will be found that the cases of contributory negligence would be few... If that be the rule the application of the doctrine of contributory negligence to collisions, whether on land or sea, would be rare."

cc) Erst recht hat natürlich der Verletzte dann keinen Ersatzanspruch, wenn ihm selbst die letzte Chance zustand, den Schaden abzuwenden, wie in Butterfield v. Forrester [1]).

d) Wiederholt haben die Gerichte versucht, statt eines so komplizierten Systems eine einfachere Lösung zu finden, umsomehr als über die Frage, ob dem Verletzten eine contributory negligence zur Last fällt, die jury zu entscheiden hat.

In unzähligen Entscheidungen, insbesondere in „running down cases", wird die jury dahin instruiert, daß trotz der contributory negligence des Klägers der Beklagte hafte, wenn er bei Aufwendung gehöriger Sorgfalt den Schaden hätte vermeiden

---

[1]) Trow v. Vermont Cent Ry Co. (1852) 24 VC 487; Pennsylvania RCo v. Aspell (1854) 23 Pa. St. 147; Pennsylvania RCo v. Righter (1880) 42 N.J.L. 181; Central RCo v. Zelder (1881) 69 Ala. 106; Green v. Ashland Water Co. (1898) 101 Wis. 258.

können (Readley v. London & N.W. Rly. Co. [1876] 1 A.C. 759) [1]). Typisch ist die nachfolgende Rechtsbelehrung von Lord Birkenhead in Grayson v. Ellermann (1920) A.C. 472: „Were the appellants (defendants) guilty of negligence? Were the respondents (plaintiffs) guilty of negligence? If both parties were guilty of negligence, could the appellants (defendants) in the result by the exercise of ordinary care and diligence have avoided the mischief which happened?“ Oft wird mit der dritten Frage statt auf das Verhalten des Beklagten auf das Verhalten des Klägers abgestellt: „If both parties were guilty of negligence, could the plaintiff, by the exercise of ordinary care and diligence, in the result have avoided the mischief?“ So Baron Parke in Davies v. Mann, Lord Blackburn in Spaight v. Tedcastle, 6 A.C. 226 und Lord Finlay in Grayson v. Ellermann. Ob dies sachlich etwas ändert, ist sehr fraglich. Statt dessen schlägt O'Connor L.J. (23) vor, die jury dahin zu belehren: „Whose fault was it“ (d. i. der Unfall).

Solche elastischen Instruktionen dürften vielleicht der jury Veranlassung geben, die Schwere des beiderseitigen Verschuldens abzuwägen. Ebenso dürfte eine Abwägung des beiderseitigen Verschuldens möglich sein, wenn die jury dahin instruiert wird, der Beklagte sei nur dann haftbar, wenn er die wirksamste Ursache gesetzt habe, und daß es nicht genüge, wenn sein Verhalten die conditio sine qua non gewesen sei (Salmond 49).

Für eine Abwägung der Größe des beiderseitigen Verschuldens dürfte sich auch Lord Atkinson in Grand Trunk Railway v. McAlpine (1913) A.C. 838 aussprechen. „Neither is it true, as the learned judge apparently supposes, that according to the law of England a plaintiff who is guilty of negligence cann et recover damages. On the contrary a plaintiff whose negligence has directly contributed to the accident — that is, that his action formed a material part of the cause of it can recover, provided it be shewn that the defendant could by the exercise of ordinary care and caution on his part have avoided the consequence of the plaintiff's negligence.“ Dem stehen allerdings die Aussprüche in zahlreichen Urteilen gegenüber, welche die preponderance of blame als unbeachtlich

---

[1]) British Columbia Inland Coasting Co. v. Tolson, 139 U.S., 551. Grand Trunk RCo v. Ives, 144 U.S. 408. Cooper v. Swadling (1930) 1 K.B. 403.

bezeichnen (vgl. Lord Campbell in Donell v. General Steam Navigation Co. [1855] 5 E. & B. 195).

2. Imputed negligence.

Die Regel, daß ein mitwirkendes Verschulden des Verletzten seinen Ersatzanspruch ausschließt, erfährt eine bedeutsame Erweiterung durch die andere, daß auch ein Verschulden von Personen, deren Verhalten dem Verletzten zuzurechnen ist, den Ersatzanspruch ausschließt. Nicht ausgeschlossen wird also der Ersatzanspruch durch das konkurrierende Verschulden eines Dritten, dessen Verhalten dem Kläger nicht zuzurechnen ist. Vielmehr haften beide dem Kläger solidarisch (jointly and severally) [1]).

Die Fälle dieser sogenannten „imputed negligence" decken sich, wenn auch nicht völlig, mit den Fällen, in denen jemand für das Verhalten eines anderen haftbar ist, doch ist der Umkreis der Anwendungsfälle der imputed negligence nicht völlig sicher.

a) Feststeht, um mit den sicheren Anwendungsfällen zu beginnen, daß das mitwirkende Verschulden eines servant in the course of the employment dem master zugerechnet wird [2]); weiter, daß eine Nachlässigkeit des independant contractor, dessen sich der Verletzte bedient, dem Verletzten unschädlich ist, da über dessen Tätigkeit kein Kontrollrecht besteht (Salmond, Ruling Case Law 20, 148 ff., s. v. negligence). Das war infolge der englischen Entscheidung Thorogood v. Bryan (1849) 8 C.B. 115, die auch vereinzelt in den Vereinigten Staaten Anklang gefunden hat, einige Zeit lang zweifelhaft; denn zufolge dieser Entscheidung ist der Insasse eines öffentlichen Beförderungsmittels, obwohl ihm keine Kontrolle über den Fahrer zusteht, doch so zu behandeln, als ob ihm diese Kon-

---

[1]) City El. St. R. Co. v. Conery, 61 Ark. 381, 33 S.W. 426, 20 R.C.L. 103 Nr. 11. 20 R.C.L. 103 Nr. 13. Wenn beispielsweise in einem Keller Gas explodiert und an der Explosion die Nachlässigkeit eines Gasbeamten und auch der Umstand schuld ist, daß ein Dritter leichtsinnig mit einem Streichholz hantiert hat, so kann der Geschädigte nach seiner Wahl entweder die Gasgesellschaft oder den Dritten oder beide verklagen.

Koelsch v. Philadelphia Co. 152 Pa. St. 355, 25 A. 522, s. auch Carterville v. Cook, 129 Ill. 152, 22 N.E. 14.

[2]) Rechtsprechung in Little v. Hackett, 116 U.S. 366, 371; Nonn v. Chicago City Ry.Co, 232 Ill. 378, 83 N.E. 924 (1908); Moon v. St. Louis Transit Co, 327 Mo. 425, 141 S.W. 870 (1911).

trolle zustände (sogenannte doctrine of identification), und deshalb ist ihm ein mitwirkendes Verschulden zuzurechnen: „The negligence that is relied on as an excuse is, not the personal negligence of the party injured, but the negligence of the driver of the omnibus in which he was a passenger. But it appears to me, that, having trusted the party by selecting the particular conveyance, the plaintiff has so far identified himself with the owner and her servants that, if any injury results from their negligence, he must be considered a party to it".

Diese Lehre hat in den Vereinigten Staaten meist Ablehnung erfahren, und zwar gleichmäßig für Eisen-, Straßenbahn, Omnibus und jedes öffentliche Beförderungsmittel (Little v. Hackett [1886] 116 U.S. 366, weitere Nachweise bei Street, 1. 141 Nr. 3) und wurde auch vom House of Lords ausdrücklich in dem Urteil in Sachen Mills v. Armstrong (1888) 13 A.C. 1, dem „Berninafall" aufgegeben[1]). In einigen Staaten gilt jedoch die Regel, daß der Fahrgast eines privaten Gefährts zu dem Führer im Verhältnis von principal und agent stehe und daher dessen Verschulden ihm zuzurechnen ist (Prideaux v. Mineral Point, 43 Wis. 513; Lockhart v. Lichtenthaler 46 Pa. St. 151; weitere Nachweise bei Street 1, 141 Nr. 3).

b) Die Frage, ob bei Verletzung von Kindern ein mitwirkendes Verschulden der Eltern und der Aufsichtspersonen dem Kinde zuzurechnen ist, ist strittig (4 L.R.A. 126; 6 L.R.A. 545). In dem häufig zitierten englischen Leading Case: Waite v. North Eastern Rly. Co (1858) El. Bl & El. 719 wurde dies bejaht und die Ersatzklage eines 5jährigen Kindes, das mit seiner Großmutter den Gleiskörper eines Bahnhofes überschritt, um zum Zuge zu gelangen und von einem anderen Zug schwer verletzt wurde (während die Großmutter getötet wurde), abgewiesen, obwohl den diensthabenden Eisenbahnbeamten ein Verschulden traf, weil er pflichtwidrig auf das Herannahen des Zuges nicht aufmerksam gemacht hatte. Aber nach dem festgestellten Sachverhalt treffe auch die Großmutter des Kindes ein Verschulden, und dieses „mitwirkende Verschulden" der Großmutter sei dem verletzten Kinde zuzurechnen. „The jury must be taken to have found that Mrs. Park, the grandmother of the infant plaintiff, in whose care he was when the

---

[1]) Shearman & Readfield 1, 168 n. 40; The Bernina 12 P.D. 58.

accident happened, was guilty of negligence without which the accident would not have happened; and that, notwithstanding the negligence of the defendants, if she had acted upon this occasion with ordinary caution and prudence, neither she herself nor the infant would have suffered. Under such circumstances had she survived, she could not have maintained any action against the Company; and we think, that the infant is so identified with her that the action in his name cannot be maintained. The relation of master and servant certainly did not subsist between the grandchild and the grandmother; and she cannot, in any sense, be considered his agent: but we think that the defendants, in furnishing the ticket to the one and the half ticket to the other, did not incur a greater liability towards the grandchild than towards the grandmother and that she, the contracting party, must be implied to have promised that ordinary care should be taken of the grandchild."

Obwohl im „Bernina-Fall" dieses Urteil nicht ausdrücklich aufgegeben wurde, dürfte die von Salmond 54 gebilligte Ansicht von Lord Bramwell (The Bernina [1888] 13 A.C. 15) zutreffen, daß der Tatbestand dieses Falles von dem des aufgegebenen Urteils Thorogood v. Bryan nicht unterscheidbar ist, und daher dürften beide Urteile seit dem Bernina-Fall hinfällig sein. Gegen die Annahme des Urteils, daß die Gesellschaft mit dem Kind nur unter der Bedingung einen Beförderungsvertrag geschlossen habe, daß die Aufsichtsperson das Kind gehörig bewache, macht Salmond mit Recht geltend, daß die Großmutter nicht in der Lage war, namens des Kindes der Eisenbahngesellschaft die dem Kind geschuldete Sorgfaltspflicht zu erlassen.

Von der Mehrzahl der amerikanischen Gerichte wird die Nachlässigkeit der Aufsichtsperson dem Kind nicht zugerechnet, da „the custodian of a child is the agent of the law and not of the infant" (Robinson v. Cone, 22 Vt. 213, grundlegend) [1]). In New York gilt jedoch auf Grund eines Dictum des Supreme Court in Sachen Hartfield v. Rooper, 21 Wend. 615, ebenso in einigen anderen Staaten, z. B. Massachusetts (Lynch v. Smith, 104 Mass. 52), diese sogenannte Vermont Rule nicht, vielmehr wird die Nachlässigkeit der Aufsichtsperson dem Kinde zugerechnet (Shearman & Readfield 1, 193 ff.).

---

[1]) Neff v. Cameron, 213 Mo. 350, 111 S.W. 1139, 18 L.R.A. (N.S.) 320; weitere Nachweise bei Shearman & Readfield 1, 199 N. 117.

c) Solange das common law der Frau das Recht absprach, in eigenem Namen zu klagen, vielmehr die Klagbefugnis und das Verfügungsrecht über den Ersatzanspruch dem Mann zustanden, war es nur natürlich, daß ein mitwirkendes Verschulden des Ehemannes der Frau zugerechnet wurde [1]). Das gleiche gilt in den jurisdictions, die den Güterstand der community property haben, wie z. B. in Californien, da hier der Ersatzanspruch gemeinschaftliches Vermögen beider Ehegatten ist [2]). Auch als die Rechtsstellung der Frau verselbständigt wurde, blieben einige Gerichte dabei, ein mitwirkendes Verschulden des Ehemannes der Frau zuzurechnen, wenn die Frau unter der unmittelbaren Obhut des Mannes stand. Die herrschende Rechtsprechung geht aber dahin, daß, seit die Frau im eigenen Namen klagen kann, es auch in diesem Fall nicht mehr gerechtfertigt ist, ein Verschulden des Mannes ihr zuzurechnen [3]). Das gilt z. B. in New York, in Indiana, in Missouri und zahlreichen anderen Staaten.

3. Beweislast (Burden of proof).

a) Die Gerichte der einzelnen Staaten sind sich darüber einig, daß eine contributory negligence von Amts wegen zu berücksichtigen ist, gleichgültig, ob sie vom Kläger oder vom Beklagten vorgebracht wird (Washington, etc. R.Co. v. Harmon, 147 U.S. 571, weitere Nachweise bei Shearman & Readfield 1, 266 N 292). Die Berufung auf contributory negligence ist also, um die deutsche Terminologie zu gebrauchen, keine Einrede, vielmehr eine Einwendung.

b) Darüber herrscht aber in den einzelnen Staaten der Union keineswegs Einhelligkeit, wer für den Fall, daß der Beklagte contributory negligence des Verletzten geltend macht, beweispflichtig ist.

---

[1]) Newton v. Huller (1705) 2 Ld. Raym. 1208; Dalton v. Midland Counties Ry. Co. (1853) 13 C.B. 474; Shearman & Readfield 1, 171. Nr. 46; Pennsylvania R. Co. v. Goodenough, 55 N.J.L. 577, 28 Atl. 3, 22 L.R.A. 460.

[2]) McFadden v. Santa Ana R. Co., 87 Cal. 464, 25 Pac. 681, 11 L.R.A. 252 1891).

[3]) Louisville R. Co. v. McCarthy, 129 Ky. 814, 112 S.W. 925, 19 L.R.A. (N.S.) 230; 33 Harvard Law Rev. 313. Dies gilt in England seit dem Married Women's Property Act 1882 (45 & 46 Vict. 75 s. 1 subs. 2).

[4]) Shearman & Readfield 1, 171 N. 48.

Nach der von den Gerichten der meisten Staaten (siehe die Nachweise bei Shearman & Readfield 1, § 103) und vom United States Supreme Court vertretenen Ansicht (vgl. die oben angegebene Entscheidung dieses Gerichts) wird die Sorgfalt des Klägers vermutet, und der Beklagte trägt die Beweislast, sofern der Kläger in der Lage ist, die Nachlässigkeit des Beklagten zu beweisen, ohne gleichzeitig damit seine eigene Nachlässigkeit darzutun.

Die Gegenansicht, daß der Kläger „affirmatively" beweisen müsse, die ihm obliegende Sorgfalt aufgewandt zu haben, wird insbesondere in Massachusetts, in New York und Illinois vertreten (Nachweise bei Shearman & Readfield 1, § 107); doch genügt es einigen der Gerichte, die diese Ansicht vertreten, wenn der Verletzte Umstände anführt, aus denen sich seine Schuldlosigkeit ergibt (Shearman & Readfield 1, 276).

II. Comparative Negligence.

Im angloamerikanischen Admiralitätsrecht ist abweichend vom common law bei Schiffszusammenstößen der Schaden stets halbiert worden ohne Rücksicht auf die Größe des Verschuldens auf beiden Seiten (Simpson v. Hand, 6 Whart. [Pa.] 311)[1]. In England ist auf Grund des Beitritts zum Brüsseler Abkommen von 1910, betreffend die einheitliche Feststellung von Regeln über Zusammenstoß von Schiffen, dieser Rechtszustand durch den Maritime Conventions Act, 1 & 2 Geo. V c. 57 s. 1, 1911 geändert, und nunmehr wird der Schaden je nach der Größe des Verschuldens verteilt. „Where by the fault of two or more vessels, damage or loss is caused to one or more of those vessels, to their cargoes or freight, or to any property on board, the liability to make good the damage or loss shall be in proportion to the degree in which each vessel was in fault: Provided that if, having regard to all the circumstances of the case, it is not possible to establish different degrees of fault, the liability shall be apportioned equally."

Da die Vereinigten Staaten diesem Abkommen nicht beigetreten sind, gilt die Regelung des Admiralitätsrechts, daß der Schaden gleichmäßig verteilt wird, in den Vereinigten Staaten noch weiter (Cornell L.Q. 12, 113 ff., 1926). Ebenso wird in

[1]) Ralli v. Troop, 157 U.S. 386, 406.

einigen nordamerikanischen Staaten [1]) abweichend vom common law der Schade entsprechend der Schwere des Verschuldens verteilt. Diese Regelung ist zwar in mehreren Staaten zugunsten der Regelung des common law aufgegeben worden, z. B. in Illinois (Calumet Iron etc. Co. v. Martin [1885] 115 Jll. 358), da sie zu der unfruchtbaren Dreiteilung der negligence in „slight", „ordinary" und „gross" negligence führe (Street 1, 147; Ruling Case Law 20, 146). Neuerdings scheint sie aber wieder vorzudringen. Sie gilt schon jetzt überall bei Betriebsunfällen auf Grund der Bestimmungen der Workmen's Compensation Acts (Cornell L.Q. 12, 113 ff.).

III. Dogmatik.

1. Wiederholt ist versucht worden, die unter I. geschilderte Rechtsprechung aus einem einheitlichen Prinzip heraus zu erklären. Am üblichsten ist die Formel, daß derjenige den Schaden zu tragen hat, der die proximate oder, wie statt dessen gesagt wird, ohne daß es eine sachliche Verschiedenheit in diesem Zusammenhang bedeuten dürfte, die direct cause gesetzt hat, und daß derjenige frei bleibt, der die remote cause gesetzt hat (Pollock 479—480; Holdsworth 8, 464, Bowen L.J. in Thomas v. Quartermaine: „It (contributory negligence) rests upon the view that though the defendant has in fact been negligent, yet the plaintiff has by his own carelessness severed the casual connection between the defendant's negligence and the accident which has occurred; and that the defendant's negligence accordingly is not the true proximate cause of the injury." Eine andere Erklärung geht dahin, daß dem Verletzten deshalb im Falle einer contributory negligence ein Ersatzanspruch versagt sei, weil er den Schaden selbst mit verschuldet habe (Cayzer v. Carron Company 9 A.C. 873, 880, 881). Weiter ist wiederholt versucht worden, den Ausschluß der Ersatzpflicht im Falle der contributory negligence auf die Maxime volenti non fit iniuria zurückzuführen (Salmond 52, Schoffield 547). Endlich begnügt sich eine weit verbreitete Ansicht mit der Feststellung, daß der Ausschluß der

---

[1]) Tampa Electric Company v. Knowles, 109 So. 219 (Florida 1926); Central of Georgia Railway Co. v. Barnett, 134 S.E. 126 (Georgia 1926); McKinnish v. Norwood Lumber Co., 133 S.E. 163 (North Carolina 1926); Tennessee Central Railway Co. v. Page, 282 S.W. 376 (Tennessee 1926).

Ersatzpflicht eine rough public policy ist (Salmond 52, Schofield 547 ff.)

Auf diese Erklärungsversuche ist kurz einzugehen: Um mit dem Versuch zu beginnen, den Ausschluß der Ersatzpflicht auf die Maxime volenti non fit iniuria zurückzuführen, so ist gegen diesen Versuch zu sagen, daß die Rechtsprechung, wie Schofield zutreffend hervorhebt, deutlich zwischen den Anwendungsfällen der contributory negligence und der Maxime volenti non fit iniuria unterscheidet [1]).

Was den Versuch anlangt, den Ausschluß der Ersatzpflicht im Falle der contributory negligence auf ein Mitverschulden des Verletzten zurückzuführen, so werden durch diese Erklärung die Fälle nicht gedeckt, in denen der Verletzte zwar schuldhaft den Schaden mitverursacht hatte, der Beklagte aber dennoch ersatzpflichtig ist, weil er die letzte Chance hatte, den Schaden abzuwenden.

Für die Erklärung der Fälle der last clear chance doctrine scheint nun in der Tat die Lehre am geeignetsten, daß im Falle einer contributory negligence des Verletzten derjenige den Schaden zu tragen hat, der die proximate cause gesetzt hat. Aber es ist zu beachten, worauf Salmond 50 und Schofield 548 hinweisen und was auch Pollock 580 nicht entgangen ist, daß nach der allgemein [2]) geltenden Kausalitätslehre in allen Fällen der last clear chance doctrine nicht nur derjenige, der auf Grund der last clear chance doctrine zum Schadensersatz verurteilt wird, sondern auch der andere Teil die proximate cause gesetzt hat. Ein Fall der contributory negligence ist überhaupt nur dann gegeben, wenn das Verhalten beider Teile als Ursache für den Erfolg zu bewerten ist; hat aber z. B. der Verletzte sich zwar nachlässig verhalten, ist aber das Verhalten des Beklagten nur als remote cause zu bewerten, so hat der Verletzte nicht wegen seiner contributory negligence, vielmehr wegen der remoteness der vom Beklagten gesetzten Bedingung keinen Ersatzanspruch (Salmond 50, Pollock 480).

Man kann also die Fälle der last clear chance doctrine nur

---

[1]) Weblin v. Ballard, 17 Q.B.D. 122; Thomas v. Quartermaine, 17 Q.B. 414; 18 Q.B.D. 685; Yarmouth v. France, 19 Q.B.D. 647; Thrussel v. Handyside, 20 Q.B.D. 359; Osborne v. London & North Western Ry. Co., 21 Q.B.D. 220; Membery v. Great Western Ry. Co. 14 App. Cas. 179. Die Maxime volenti non fit iniuria wird unter IV 1 kurz behandelt.

[2]) Oben S. 79.

dann als Anwendungsfälle der Regel, daß derjenige den Schaden zu tragen hat, der die proximate cause gesetzt hat, auffassen, wenn man im Auge behält, daß im Recht der contributory negligence ein anderer Verursachungsbegriff gilt als sonst, oder, um Pollock zu zitieren, daß der Geschädigte dann keinen Ersatzanspruch hat, wenn die von ihm gesetzte Bedingung für den Schadenseintritt „more proximate" ist als die vom Beklagten gesetzte Bedingung (481).

Akzeptiert man, daß die sonst geltende Kausalitätslehre im Recht der contributory negligence modifiziert ist, so dürften in der Tat die Entscheidungen, welche die last clear chance-Lehre vertreten, am ehesten daraus erklärt werden können, daß die Gerichte in diesen Fällen annehmen, daß derjenige, der die letzte Chance, den Schaden abzuwenden hatte, die proximate cause gesetzt habe. In diesen Fällen dürfte in der Tat der Satz von Sir Frederick Pollock gelten, dem auch Salmond zustimmt: „... is not to lose his remedy merely because he has been negligent at some stage of the business, though without that negligence the subsequent events might not or would not have happened; but only if he has been negligent in the final stage and at the decisive point of the event, so that the mischief, as and when it happens, is immediately due to his own want of care and not to the defendant's. Conversely it is an accepted qualification of the rule „that though the plaintiff may have been guilty of negligence, and although that negligence may in fact have contributed to the accident, yet if the defendant could in the result, by the exercise of ordinary care and diligence, have avoided the mischief which happened, the plaintiff's negligence will not excuse him."

Die Fälle der last clear chance doctrine sind also für den angelsächsischen Juristen streng genommen gar keine Fälle der contributory negligence, sondern der Kausalität. So heißt es in einer Note Kentucky Law Journal 19, 240 (1923) deutlich: „The last clear chance doctrine is applicable only where negligence of the defendant is proximate and negligence of the plaintiff is remote. In other words, proximate cause is the tort of applicability of last clear chance doctrine." Die negligence spielt nur insofern eine Rolle, als der Beklagte, der die letzte Chance hatte, den Schaden zu verhindern, dann nicht haftet, wenn ihm keine negligence zur Last fällt, und umgekehrt der Verletzte, der die letzte Chance hatte, den Schaden abzuwenden, seinen

Ersatzanspruch behält, wenn ihm keine Nachlässigkeit vorzuwerfen ist.

Die Fälle hingegen, in denen der Verletzte und der Beklagte die gleichzeitige Chance hatten, den Schaden abzuwenden, und der Verletzte keinen Anspruch hat, lassen sich nicht auf den Gedanken zurückführen, daß derjenige den Schaden zu tragen hat, der die proximate cause gesetzt hat; denn hier ist auch vom Standpunkt einer modifizierten Kausalitätstheorie das Verhalten jedes Teiles die proximate cause für den Schaden. In diesen Fällen ist der Ausschluß der Ersatzpflicht eine mechanische culpa-Kompensation, die wiederholt getadelt worden ist, so von Lord Lindley (The Bernina [1887] 12 P.D. 81): „Why in such a case the damages should not be approportioned I do not profess to understand."

An Versuchen, die oft als „rough public policy" gescholtene Regelung (Salmond 52) zu rechtfertigen, hat es allerdings nicht gefehlt, und so hat Lord Halsbury den Grundsatz auf die Maxime in pari delicto potior est causa defendentis zu stützen versucht (Wakelin v. London South Western Rly. Co. [1886] 12 A.C. 45). Meist wird eine rechtspolitische Rechtfertigung gegeben: Das Ziel der public policy, eine Verminderung von Schadensfällen herbeizuführen und jedes Mitglied der Rechtsgemeinschaft zur Sorgfalt anzuhalten, werde durch die Härte des Rechts der contributory negligence erreicht; denn es sei anzunehmen, daß ein Geschädigter, der diese Härte an sich selbst erfahren habe, in Zukunft zu größter Sorgfalt angespornt werde (Schofield 550). Endlich wird geltend gemacht, daß ein Gegeneinanderabwägen des Verschuldens zu schwierig sei (Steamboat New World 16 How. 469; Merger v. Laur 55 N.J.L. 205, 26 Atl. 180).

Die Fälle der humanitarian doctrine (oben S. 167) und Loach's Case (oben S. 166) endlich dürften am ehesten als Fälle der Durchbrechung der strengen Regel zu Gunsten der Billigkeit zu erklären sein.

2. Wenn man die durch die mitgeteilten Entscheidungen geschaffenen Grundsätze des Rechts der contributory negligence mit dem in § 254 BGB. niedergelegten Grundsatz vergleicht, was möglich ist, da die Fälle der contributory negligence in den Bereich von § 254 fallen würden, so zeigen sich eine Reihe von erheblichen Abweichungen.

a) Zunächst ist der Unterschied bedeutungsvoll, daß im

Common Law die contributory negligence den Ersatzanspruch ausschließt, während § 254 BGB. den Richter anweist, den Schaden nach den Umständen insbesondere unter dem Gesichtspunkt zu teilen, inwieweit der Schaden vorwiegend von dem einen oder dem anderen Teil verursacht worden ist. Nun gibt allerdings § 254 dem Richter die Möglichkeit, bei der Schadensverteilung auch die überwiegende Kausalität zu berücksichtigen und damit die Möglichkeit, den Ersatzanspruch entweder dem Verletzten ganz zu versagen oder dem Beklagten ganz aufzubürden, wie die Umstände dies rechtfertigen. Dennoch dürfte vom Standpunkt der deutschen Rechtsauffassung in den Fällen der last clear chance doctrine immer noch eine Schadensverteilung möglich sein.

b) Der Anwendungsbereich der contributory negligence ist insofern viel enger als der von § 254, als die Anwendung der contributory negligence auf Deliktsansprüche [1]) aus negligence beschränkt ist und ferner nur dann Platz greift, wenn bei Entstehung des Schadens der Verletzte schuldhaft mitgewirkt hat. Hat der Verletzte nur die Vergrößerung des Schadens schuldhaft mitverursacht, „after the wrong has been committed", so greift nicht die contributory negligence ein, sondern der Grundsatz, daß der Geschädigte für „avoidable consequences" keinen Ersatzanspruch hat, so sehr deutlich Sedgwick, On Damages, 1, 388 ff.[2]) (darüber soll unter IV 2 gehandelt werden). Endlich ist der Anwendungsbereich der contributory negligence deshalb viel enger als der von § 254, weil die Fälle, in denen der Verletzte eine contributory negligence eines anderen sich zurechnen lassen muß, viel enger begrenzt sind als die Fälle, in denen nach deutschem Recht der Verletzte nach § 254 in Verbindung mit § 278 ein Verschulden Dritter gegen sich gelten lassen muß.

[1]) Im Vertragrecht spielt die contributory negligence deshalb keine Rolle, weil bei einem Vertragsbruch immer ein Anspruch auf nominal damages gegeben ist; der Vertragsbrüchige also niemals frei ausgeht (Sedgwick Elements 74).

[2]) So neuerdings wieder McCornick, Avoiding Injurious Consequences, West Virginia Law Rev. 37, 331 ff. (1931).

IV. Exkurs: Voluntary assumption of risks and avoidable consequences.

1. Voluntary assumption of risks [1]).

a) Die Regel, daß contributory negligence einen Ersatzanspruch des Geschädigten ausschließt, wird ergänzt durch den wichtigen Satz, dessen Geltung im angelsächsischen Recht schon bis auf Bracton und die Year-books [2]) zurückreicht, daß derjenige, der freiwillig sich in eine Gefahr begibt, auch dann keinen Ersatzanspruch hat, wenn ihm keine negligence zur Last fällt. Es handelt sich also um einen weiteren Anwendungsfall, der schon oben S. 88 behandelten Maxime volenti non fit iniuria. Die voluntary assumption of risk wird von der contributory negligence meist betont unterschieden [3]), mit Recht: denn der Haftungsausschluß folgt nicht aus der mitwirkenden Nachlässigkeit des Geschädigten, sondern aus einem freiwilligen Sich-in-Gefahr-begeben, ohne Rücksicht darauf, ob es nachlässig ist oder nicht. Der Beklagte muß daher auch garnicht den Nachweis mangelnder Nachlässigkeit führen [4]). Ein solcher Fall der voluntary assumption of risks ist, um ein von Pollock gewähltes Beispiel zu verwenden, z. B. dann gegeben, wenn jemand sich in die Nähe der Arbeitsstätte eines Holzfällers begibt. Geschieht ein Unglücksfall, so kann sich der Geschädigte nicht an den Holzfäller halten, auch wenn ein geschickterer Holzfäller den Unglücksfall vermieden hätte. So haftet derjenige, der mit Feuerwerken hantiert und deshalb seinen Nachbarn äußerste Sorgfalt, ja mehr als dies schuldet, einem Zuschauer nicht, der durch ein ungeschicktes Hantieren zu Schaden kommt. Die Bedeutung der Maxime hat sich, um damit ihre Anwendungsfälle abzuschließen, vor allem bei Betriebsunfällen bewiesen, sodaß es kein Wunder nehmen kann, daß im Corpus Juris der bekanntesten amerikanischen Rechts-Enzyklopädie ihr kein besonderes Stichwort gewidmet ist, sondern die Lehre beim „master and servant“ abgehandelt wird. (C.J. 39, §§ 882 ff.) Auf

---

1) Literatur oben S. 87 und S. 160.

2) F. 413 B. „Cum scienti et volenti non fit injuria“; Y.B. 33. Ed. I. „Nay, Volenti non fit injuria e vous mesmes purchasates le bref de novelle disseisine e suistes tant qae lassise passa en la forme, etc.: jugement si encontre ceo verdist, etc.“

3) Vgl. Bowen, L. J. Thomas v. Quartermaine, 18 Q.B.P. 685, oben S. 176; Bohlen, Studies 445; Pollock 168; Salmond.

4) Pollock 168.

Grund der Maxime haftete nämlich der Arbeitgeber für Betriebsunfälle, auch wenn ein vertraglicher Haftungsausschluß nicht vorlag, schon dann nicht, wenn angenommen wurde, daß der Arbeitnehmer einseitig das Risiko eines Arbeitsunfalls infolge der Kenntnis der Gefahr auf sich genommen hatte.

b) Die Maxime volenti non fit iniuria kommt nach der berühmten von Bohlen, L.J. gebildeten Formel nicht zum Zug, wenn der Geschädigte entweder ein statutarisches Recht auf Schutz hat, oder ein allgemeines oder individuelles rechtlich anerkanntes Recht hat, Grundstücke oder Werkzeuge frei von Gefahren zu benutzen, wie es bei Grundstücken, auf denen eine Messe oder ein Markt stattgefunden hat, der Fall ist. Von Bohlen wird die Lehre, daß eine voluntary assumption of risks nicht vorliegt, wenn jemand ein allgemeines oder besonderes Recht hat, die Gefährlichkeit nicht zu berücksichtigen, in zahlreiche Einzelfälle aufgelöst, die nicht alle aufgeführt werden sollen. Der Grundsatz volenti non fit iniuria kommt z. B. nicht zum Zug, wenn jemand eine gefährliche Straße benutzt, weil er keinen ungefährlicheren Weg zum Ziel hat [1]); wenn der Pächter oder Mieter eines Gebäudeteils im Besitz der gemieteten Räume bleibt, obwohl er weiß, daß die Zugänge zu den Räumen gefährlich sind, weil der Wirt seiner Verpflichtung, die Ungefährlichkeit des Zuganges herbeizuführen, nicht nachgekommen ist [2]). Dasselbe gilt z. B. zu Gunsten eines Passagiers, der in Kenntnis der Gefährlichkeit des Zugangs zu einem Beförderungsmittel den Zugang benutzt [3]).

Allgemein kommt die Maxime nicht zur Anwendung, wenn der Verletzte sich bewußt einer Gefahr aussetzt, um einen von einem andern geschaffenen Notstand zu beseitigen. Dieser Schutz steht dem Geschädigten nicht nur dann zu, wenn es sich um eine Hilfeleistung für Angehörige handelt [4]). Ebenso braucht es sich nicht um einen Schutz von Leib und Leben zu

---

1) Mellor v. Bridgeport, 191 Pa. St. 564, 43 Atl. 365 (1899); Pomeroy v. Westfield, 154 Mass. 462, 28 N.E. 899 (1891); Norwood v. Somerville, 159 Mass. 105, 33 N.E. 1108 (1893); Harris v. Clinton, 64 Mich. 447, 34 N.W. 425 (1887); Musselman v. Borough, 202 Pa. St. 490, 52 Atl. 15 (1902).

2) Looney v. Mc Lean 129 Mars. 33 (1888); weitere Nachweise bei Bohlen 448 N. 13.

3) Eckert v. R.R., 43, N.Y. 502 (1871).

4) Osborne v. R.R. 21 W.B.D. 220 (1888).

handeln, es reicht auch der Schutz von Vermögensstücken aus, sofern ein vernünftiger Mensch sich ebenso verhalten hätte [1]).

2. Avoidable consequences [2]).

Die Regel, daß eine contributory negligence vor Entstehung des Schadens den Ersatzanspruch ausschließt, wird weiter ergänzt durch die Regel, daß bei einer Vergrößerung des Schadens durch Nachlässigkeit des Verletzten der Verletzte nur den ursprünglichen Schaden ersetzt verlangen kann, dagegen nicht die Vergrößerung des Schadens, die avoidable consequences. Meist betonen die Gerichte, daß dieser vergrößerte Schade „too remote" sei [3]). Dieser Grundsatz spielt naturgemäß abweichend von der contributory negligence-Regel auch im Vertragsrecht eine große Rolle, was hier nicht weiter verfolgt werden soll [4]).

Der Verletzte schuldet die Aufwendung ordnungsmäßiger Sorgfalt, aber nicht mehr. Begibt er sich z. B. in die Hand eines ordnungsmäßigen Arztes, so hat er seine Sorgfaltspflicht, seine duty to reduce the damages as far as possible erfüllt. Begeht der Arzt einen Kunstfehler, so geht dies nicht zu Lasten des Verletzten (Selleck v. Janesville, 100 Wis. 157; 41 L.R.A. 563).

---

1) Liming v. R.R., 81, Lowa 246, 47 N.W. 66 (1890).

2) Sedgwick, Elements of the Law of Damages 73 ff.; derselbe A Treatise of the Measure of Damages 1, 385 ff.

3) Sedgwick § 202.

4) Darüber Sedgwick On Damages 1, 390 ff.

Register[1]).

[1]) Das Register enthält auch die wichtigsten, der in der Arbeit benutzten Entscheidungen.

Druck: Ferdinand Berger, Horn.

FSC
www.fsc.org
MIX
Papier | Fördert gute Waldnutzung
FSC® C083411

Kolibri 360 GmbH
Ferdinand-Jühlke-Straße 7
99095 Erfurt, Deutschland
produktsicherheit@kolibri360.de